影视作曲家、音乐家黄准

1976 年，在甘肃藏族地区

1983 年，获厂"三八"红旗手称号，左二为黄准

1989 年，在敦煌鸣沙山骑骆驼

1990 年，在英国留学

1992 年，在美国留学

2009 年，在北京国家大剧院

雕塑家严友人为黄准夫妇塑像

在云南昆明郊区听姑娘们唱民歌

重返海南岛，和民间艺人在饭店合唱《娘子军连歌》

1990 年，和吕蒙以及女儿小薇、外孙女可可

1992 年，和吕蒙、孙女星星在美国现代美术馆

1992 年，和吕蒙在美国大西洋城

黄准在一旁欣赏吕蒙用左手作画

前排左起：女儿小薇、大孙女星星、儿子小萌、
儿媳蒋浣青；后排左起：外孙女可可、黄准

巧用旋律写人生

黄准

周斌 著

上海市文学艺术界联合会 编

上海文化发展基金会资助项目

海上谈艺录

上海世纪出版集团 上海文化出版社

图书在版编目(CIP)数据

巧用旋律写人生：黄准/周斌著. —上海：上海
文化出版社,2018.1
(海上谈艺录)
ISBN 978 - 7 - 5535 - 1008 - 8

Ⅰ.①巧…　Ⅱ.①周…　Ⅲ.①黄准－传记　Ⅳ.
①K825.78

中国版本图书馆 CIP 数据核字(2017)第 304494 号

出 版 人：姜逸青
责任编辑：黄慧鸣
封面设计：王　伟

策　　　划：上海市文学艺术界联合会　上海世纪出版集团
统　　　筹：倪里勋
特约编审：司徒伟智　徐甡民

丛 书 名：海上谈艺录
主　　编：上海市文学艺术界联合会　上海文学艺术院
书　　名：巧用旋律写人生·黄准
作　　者：周　斌
出　　版：上海世纪出版集团　上海文化出版社
地　　址：上海市绍兴路 7 号　200020
发　　行：上海文艺出版社发行中心
　　　　　上海市绍兴路 50 号　200020　www.ewen.co
印　　刷：苏州市越洋印刷有限公司
开　　本：787×1092　1/16
印　　张：13　　彩插:2
版　　次：2018 年 8 月第一版　2018 年 8 月第一次印刷
国际书号：ISBN 978 - 7 - 5535 - 1008 - 8/K·130
定　　价：48.00 元
告 读 者：如发现本书有质量问题请与印刷厂质量科联系 T：0512 - 68180628

目　　录

艺术评传

第一章

苦涩童年

> 我父亲是国民党军队的一个军官，军队驻扎苏州时与我母亲私定了终身。父母叛逆婚姻的后果不仅给他们自己带来了一生的痛苦，也给我带来了苦涩的童年。我的祖母就像一个凶神恶煞，整天凶巴巴的，好像别人欠了她什么似的。在这个陌生的封建家庭中，母亲受尽了精神与物质的折磨，在我儿时，不知听了多少她心酸的絮叨。
>
> ——黄准

苦果落地

以"黄岩蜜橘"闻名于世的浙江黄岩，历史悠久，在夏、商、周时期为东瓯地，春秋战国为东瓯王国属地，秦代属闽中郡，汉代属回浦县、章安县、永宁县，从三国、两晋至南朝则属临海县，唐代上元二年（657）始设永宁县，唐武后天授元年（690）改名为黄岩县，因中国道教名人王方平隐居之山顶有黄石而得名。元代元贞元年（1295）升为黄岩州。明初洪武二年（1369），复改回黄岩县。

1926年6月18日黄昏，在浙江黄岩城里一户败落的官宦人家，众人忙忙碌碌，大家都期盼和等待着一个新生命的降临。当产妇屋里终于传出一阵婴儿的啼哭声时，家里的男主人便迫不及待地跑进屋里，从接生婆手里抱起那个小小的婴儿。当他得知又是一个女孩时，脸上虽然流露出一点失望的情绪，但这种情绪转瞬即逝，仍然非常高兴地把女儿抱在怀里。他望着窗外蒙蒙细雨，又闻到后院嫩绿的树叶散发出来的一阵阵清香，于是便给孩子取名为"黄雨香"。

雨香的父亲名叫黄新民，原名绍春，字志超，是家中长子。他幼年丧父，家事由母亲主持，他则勤奋读书，好学上进，后来报考了保定军官学校。从保定军官学校毕业以后，他被派往驻扎在苏州的军队担任一名军需官，由此开始了从军生涯，很少有机会再回黄岩老家了。在苏州期间，他经人介绍认识了一位温柔善良的平民女子侯湘云，两人一见钟情，产生了浓烈的感情。

侯湘云出生于苏州相门内市桥头一户贫苦人家，从小失去父母，与两个姐姐相依为命。虽然她因为家贫没有进过学校大门，但她聪明善良、胆大好学。俗话说"穷人的孩子早当家"，她17岁时就打破了当地女子不准上锦缎织机牵花的陈规陋习，在一位师傅帮助下，成为当地第一个掌握复杂牵花技术的女技工，并由此通过自己的劳作帮助家里维持着清贫的生活。她自从认识了黄新民这样一位英俊正直的青年军官以后，很快便坠入情网，并深感他是自己可以托付终身的伴侣，对未来的生活充满了憧憬。

他们在婚姻上冲破了历来主张的所谓"父母之命，媒妁之言"的规矩，在自由恋爱的基础上，举办了形式简单的婚礼，组成了一个随军家庭。但是，由于他们的婚姻没有得到黄新民母亲的允许和祝福，所以按那时的社会风俗，被认为是"名不正，言不顺"的婚姻。尽管如此，因为他们彼此相爱，所以家庭生活还是幸福的。婚后第四年，他们有了第一个孩子，是一个女孩，取名为"黄慧珠"，被他们视为掌上明珠，十分疼爱。后来，他们又收养了一个比慧珠大四岁的男孩，取名为"黄敏"，一家人过着平静而温暖的生活。

但是，就在他们婚后将近十年的时候，黄新民收到了一封"母病重速归"的电报。作为家里的长子，理应回家尽孝，于是，他向部队请假后携妻带女回老家奔丧。他们都没有料到，原来这是其母为骗他回家而设下的一个圈套。他母亲对黄新民在外面自作主张娶妻结婚的事情很不满，认为这门亲事"门不当，户不对"，再加上媳妇第一胎生的是女孩，此后一直没有再生育，由此更加加重了她的不满情绪。于是，她也不和儿子商量，便擅自做主在黄岩老家又为黄新民娶了一个当地女子余彩云为妻，理由是为了给黄家生子添孙、传宗接代、延续香火。黄新民虽然进行了苦苦抗争，但母亲的坚持，甚至以死相逼，使他不得不妥协。他内心也觉得寡母抚养他们长大，并独自支撑一个家庭也很不容易，所以只好屈服母亲的安排，以满足母亲的心愿。

然而，命运弄人，生活中往往会有一些意外的事情发生。就在黄新民携妻带女回到黄岩老家的那年，已经七年没有生育的侯湘云突然怀孕了，这对他们来说，无疑是一个喜讯。他们希望能再生一个男孩，一方面可以为黄家传宗接代，另一方面也可以堵住黄新民母亲的嘴，改变侯湘云在黄家的地位。不料天不遂人愿，侯湘云生下来的仍然是一个女孩，这让他们多少有点失望。尽管夫妻俩对女儿雨香十分疼爱，但她的降临非但没有改变侯湘云在黄家的地位，而且加重了婆婆对侯湘云的歧视和不满，并由此把这种不满情绪发泄到小小的雨香身上，使她在家里也受到了冷淡和歧视，在她幼小的心灵里留下了很多痛苦的创伤和阴影。

受到歧视

对于黄家来说，雨香的降临犹如一颗苦果落地，其母亲和她的处境自然不佳。由于年轻守寡，黄新民的母亲性格古怪、脾气很大，稍不如意就会发火，所以家里人凡事都要顺着她，看她的脸色行事。她看不起儿媳侯湘云，认为其出身贫贱，没有文化，又没给黄家生下男孩，所以对其十分冷淡，有时还故意刁难虐待，以发泄心中的不满情绪。侯湘云怀孕待产和产后坐月子期间，都没有得到婆婆的善待，不但吃不上荤腥好菜，有时甚至连鸡蛋也没有。贤惠的侯湘云不好向丈夫告状，害怕引起他们母子之间的矛盾和冲突。无奈之中她只好拿出一点自己的私房钱，让大女儿慧珠去买一点花生煮来吃。平时一家人吃饭时，饭桌上只有几碟咸菜和萝卜干，虽然桌子当中也放了一碟咸鱼，但婆婆不动筷子，其他人也不敢去碰它。于是，一碟咸鱼就像贡品一样，每顿饭都端上来，饭后又被端下去，这样周而复始，数量始终不减。由于营养不足，孩子们体弱瘦小，侯湘云心疼孩子，也只能偷偷拿出自己的私房钱让孩子们买些零食吃。

雨香从小就很乖巧伶俐，当她牙牙学语时，就会跟在母亲身后对着祖母亲热地叫着"阿娘！阿娘！"但祖母却对她十分冷淡，竟然对她视而不见、听而不闻，没有一点亲热的举动。有时候最多鼻子里"哼"一声，扭头就走。因为她对儿媳不满，儿媳生下来的又是女孩，所以见了雨香如同见了灾星一样，一见就来气，把心中的不满情绪都发泄在孩子身上。有一次居然把雨香摔倒在地上，当雨香坐在地上号啕大哭时，她却头也不回地甩手走了。

生活上的清贫和精神上的折磨让侯湘云实在难以忍受，但她为了丈夫和孩子却不得不忍气吞声地熬着。有时候心中实在难熬，也只能对着孩子诉说内心的委屈。对于母亲的这种处境和心态，黄准后来在《自传》中曾作过这样的描绘：

> 在这个陌生的封建家庭中，母亲受尽了精神与物质的折磨，在我儿时，不知听了多少她心酸的絮叨。直到我们离开黄岩许多年之后，她只要提到这段往事，每每总会泪流满面。

这样的创伤和痛苦也同样留在孩子幼小的心灵里，成为难以磨灭的阴影，黄准在《自传》中也曾这样说过：

> 一个4岁的孩子虽然还不谙世事，但这种朦胧的记忆却给我留下了极

巧用旋律写人生 ◆ 艺术评传

深的印象，犹如刻在脑海中抹也抹不掉。因此在我这一生中只要一提到黄岩就非常痛恨，在过去的履历表上我一直不肯填写自己是黄岩人。直到1980年，台州请我和吕蒙去参加台州文联的成立会议，才再次回到黄岩，看到了解放后的黄岩的新面貌，才让我对家乡的感情有了转变。

黄新民眼见母亲不能容忍自己的妻子和女儿，他既不忍心让妻子和女儿在冷漠的家庭环境和痛苦的情感中煎熬，也无法让母亲改变其态度，于是只好以外出工作为由，带着一家离开了黄岩。

童年时代的这一段不愉快的生活经历，给雨香的心灵留下了很深的创伤，使她对家乡黄岩没有什么好的印象，此后也一直不愿意再回故乡。这种不好的印象直到晚年才有所改变。

手足情深

年幼的雨香在家里跟姐姐黄慧珠和哥哥黄敏的关系很好，由于她与姐姐的年龄相差8岁，与哥哥的年龄相差12岁，所以他们都很喜欢和疼爱这个可爱乖巧的小妹妹，并在日常生活中产生了深厚的感情。

姐姐黄慧珠从小就开始替母亲照顾雨香，雨香也喜欢跟着姐姐一起玩，听她讲

黄准和姐姐黄慧珠、哥哥黄敏的合影

故事、听她唱歌；上学以后她又从姐姐和姐夫那里懂得了很多人生道理，并在他们的熏陶和影响下读了许多进步书籍，明确了人生的方向。后来又是姐姐和姐夫设法把她送到了延安，使她从此走上了革命道路，彻底改变了她的人生。可以说，姐姐是她的引路人，她从心底里喜欢和敬重姐姐，这种深厚的感情伴随了她的一生，她很庆幸自己有这样一位好姐姐。

黄准和姐姐黄慧珠及姐夫邵公文的合影

哥哥黄敏虽然是父母领养的，但父母也视为己出，没有一点歧视。而黄敏对于雨香这个小妹妹也是呵护有加，十分疼爱。在黄岩老家的时候，黄敏看不惯祖母对雨香的冷漠与歧视，年少气盛的他有一次竟然一头撞向祖母，差一点把祖母撞倒在地。祖母为此大发脾气，执意要将他这个"捡来的孩子"逐出家门。父母不敢得罪祖母，无奈之下只好把黄敏送到镇上一家中药店当学徒。黄敏虽然离开了家，但他隔一段时间会回到家里看望父母，同时也给妹妹买一些糖果零食。后来母亲带着几个孩子回到苏州以后，雨香也上了学。由于从家里到学校走小路要经过一片坟场，年幼的雨香胆子小，有时候黄敏就会来接她，并背着她回家。趴在哥哥的背上，雨香感到既安全又温暖，这种幸福与满足让她难以忘怀。尤其令她不能忘记的是黄敏曾带她去看了两次演出，让她大开眼界，并受到了最初的艺术启蒙。她在《自传》中曾作过这样的回叙：

　　一次是哥哥把我带进了一个戏院（在现在或许就是音乐厅），戏院里面一排一排坐着很多人，前面是一个很大的舞台。大幕拉开后，只见台上也有很多人，每人手里抱着一个金光闪闪的东西，有大有小，最大的可能比我人还高，张着一个大嘴巴，好像能把我吞下去似的，而小的却很细很短，其中还有圆的长的弯弯曲曲的，总之舞台上是金光闪闪琳琅满目让我目不暇接。音乐会开始了，舞台上发出的声音把我吓了一大跳，原来这些东西是可以吹响的，其中有的声音又尖又高，而有的却发出那种又粗又沉的低音，但这些声音合在一起之后，却非常好听；特别是那抒情的慢板，让我感到十分优美，令人神往。我一直记着我这生平第一次听到的音乐声，现在想来这是一次铜管乐的演奏会，是它为我打开了音乐之门。

还有一次，哥哥回家后带着我和妈妈去看连台本戏《封神榜》，这次更把我看得眼花缭乱。那小小的舞台上，演员们穿着花团锦簇的服装，又唱又演，有的会飞上天，有的还会入地；台后面的布景更是五颜六色千变万化，甚至还会喷出焰火。惊喜之余，让我喜欢，让我入迷。他们唱的曲板尽管我一句也听不懂唱的是什么，但我觉得特别好听，尤其是那旦角的唱腔，好像能深入到我心里一样，简直把我迷住了，甚至希望这出戏永远不要演完，让我永远活在这个戏里。但是戏总要演完，散场时我硬是赖在座位上不肯离去。后来的许多日子里，我脑子里一直萦绕着这戏中的情景，久久不能忘怀。

哥哥带我看的这两次演出，或许就是在我朦胧的少年时代，第一次播下了艺术的种子吧！从此，我迷恋上了这种美好的感觉，我要感谢我的黄敏哥哥给我的艺术启蒙。

如果说姐姐黄慧珠是她走上革命道路的引路人的话，那么哥哥黄敏则在无意之中成为她接受艺术启蒙教育的引路人。姐姐和哥哥对她的关爱所体现出来的手足情深，使她充分感受到家庭的温暖和亲情的可贵。哥哥黄敏后来也参加了新四军，走上了革命道路，此乃后话。

第二章

动荡生涯

在重庆的这半年的生活，是丰富多彩的，它在我的生命
中起着举足轻重的作用。在那段日子里，我受到最初的革命
思想的启蒙，与这一群年龄比我大得多的哥哥姐姐在一起，
让我这个12岁的女孩提早成熟，为我今后走上革命道路，奠
定了坚实的基础。

——黄准

回到苏州

黄新民带着一家人离开黄岩后，辗转多地任职。由于黄新民和第二个妻子余彩云结婚后又生了两个孩子，所以家庭人口多，经济压力大；而几度迁徙所造成的生活环境不稳定，也给孩子们上学读书带来了一定的困难。为此，侯湘云提出带着自己的两个孩子回到苏州老家去生活，黄新民虽然不愿意一家人分离，但客观困难很难解决，所以也只好同意侯湘云的提议。就这样，雨香和姐姐跟随母亲回到了苏州，住在二姨妈家里，开始了新的生活。而每逢节假日，父亲也会从镇江赶到苏州来看望他们。

雨香在苏州的生活处境与在黄岩完全不同，真好像是进了"天堂"一样，她在《自传》中曾作过这样的描绘：

我看到的不再是祖母那张冷酷无情的面孔，而是一张张面目和善的笑脸，我听到的也不再是祖母从鼻子里发出的"哼哼"的声音，而是那甜甜糯糯的"阿香、阿香"的呼喊声，家里的日子虽然并不富裕，但穷人自有穷人的乐趣，我可以吃到我想吃的东西（实际上不过是最普通的花生糖果）而不受训斥，我可以无拘无束地在妈妈怀中撒娇，我还有一大群和我差不多大的孩子一同玩耍，尤其令我激动的是我终于可以上学念书了。这几年，我实际上已经到了读书上学的年龄，但因为跟着身为军人的父亲到

黄准和姐姐回苏州老家，在妈妈用过的缫丝机旁留影

处迁徙，耽误了学业，都已经快 8 岁了才上小学一年级。

这种没有束缚和歧视、不用看人脸色的宽松环境，使雨香得以健康地成长。在两个姨妈家的孩子里，她最喜欢大姨妈的女儿"爱囡阿姐"，因为"爱囡阿姐"不仅跟她的年龄相近，而且人长得漂亮，性格也很温顺，所以雨香一见到她就特别高兴，整天盯着她不放，要她陪自己跳绳踢毽子，要她教自己打牌掷骰子；而"爱囡阿姐"也很愿意跟雨香这个妹妹一起玩。

黄准和姐姐一起在苏州母校平江小学门前留影

1934 年雨香进入苏州平江小学读书，这所学校在苏州虽然不很出名，但因为离家较近，所以对于年幼的雨香来说，上学较方便。雨香在学校里开始接受正规的教育，她也认识了一些新的小朋友，这让她的生活更加丰富多彩了。然而，当她开始习惯学校的读书生活，并逐步喜欢这所学校时，1937 年年初，她的父亲又把她和母亲接回镇江，只留下她姐姐一个人继续在苏州念高中。雨香虽然依依不舍地离开了苏州，离开了平江小学，但是那些美好的记忆却永远留在她的脑海里，让她不能忘却、时时怀念。

避难乡下

雨香随父母到镇江不久，"七七"卢沟桥事变爆发了，由此进入全面抗战时期。由于日本侵略者的飞机对中国南方一带的城市进行狂轰滥炸，城市里的生存环境恶化了，危险遽然增加。为此，雨香不得不又一次辍学，跟随父母到镇江附近的句容乡下避难。离开了学校和小伙伴后，雨香感到郁闷和孤寂。她怀念在学校里的读书生活，也怀念和小伙伴们一起玩耍的愉快日子。在百无聊赖之中，她只能用读书来打发孤独寂寞的时光。因为逃难，从家里带出来的书不多，而适合她看的书更少。于是，她便去读父亲平日看的一些书。为了不让父母发现，她只好躲在蚊帐里偷偷地读《红楼梦》，这样的古典小说对她来说，当然是似懂非懂、一知半解。尽管如此，她仍然乐此不疲，陆续读了一些小说。于是，在这种无意的阅读中，使她对中国古典文学作品有了一些肤浅的了解。

就在此时，姐姐慧珠突然也来到句容乡下，原来她生病了，到乡下来休养几天，并和父母妹妹团聚。由于抗战爆发后慧珠即到上海从事抗日救亡工作，所以她对时事政治很了解，并有自己的见解。她给父母讲抗战形势、讲日寇的种种暴行，也讲在上海的各种见闻，这些内容雨香不管听得懂还是听不懂，她都在一旁津津有味地听着。姐姐的讲述，让雨香接受了最初的爱国主义教育和抗日救国思想的熏陶，开始逐步树立了正确的人生观和世界观。

有一天，母亲为了给她们的平淡生活增添一点乐趣，便与村里菱塘的主人商议，让慧珠带着雨香到菱塘里去采菱散心。姐妹俩对母亲安排的这项活动很有兴趣，于是，在得到菱塘主人的同意后，两人便兴高采烈地拎着篮子直奔附近的菱塘。她们坐在椭圆形的木盆里，牵扯着密密的菱蔓，慢慢向湖塘中心划去，一边划一边采菱角。初秋早晨温暖的阳光照在菱塘翠绿的菱叶上，使菱叶熠熠发光。蔚蓝的天空偶尔有一朵白色的云彩缓缓飘过，在远处青山的衬托下，整个环境是那样舒适宜人。当雨香为这样美丽的江南风光所陶醉时，姐姐突然唱起了一首抗日救亡歌曲："我的家在东北松花江上，那里有森林煤矿，还有那满山遍野的大豆高粱……"姐姐的歌声很朴素，但充满了凄凉、哀怨和悲愤，强烈地感染了雨香，使她生平第一次感受到音乐的情与美，并由此深深地爱上了音乐。她在《自传》中曾这样写道：

> 记忆中，童年听到的这首抗日救亡歌曲，就好像一颗小小的火星，燃起了我对音乐追求的熊熊烈火，让我走近了音乐，走进了音乐的殿堂，使其成为自己毕生的事业。

正是从那时起，雨香开始迷上了唱歌。她天天缠着姐姐教她练嗓子，教她唱抗日救亡歌曲。当她听人说吃了刚生下来的鸡蛋可以让嗓子更加响亮时，便经常到鸡窝里去摸母鸡刚生下来的新鲜鸡蛋吃，以保养自己的嗓子。她的人生第一次有了一个明确的奋斗目标，她要为实现这个目标而不懈努力。

从武汉到重庆

1937 年 10 月上旬，已经结婚的慧珠接到了丈夫邵公文的来信，希望她能带着家人到武汉去从事抗日救亡工作。她将此事告诉了父母，并征求他们的意见。父母亲经过再三商量，考虑到两个孩子的前途和幸福，遂决定由母亲陪同姐妹俩前往湖北武汉，投奔在武汉生活书店工作的姐夫邵公文。

10 月中旬，父亲把她们送到船上，不断地重复叮咛着一些已说过的事情，依依不舍地互道珍重，并期盼着早日重逢团聚。开船的汽笛终于鸣响了，雨香眼见着父亲不得不走下船去，她忍着眼泪，挥着小手向父亲喊着"再见！"望着码头上父亲越来越模糊的身影，听着站在自己身旁的母亲和姐姐不停的抽泣声，她的泪水也不由自主顺着脸颊流下来了。她原以为过一段时间还可以再见到父亲，没料想这次分别竟成永诀。

他们到了武汉后不久，生活书店为了适应抗战形势的发展，更好地开展抗战宣传工作，计划在大后方各个城市开设更多的分店。作为中共党员的邵公文和黄慧珠夫妇，选择到条件最艰苦的贵阳开展工作，雨香和母亲当然也要随同前往。由于当时武汉战事吃紧，所以其姐姐和姐夫商量以后，决定先将雨香和母亲送到重庆，由重庆生活书店经理李文代为照顾，适当的时候再设法将她们接到贵阳。于是，雨香和母亲又辗转来到重庆，临时定居在重庆生活书店的后楼上。

自从南京沦陷后，国民党政府已迁都重庆，虽然日寇的飞机也不时前来轰炸，但与武汉相比，重庆的生活环境要安定多了。重庆生活书店是当时中共地下组织的一个联络点，里面的不少店员都是中共党员，尽管他们的身份不能公开，但他们从事的秘密工作却是非常重要的。他们对于雨香母女的到来十分欢迎，也很热情地尽力照料这对母女。雨香的母亲当然闲不住，她主动帮助书店处理一些生活方面的琐事，而活泼可爱的雨香则很快赢得了店员们的喜爱，她给大家的生活增添了不少乐趣。

生活书店对于雨香来说，最大的吸引力就是可以随便看很多好书。面对琳琅满目的各类书籍，她每天都扎进书堆里，在书店的大哥哥、大姐姐们的介绍和推荐下，她阅读了诸如《钢铁是怎样炼成的》《普通一兵》《青年近卫军》等一批苏联小说。这些作品生动丰富的故事内容深深地吸引和感染了她，书里的一些主人公不仅成为她崇拜的偶像，也成为她模仿的对象，就连他们的某些口头禅也时常挂在她口边。这些书籍的阅读也迅速增长了她的知识见闻，提高了她的文学修养，并进一步培养了她对文学艺术的爱好和兴趣。

与此同时，书店的大哥哥、大姐姐们还有意识地带她去参加一些进步文化活动，并给她灌输了一些抗日救国的道理。当时的重庆是大后方话剧艺术的中心，各类话剧演出十分频繁，她曾跟随书店的大哥哥、大姐姐们去看过赵丹、叶露茜主演的话剧《塞上风云》，演出结束后，她还跟随大哥哥、大姐姐们参加了座谈会，近距离接触了赵丹和叶露茜。她仰脸看着英俊潇洒、意气奋发的赵丹，觉得他是那样高大。她也根本没想到若干年后她会和赵丹成为上海电影制片厂里的同事，在一个单位从事电影创作。也许，这也是一种缘分。

大哥哥、大姐姐们除了带她看话剧外，还带她去看电影，让她对电影这种新颖的艺术样式有了初步的印象。有一次看故事片《夜半歌声》，让她十分难忘。她被男主角宋丹萍的命运和遭遇深深打动，但当她看到影片中宋丹萍撕开纱布，露出受伤后可怕的脸庞时，又吓得不敢再抬头看银幕了；而影片里那首悲壮有力的插曲："谁愿意做奴隶，谁愿意做马牛……"则震撼着她的心灵，让她久久难以忘怀。

由于这些大哥哥、大姐姐们年纪都很轻，所以他们空下来的时候，特别是晚上书店打烊以后，就会经常聚在一起讲故事，还特别爱讲一些"鬼故事"。对于这些"鬼故事"，雨香的心里很矛盾，既想听又害怕，但她忍不住还是去听了。有些故事情节古怪紧张，雨香边听边害怕得发抖，总觉得自己身后那些黑黢黢的地方会突然蹿出一个"鬼"来，由此形成的那种莫名其妙的恐惧心理对她少年时代的性格也产生了一定的影响。她和母亲在重庆生活了大约半年时间，这段时间的生活经历在她的人生道路上发挥了重要作用，她在《自传》中曾作过这样的回顾：

　　在重庆的这半年的生活，是丰富多彩的，它在我的生命中起着举足轻重的作用。在那段日子里，我受到最初的革命思想的启蒙，与这一群年龄比我大得多的哥哥姐姐在一起，让我这个 12 岁的女孩提早成熟，为我今后走上革命道路，奠定了坚实的思想基础。

的确，正是在生活书店这样有利于她健康成长的客观环境里，她耳濡目染，思想和心理逐渐成熟，由此开始走向新的生活历程。

贵阳生活

1938 年，全面抗战进入了第二年，抗战形势也更加严峻。这时雨香的姐姐和姐夫已经到贵阳生活书店工作了，他们拜托重庆生活书店的李文将雨香母女送到贵阳。由于从重庆到贵阳的公路不好走，所以雨香和母亲坐了整整四天的长途汽车，一路上遭遇了不少坎坷曲折，历经了千辛万苦，不仅躲过了土匪的抢劫，而且还逃过了翻车的可怕境遇，最后她们终于平安到达贵阳，与姐姐、姐夫团聚。

待家里的生活安顿好以后，姐姐考虑到雨香的学业，遂决定把她送到离贵阳 70 多里地的湄潭中学就读。由于连年颠沛流离的生活，雨香的学业一直时断时续，她其实只读到小学四年级，现在一下子进入中学，成为一名中学生，这让她感到很骄傲。去湄潭中学读书，当然要在学校住宿，虽然平时很难见到母亲和姐姐，心里有点不舍，但对新的学习生活的向往，还是让她欣然同意姐姐的安排。于是，她拿着一个装有几件换洗衣服和书本及学习用具的小布包，坐上姐姐给她雇的滑竿，独自前往湄潭中学。就这样，她被两个完全陌生的轿夫抬着，在偏僻的深山老林里转来转去，走了整整一天，终于到了湄潭中学，由此开始了新的学习生活。

湄潭中学是一所进步中学，校领导中有一些爱国进步人士，当年慧珠在苏州中学的教师顾诗灵老师就是其中之一，雨香认为这是姐姐之所以让她到湄潭中学学习的一个重要原因。湄潭中学各种抗日救亡活动搞得轰轰烈烈、有声有色，学校经常组织学生走出课堂，到街头和乡村宣传"国家兴亡，匹夫有责"的抗日道理，鼓动广大民众积极投身于抗战。雨香虽然年纪小，但因为她会说国语，又来自南方城市，比本地的学生见多识广；再加上她的嗓子好，不仅会唱不少抗日救亡歌曲，还会演讲、会演戏，所以很快在各种活动中崭露头角，成为全校闻名的活跃分子。当学校里成立了抗日民族救亡先锋队（简称"民先"）时，她成为首批队员。经过各种活动的锻炼，她的成熟已远远超越了其实际年龄。在湄潭中学几个月紧张的学习生活很快就过去了，假期里，学校组织了规模更大的抗日宣传活动，老师带着学生从湄潭走到贵阳，边走边开展宣传活动，让大家又一次在斗争实践中得到了锻炼和考验。

到了贵阳后，雨香又回到母亲和姐姐身边，这让她格外高兴。由于她们就住在贵阳生活书店里，所以她天天缠着该书店"民先"队的负责人张益珊大哥，迫不及待地想参加"民先"队的抗日救亡活动。因为她认为自己已经是"民先"队员，应该和大人一样勇敢地肩负起抗日救亡的重任。其实她并不知道，像她这样12岁的孩子，并不符合参加"民先"队的条件，而且湄潭中学的所谓"民先"组织，也只是学校为了更好地进行抗日宣传活动而借用了这个名号而已，和真正的"民先"组织并没有实际联系。由于贵阳生活书店的店员基本上都是中共党员和"民先"队员，他们既很喜欢雨香这个小妹妹，也经不住她的"胡搅蛮缠"，所以在实际情况允许和可能的情况下，尽量带上她，或交给她一些较安全的任务。开会时让她站岗放哨，注意是否有可疑的人前来；上街进行抗日宣传时带她一起去，让她唱一些抗日救亡歌曲等。雨香非常高兴地积极参加这些活动，并尽力完成组织交给她的各项任务。

由于贵阳"民先"组织开展的一系列抗日救亡活动声势浩大，产生了很大影响，引起了国民党当局的恐慌，于是他们想方设法要阻扰和破坏这些抗日救亡活动。1938年8月，国民党当局在《贵州日报》上刊登了一个正式的"通知"，要求所有民众团体只有到省党部去登记备案以后，才能开展活动，否则将以"汉奸"论处。"民先"队的负责人张益珊等看到"通知"后，虽然十分气愤，但为了能使"民先"组织合法公开地开展各项活动，以壮大民众的抗日救亡力量，故还是希望能顺利通过登记。为此，"民先"队负责人张益珊不顾个人安危，毅然到国民党省党部去办理"民先"的登记备案手续。国民党当局早就想对"民先"组织采取行动，于是，他们要求全体"民先"队员于8月13日下午集中在贵阳民众教育馆开会。

8月13日是抗日战争爆发一周年纪念日，这天下午一点半，约60多位"民先"队员集合后，由张益珊等带队前往贵阳民众教育馆。一路上，队员们高唱"民先"队的队歌和一些抗日歌曲，并高呼口号，散发油印传单，宣传抗日救国的道理。他们的举动和热情不仅吸引了广大民众，而且也引起了广大民众的共鸣。雨香事先就知道有这样一个重要集会，她也早就准备好了要参加这次集会活动，但是，"民先"组织因考虑到她年龄太小，而且这次游行集会活动很可能会发生一些危险，所以就决定不让她参加这次活动。一心想参加这次游行集会的雨香，兴奋得几乎一夜没有睡好觉；由于领导没有将不让她参加这次活动的决定通知她，所以她还被蒙在鼓里。当她兴冲冲赶到预定地点时，"民先"的队伍已经出发了，雨香急得直跳脚，她跑着追赶上队伍，拉住张益珊大哥，软磨硬泡地要和大家一起前往。张益珊大哥经不住她的纠缠，遂让她担任"小交通"，即让她在队伍外面帮着进行联络，传递消息和通知等，雨香很高兴地承担了这一任务，她奔跑在队伍前后，不时将有关消息和通知传递给大家。参加游行的"民先"队员激情振奋、斗志昂扬，他们一边前进一边高呼口号，赢得了不少沿途民众的关注和支持。当队伍到达贵阳民众教育馆时，雨香犹豫着不知该往哪里走，此时一位大姐姐拉着她说："小妹，快来!"于是，她便跟着大姐姐进了民教馆礼堂，并找到了她熟悉的生活书店的大哥哥、大姐姐们，她很高兴地与他们坐在一起。此时，礼堂座位的四周已经站满了宪兵队，他们端着上好刺刀的枪，杀气腾腾，如临大敌。原来国民党当局已设下了圈套，要对"民先"队员们下手了。虽然情况很严峻，但雨香觉得自己身旁有那么多大哥哥、大姐姐，她一点也不害怕。

礼堂前面的讲台上放着一叠早已印好的"悔过书"，一个国民党官员大声喊着：只要在"悔过书"上签了名，马上就可以得到释放。否则，将被关入监狱。面对国民党当局如此卑劣的无耻行径，大家都被激怒了，于是便高呼抗日口号或高唱抗日救亡的歌曲来表达心中的愤怒和抗议。同时，还有一些人则勇敢地站出来与国民党官员和宪兵队辩论，大声呼喊："抗日无罪! 决不写悔过书!"双方僵持着，气氛十分紧张。有一些家长闻讯赶来，他们怕自己的孩子出事，便硬拉着孩子要回家。这些人在家长的干预和强迫下坚持不住，便只好在"悔过书"上签了字，然后被释放出去了。但大多数"民先"队员斗志昂扬，不愿屈服于当局的淫威，于是最后他们高唱着《国际歌》被全副武装的宪兵押上了大卡车，将他们押送到一所破旧的平房里关了起来。

虽然雨香是被捕的"民先"队员里年纪最小的一个，但她深知抗日无罪的道理，知道在"悔过书"上签字既是对"民先"队员的侮辱，也是对革命事业的背叛；为此，她下定决心不签字，并看不起那些屈服于压力而胆小怕事的人。她和几位大姐姐一起被关进一间除了地上铺了些稻草之外，其他什么都没有的破房间。这时她感到肚子饿了，身上也发冷，于是她开始想妈妈、想姐姐、想着家里那热腾腾的可口饭菜和暖暖的被窝，眼泪不由自主充满了眼眶，但她强忍着不让泪水流下来。当她慢慢适应了房间的环境时，为了打发时间，她便随手拿起一根稻草，塞进墙板缝隙里，不料塞着塞着那根稻草突然被隔壁的人拉了过去，她通过墙板的缝隙还听到了她所熟悉的张大哥的声音，这让她十分高兴。原来"民先"的几位领导人就被关在隔壁房间里，她可以通过缝隙与他们联系。这个不经意被打通的墙板缝隙，此后便成为他们传递消息的秘密通道。在后来的斗争中，"民先"组织要求大家统一行动、拒绝所谓的"军训"、开展绝食斗争等的通知，就是用小纸条从这个缝隙中传递的。由于有了隐蔽的联系方式，所有被关押的人员开始了有组织的斗争，而他们的斗争也得到了贵阳全市人民的声援。与此同时，中共地下党组织也想方设法展开了营救工作。邹韬奋先生还写了一篇《八一三贵阳青年的厄运》的文章刊发在他主编的、在国内外有很大影响的月刊《全民抗战》上，揭露和声讨国民党当局镇压和迫害爱国青年的罪行。

由于这次被关押的爱国青年人数太多，国民党当局不知该如何收场，在舆论的压力下，他们不得不放宽释放的条件，即可以不签悔过书，只要有人担保即可释放。然而，不知何故，年纪最小的雨香不但没有被释放，而且还被列入"骨干分子"和"顽固分子"的名单里，与几个"民先"组织的女领导人一起被关进了监狱。于是，她这个只有12岁的小"政治犯"，还没成年就尝到了监狱铁窗的滋味，让她经受了严峻的锻炼和考验。

她和几位她所尊敬的大姐姐一起被关进一间面积不大的、狭长的牢房，里面除了一条铺着稻草的炕和一个发出恶臭的马桶之外，其他一无所有。牢房里光线很暗，除了铁门上有一个为"犯人"送食物和可以对话的小窗在规定时间开启一下之外，其他地方既不透风，也很难看清东西，就像被关在一个密封的罐头里。恶劣的生活环境加剧了她们心中的愤怒，不知是谁领头唱起了救亡歌曲，于是大家便一首接一首地引吭高歌，从《救亡进行曲》《大刀进行曲》唱到《国际歌》……以此表达她们内心的愤懑情绪。尽管外面的狱卒用棍子敲着门大声喊着"不许唱歌！"但是，她们的歌声不仅没有停下来，而且还越唱越响亮。在她们的带动下，其他牢房的狱友也开始唱起抗日救亡歌曲，牢房里的歌声此起彼伏，狱卒也无可奈何。监狱里的伙食是极差的，吃的是掺了沙子的冷饭，所谓的"菜"是带着盐粒的辣椒，让雨香难以下咽。炕上的稻草里"潜伏"着许多臭虫，雨香身上被咬了许多红疙瘩，又痒又疼，十分难受。

为了瓦解"民先"组织，国民党当局便逐个提审被关押的"民先"队员。一天，雨香也被狱卒押出牢房带到审讯室进行审讯。一个很胖的警官装出一副和蔼可亲的笑脸，把桌上为她准备的糖递给她吃，并假惺惺地对她说："你小小年纪，为什么要去参加'民先'的示威游行呢？你们不上前线，在后方捣乱是有罪的，是要杀头的。"雨香很讨厌他那种假惺惺的样子，便毫不客气地顶撞他说："你们不让我们爱国、不让我们抗日，你们才有罪，你们才应该杀头呢！"胖警官没想到雨香这么强硬泼辣，便气急败坏地喊着："这个小姑娘好厉害，赶快把她押回去，押回去！"雨香回到牢房后把刚才的情景复述了一遍，同牢房的几个大姐姐都夸奖她有勇气、有骨气，并鼓励她坚持斗争。当时雨香的心里只想到抗日、爱国，所以面对坐牢和审讯并没有任何胆怯与害怕。

由于在中共地下党组织的领导下，贵阳各界人士愤怒声讨国民党当局的游行示威活动声势越来越大，国民党当局表面上还要打着抗日的旗号，在社会舆论的压力下，他们不得不陆续释放了一批被关押的"民先"队员，但对一些他们认为重要的所谓"死硬分子"，则始终不肯释放。在雨香关押的牢房里，也只剩下她和一位一直照顾她的姓凌的大姐姐。因为外面声援的呼声日益强烈，所以监狱里也放松了对她们的看管，允许外面的人前来探监，可以让家人送一些食物，生活条件也有所改善。她们被关押了一星期左右，尽管雨香没有低头认错，没有屈服于当局的淫威，无可奈何的当局还是以"领回去教育"为理由，将她释放了。但是，她事后才知道，"民先"组织的负责人张益珊大哥，以及和雨香同牢房的姓凌的大姐姐，始终没有被国民党当局释放，他们最后作为重要的"政治犯"被国民党当局杀害了。但是，他们的音容笑貌永远铭记在雨香的心灵里。经历了这次事件以后，雨香感到自己突然长大了，也逐步成熟起来了。

第三章

延安岁月

我们战胜了一切艰难困苦，终于到达了我们心目中神圣的目的地——延安！

我一回忆起鲁艺的生活，心里便充满甜蜜的滋味。我的事业，我的成长，乃至我的生命，都是在这个革命的摇篮里得到的。虽然那时各种条件都很差，很艰苦，但虽苦犹甜。只有体验过这种生活的人，才能产生这种感受。

——黄准

新的目标

出狱回家后，雨香一时觉得很迷茫，不知接下来的人生之路该如何走。

有一天，姐姐和姐夫一起找她谈话，并给她指出了两条道路：一是到附近的育才中学去念书，继续完成学业；二是送她到延安去。由于这些年来她一直听姐姐、姐夫和生活书店的大哥哥大姐姐们谈论延安的各种情况，还听说延安有许多学校，如陕北公学、抗日军政大学等等，尤其是其中一所可以学习唱歌、演戏的学校，名叫鲁迅艺术学院，所以"延安"已成为她早已向往的地方。为此，当她听姐姐和姐夫提到"延安"两个字时，便不假思索地脱口而出："我要到延安去！"

为了迎接即将到来的全新的生活，她决定改掉"雨香"这个她不喜欢的软绵绵的名字，另外给自己起一个新名字。但起一个什么名字好呢？她绞尽脑汁也没有想出一个令自己满意的名字。无奈之下，她只好向姐姐求助，姐姐想到了一个方便的办法，就是求助于字典。于是，她拿来了一本字典，让雨香随便翻到哪一页，闭上眼睛随意点一个字，点到哪个字就用哪个字作为名字。她们用这个方法反复试验了好多次，最终，雨香的手指落在了"准"字上，她觉得这个字作为名字比较特殊，自己也较为满意，于是，她便决定将自己的名字改为"黄准"；这个名字后来成为她正式的名字，伴随了她的一生，并广为人知，而原名"黄雨香"则很少有人知道了。

1938 年初秋的一个早晨，12 岁的黄准拎着一个小藤箱子，带着对新生活的憧憬和向往，义无反顾地启程了。她没有向母亲告别，也许是害怕母亲的泪水动摇了她此行的决心。姐姐把黄准送到了长途汽车站，上车前把她托付给了一位同志，同时又交给她两封信：一封给王紫菲，另一封给田蔚。这两封信虽然不是正式的组织介绍信，但对黄准到延安以后的人生历程却发挥了很重要的作用。

汽车开动了，黄准透过车窗看见站在路边的姐姐还在向她招手挥别。黄准知道，虽然姐姐为了革命事业不得不继续留在白色恐怖的贵阳坚持工作，但她却设法把自己的妹妹送离这黑暗的地方，让她去寻找光明，到所有革命者都向往的革命圣地延安去。对此，黄准打心底里感谢姐姐和姐夫；同时，她还要感谢他们在她离开以后，安慰、照顾母亲，使她不会因为自己的不辞而别过度悲伤。

从贵阳到重庆的长途汽车是一辆破旧的烧炭汽车，黄准忍受着颠簸的不适和呕吐的痛苦，四天的路程总算这样熬过去了。到了重庆以后，黄准仍住在生活书店的后楼上。

她终于盼到了再出发的那一天，李文大哥把黄准送到了码头，又把她交给一个她不认识的大哥。船到武汉后，他们刚上岸就响起了空袭警报。他们不知道防空洞在何处，护送她的大哥机警地一把拉着她跑到码头旁边的围墙边站着。日寇飞机投下的炸弹在江中爆炸，掀起了巨大的水波和浪花。待敌机飞走后，大哥带她迅速前往武汉八路军办事处。黄准到了办事处后，一进门只见屋里乱七八糟，许多文件和书籍散落在地上，原来因为武汉形势紧张，八路军办事处人员正准备撤离。这里的负责人就是武汉生活书店的顾一凡同志，他匆忙放下手里的工作，接待了黄准。他亲切地说："小姑娘，我认识你，你是邵公文的小姨子，年纪这么小就要去延安？"黄准急忙表态说，自己要参加革命，要去延安鲁艺读书学习。当天晚上黄准上了火车，一位大哥一路把黄准送到西安八路军办事处。

从西安到延安还有近 800 里路程，在西安八路军办事处汇聚着一批又一批去延安的热血青年。黄准到办事处后，几天内目睹了一拨又一拨进步青年背着行李从这里出发去了延安，心里十分着急。办事处的同志告诉她说：因为其年纪小，准备让她坐汽车走。但等了好几天不见有汽车来，于是黄准便吵着要和一批青年步行去延安。办事处的同志劝她说："要走 800 里路啊，不仅路途很遥远，而且还很不好走。"黄准不以为然地说："800 里路算什么，我才不怕呢。"实际上她对 800 里路有多长根本没有什么概念，也没有想到路途会崎岖艰险。于是，在办事处的组织安排下，她满腔热情地跟随着一支 20 多名进步青年组成的队伍出发了。最初，她走得很轻松，时常又奔又跑地走在大家前面，而且心里还暗自得意，认为就这样走 800 里路没什么呀。同行的大哥哥、大姐姐劝她慢慢走，节省一点体力，她还听不进去。谁知走了两天后，她的腿就不听使唤了，两条腿如同灌了铅一般沉重，每走一步都要用尽浑身的力气。再走了两天，脚底还起了很多血泡，走起路来疼痛难忍。当大姐姐给她挑脚底的血泡时，她疼得直冒汗，差一点大声喊起来。然而，她知道自己在此时不能打退堂鼓，于是便咬紧牙关，坚持跟随队伍前进。

前往延安的路越走越难走了，为了抄近路，他们常常翻山越岭走小路；遇到下雨天，泥泞路滑，一不小心就会跌倒。黄准毕竟年纪小，身体弱，所以同行的大哥哥、大姐姐们常常照顾她、帮助她：有人给她找了一根木棍，让她拄着走；有人搀扶着她，生怕她摔倒。但在黄准看来，路程似乎越走越长，总也走不完。有一天，他们翻过一座荒山时，几十里路没有见到一户人家，随身带的干粮都吃完了，黄准肚子饿得发慌，浑身没有一点力气。她一不小心跌倒在小路边，想爬也爬不起来。走在她身后的一位大哥哥来搀扶她，看着她说："你的脸色很难看，是不是生病了？"说着就蹲下身来要背她走。黄准深知走了几天路大家都很累，便推开他的手，不让他背；并强撑着站起来想自己走。那位大哥哥坚持要背她走，争执之下，黄准只好告诉他自己是太饿了，浑身没有一点力气。大哥哥听后马上拿出自己仅有的一小块馒头给她，她无论如何不肯要。大哥哥微笑着说："你人小，熬不住饿，我们饿一点不要紧的，你赶快吃吧。"于是，黄准只好吃了那一块馒头。这块馒头下肚后，顿时一股暖流充满全身，浑身像充了电一般，她又有力气赶路了。有一天晚上，他们找不到可以栖身的客栈或民居，只能在前不见村、后不见店的山野里转悠。走着走着，忽然发现前面远处有一点亮光，于是大家便往亮光处跑去，走近了才发现是一间低矮破旧的小草屋，一丝微弱的灯光从门缝里透出来。眼看一位老大娘抖抖索索地开了门，她见黄准还是一个孩子，于是便敞开房门让他们进屋，大家抱了一些稻草，互相挤着在炕边的地上将就着"睡"了一夜。也许是因为太累了，黄准这一夜睡得特别香。

第二天一早，他们告别了老大娘重新赶路。又走了几天，他们来到一个名叫洛川的小城镇。因为连续赶路，大家又累又饿，便急忙找了一个价钱便宜的小店住了下来。谁知他们刚住下来，就来了一个陌生人和大家搭讪，他见大家疲惫不堪的样子，便十分同情地说："你们走不动了吧？这里到延安还远着呢，前面的路更难走。我劝你们就不要再走了，我们这里也有学校，也有'陕公'和'抗大'，也是专门培养爱国青年抗日救国的学校。你们要抗日救国，在哪里都可以干革命。更何况我们这里的条件好、生活好，毕业以后马上就有工作做。你们谁愿意留下来，我可以介绍。"听了他的一番话，大家将信将疑，又不知其身份，便没有接腔。后来见他夸夸其谈、油腔滑调的样子，觉得此人不可信，便不再理睬他了。只有一个平时比较娇气的女青年，可能实在忍受不了艰苦的生活条件，便轻信了此人的话，表示愿意留下来。这个人见黄准还是一个孩子，便拍拍她的肩膀说："小同志，你怎么样？吃得消吗？你看她都愿意留下来，你也留下来吧。"黄准没有理睬他，心想：我要去的是延安和延安的鲁艺，我才不会半道上留下来呢。后来他们才知道，原来这是国民党设下的一个圈套。因为当时全国各地大批进步青年都向往革命圣地延安，并想方设法要到延安去，为了与共产党争夺革命青年，国民党当局便在去延安的必经之地洛川设下了这样一个圈套，企图阻止和分化瓦解那些意志薄弱的青年，使他们不再去延安，可惜这个圈套收效不大，绝大多数青年还是意志坚定，目标明确，一定要去延安。

　　经过了20多天的长途跋涉，历经了各种艰险，这支由20多位进步青年组成的队伍终于走完了800里的路程。当他们远远望见那耸立在清凉山上的宝塔时，大家不约而同地欢呼、雀跃起来。延安！他们向往已久的革命圣地终于到达了！这里的一切都让他们感到新鲜引人。这时，远处传来一阵嘹亮的歌声，只见一队青年迈着整齐的步伐高声唱着歌迎面走来，于是黄准和大家也情不自禁地跟随着唱了起来，这嘹亮的歌声久久回荡在延安城的上空。黄准和大哥哥、大姐姐们一起欢快地唱着、跳着、笑着跑进了延安城。由于过分激动，大家甚至忘了相互告别就迫不及待地各自去寻找自己的关系，以便尽快落实具体单位。黄准很快就找到了抗大，找到了王紫菲，交出了姐姐临走前给她的第一封信。王紫菲是贵阳的地下党员，黄准记得在贵阳的生活书店曾和她见过一面。王紫菲看了信后，见黄准正是求学的年龄，便决定通过组织把黄准送到边区中学读书。黄准到延安后的具体单位落实了，她自己也松了一口气，准备开始又一段新的生活历程。

鲁艺求学

　　黄准到延安边区中学读书后，虽然学校生活也很快乐，但想进鲁艺的梦一直缠绕着她。为了实现进鲁艺的梦想，两个月后，她拿着姐姐给她的第二封信，独自一人到鲁艺找到了姐姐的另一位好朋友田蔚，把姐姐的信交到她手里。田蔚看过信以后，笑着说："看来你和鲁艺还挺有缘分，刚巧鲁艺要招收一批小同学，不过要通过考试才行。"黄准一听此事有希望，便急忙说："考试考好了，我不怕！"于是，经过田蔚的推荐，第二天黄准便到鲁艺参加考试了。

　　主考老师姚时晓是鲁艺戏剧系的教员（解放后曾任上海剧协副主席），他给黄准出了三个题目，让黄准进行即兴表演。黄准虽然心里有点紧张，但表面上仍很镇定，她相信考试难不倒她。姚老师出的第一个题目是：你正在走路，突然身后有人叫了一声，你回头一看，原来是一位很久不见的老朋友。于是，黄准根据题目的要求，很从容地进行了表演。第二道题目是做缝衣服的无实物动作。黄准在家里虽然没有缝过衣服，但见过母亲怎样做针线活，她便根据记忆，模仿着母亲缝衣服的样子穿针引线地缝了起来。第三个题目是让她写一篇题为"我是怎样来到延安的"作文，她一听题目就觉得可写的内容很多，往事历历在目，她把在贵阳如何因参加抗日救亡运动而被捕入狱，后来经过地下党组织的营救如何出狱，又如何辗转来到延安的过程都如实写了下来。由于这些经历像电影一样一幕幕出现在她的脑海里，所以她一口气写了下来，不仅毫无困难，而且字里行间还渗透着饱满的激情。作文交上去以后，姚老师看了非常满意，当场宣布黄准被录取在鲁艺戏剧系第二期学习。闻此喜讯，黄准当时就高兴地跳了起来，她的梦想终于实现了！

就这样，黄准成为鲁艺年龄最小的一名学生。鲁艺成立于1938年初，地点就在延安城北门外的山坡上。那时的鲁艺办学条件很差，无论是教室还是宿舍全部都在山坡上的窑洞里，十几个学生住一个窑洞，里面除了一个大炕之外，什么都没有。课堂也在窑洞里，没有像样的课桌。墙上挂着黑板，学生坐在用木桩子铺上的木板条上。由于最大的窑洞也只能容纳一二十个人上课，所以若要上大课，一般都在窑洞外的山坡上，除了老师面前放一张桌子外，学生们席地而坐，其课桌就是自己的大腿。上课时基本上没有课本，只有一些简单的油印讲义作为教材，上课的内容全靠学生自己在笔记本上记下来。每个学生每月的津贴是一块钱，用来买肥皂、牙刷、牙膏等生活用品和铅笔纸张；若是偶尔有余钱买上一个小笔记本，那会爱惜得不得了。老师的薪水是七块钱，这在当时已经是非常优厚的待遇了。学生们练声也要跑到山坡上，或山沟沟里叫嗓子。尽管物质条件很艰苦，但不少优秀的艺术家毅然放弃了原来优越的生活条件，心甘情愿地冒着生命危险从国统区和沦陷区到这里来工作，大批文艺青年也从四面八方汇聚到这里学习，因为他们有明确的人生目标，他们要为抗战、为中华民族的解放贡献自己的力量。为此，学校师生们充满了朝气和活力，他们精神饱满、奋发向上，鲁艺不仅为抗战时期的革命文艺队伍培养和输送了许多优秀人才，而且为中国新文艺的发展培养了大批优秀的文艺工作者。

黄准进入鲁艺戏剧系学习以后，终于穿上了学校发的灰军装。因为个子小，上装穿在身上长度超过了膝盖，袖子和裤腿都要卷起一大截，样子很可笑，但她心里却非常得意，因为她已经是鲁艺的正式学员了。老师和同学们亲切地叫她"小鬼"，她却认为自己已经是一名地地道道的"八路军战士"了，心里当然充满了自豪感和幸福感。当时的戏剧系主任是张庚，教员有崔嵬、田方、于学伟等。戏剧系的学员有王大化、于蓝等。于蓝到延安的时间和黄准差不多，但她比黄准大五岁，所以被分配到抗大女生班。她在抗大业余演出中担任话剧《先锋》里的女主角沙红，因为表演出色而被调到鲁艺实验剧团，并参加了《求婚》《带枪的人》等多部话剧的演出。

黄准当年在延安北门外的留影，鲁艺最早的校舍就在延安北门外的山坡上

1940年，黄准在延安桥儿沟鲁艺的后山坡

黄准一直把于蓝视为自己的大姐姐，延安文艺整风以后，黄准和她一起参加了鲁艺秧歌队，于蓝在秧歌队里是挑大梁的主要演员，而黄准则饰演一些跑龙套的小角色。于蓝的丈夫是戏剧系老师田方，黄准初到戏剧系时，是他班里年龄最小的一名学生。

黄准在戏剧系第二期毕业后，因为年龄太小，无法和那些年龄大的同学一起上前线去进行宣传鼓动和慰问演出。此时，鲁艺为培养文艺综合人才办了一个普通班，于是黄准又进入普通班继续学习。和她一起进普通班学习的还有与她年龄相仿的从音乐系转来的李群、杜粹远，由于她们三人朝夕相处，同吃同住、同进同出，所以被大家称为"鲁艺三小鬼"。三个月的普通班学习很快就结束了，班上大多数同学都奔赴前线，或者到各个抗日根据地参加救亡工作；黄准等三人因为年龄太小无法承担艰巨任务而继续留校。随着抗战形势的逐步好转和稳定，鲁艺决定改变学制，从每一学期半年延长至一年。因为一般艺术院校的学制是三年至五年，鲁艺只有三个月或五个月，而且要学以致用，时间确实太短了。但因为处于战争环境，学习时间太长也不行，所以延长到一年是合适的。李群和杜粹远是从音乐系转到普通班学习的，现在既然留校，当然仍回到音乐系去。而黄准则不想再回戏剧系了，这是因为一方面她已深深爱上了音乐这门艺术，很想学习音乐；另一方面她知道自己不是演戏的料。她进戏剧系后不久，就参加了话剧《红灯》的排演，饰演一个小女

黄准和"三小鬼"之一杜粹远的合影

黄准与老师李焕之及其夫人（"三小鬼"之一）李群的合影

孩。其中有一场戏是小女孩的父亲被敌人打伤了，小女孩见到父亲伤势很重，就一下扑到父亲怀里放声大哭起来。这场戏的表演难度并不大，但黄准就是做不好。她见到饰演父亲的男演员做出痛苦的样子，她就忍不住要笑出来，根本入不了戏。正在她为难之际，李群和杜粹远便鼓励她转到音乐系学习，并自告奋勇愿意陪她到音乐系系主任冼星海老师那里去说情。这就使黄准下定决心要转到音乐系拜冼星海为师，好好学习音乐。

转学音乐

当黄准下定决心后,她便在李群和杜粹远的陪同下到音乐系找到了冼星海老师,请求他同意自己从戏剧系转到音乐系学习。在黄准的记忆里,第一次见到冼星海是在她刚进鲁艺不久,有一天日寇的飞机突然轰炸延安,黄准跟随几个大同学跑到山脚下一个很小的防空壕里躲避,正好遇到吕骥老师带着一位她不认识的老师也躲在这个防空壕里。后来她才知道,此人正是大名鼎鼎的冼星海。黄准也觉得冼星海对她也应该有印象的,因为她曾参加过冼星海负责排练的《生产大合唱》。那时,冼星海既是作曲又是指挥,还兼任导演,几乎天天都在排练场。他既要指挥乐队,又要指挥场面调度,还要对每一个演员进行指导,对饰演"羊"的黄准该怎么跟着音乐"咩咩"地学羊叫,又怎么跟着音乐的节拍学羊走,费了不少口舌。他甚至还自己把两只手放在地上,弯着腰弓着背,一扭一扭地学羊走路。他每一次做完示范动作,总会引起学生们的哄堂大笑,而排演就在这种笑声中继续进行。后来,黄准又被冼星海选进了《黄河大合唱》的合唱队。对于她这个因未完全变声而只能唱女中音,且因个子小而总是站在最边上的小队员,他应该是有印象的。

冼星海

黄准和老师吕骥的合影

当黄准在李群和杜粹远的陪同下,怀着忐忑不安的心情找到冼星海表达了自己想到音乐系学习的愿望时,他没有正面回答她们,只是自言自语地说:"这个小姑娘乐感不错。"并微笑着答应了黄准的请求,同意她和李群、杜粹远一起进入由他负责的鲁艺音乐系第三期学习。当冼星海同意收下她这个"关门弟子"时,黄准高兴极了。而正是这次转系学习,改变了她的艺术方向和人生道路。

黄准进入音乐系学习后，与冼星海接触多了，对他有了更多的了解。冼星海是广东人，个子虽然不高，但身体却很壮实。他说话带着较浓重的家乡口音，人很和蔼可亲，少有师道尊严。他经常会给学生讲一些他小时候的故事，包括他的家庭和各种生活经历；他还经常给学生唱他母亲教的一首广东民歌《硬顶上》："硬顶上啊，鬼叫你穷啊……"后来音乐系的学生几乎人人都会唱这首歌。虽然冼星海来延安之前已是一位著名音乐家，但他到鲁艺任教后，和大家一样过着艰苦生活。他住在窑洞里，拿一个月七元钱的津贴，要负担妻子和刚出生的女儿的生活；偶然收到一点稿费，还要请学生们改善生活。尽管他承担着繁重的教学和科研任务，但仍然和大家一起开荒种地。有时候他带着学生们出去演出或听报告时，一定要经过延河，若水浅时，大家脱了鞋袜趟水过河；若因下雨延河涨水，一些年纪小的女学生就过不去了，这时冼星海就会与其他稍微年长的同学和老师一起背着这些女学生过河。这种亲密无间的师生关系，在黄准脑海里留下了深刻印象，她在《自传》里曾有这样深情的回忆：

> 那时，我们围着他，坐在山坡上，专心地听他讲话、唱歌，心里头充满爱戴。他虽然才华横溢，为人却没有一点架子，对我们这些学生，爱护备至，和我们的关系非常亲密，如师如友、如父如兄。他知道我们这些学生大都没钱，每月只发一块钱的津贴费，所以经常把我们请到他住的窑洞里，拿些糖果、红枣招待我们，有时还给我们烧红烧肉吃，简直就像过年一般。他知道，在我们平时的饭菜里，可是连油沫星子也少见啊。

在进入音乐系学习的这一学期中，黄准不仅取得了很好的成绩，两次获得了声乐考试的第一名，成为音乐系的高才生。

对于黄准这些学生来说，冼星海在生活上是长辈，在专业上则是良师。他教给学生的不仅是音乐知识和创作技巧，更重要的是其音乐理念、创作思想和艺术追求。他说自己是一个有良知的音乐工作者，所以要写许多救亡歌曲，要把自己的歌曲传播到全人类，以此提醒人们去反封建、反侵略、反帝国主义。他主张中国的新兴音乐应该是"中国的、民众的、通俗的，要有新的旋律与手法"。他认为没有内涵没有思想只讲技术的作品是没有生命力的，所以要求学生一定要用"心"来表达音乐作品的内涵和情感。同时，他十分重视中国音乐的民族化，他认为中华民族是一个"歌咏民族"，有自己的音乐传统和民族资源，所以要继承和发扬这种优良传统，充分运用这些民族资源。特别是抗战歌曲，是通过大众、通过斗争反映出来民族的呼声，故而更应该注重民族化风格的追求。在教学上，他往往采用启发式的教

027

学方法，要学生用音乐思维来思考创作，用音乐语言来表达内心的感情和情绪，充分发挥自己的想象力。他不随意修改学生的作业，而是和学生一起商讨研究。除了给学生上音乐理论和音乐创作课之外，冼星海还给学生上指挥课，并兼任乐队和合唱队的指挥。他除了讲解指挥的基本理论外，还特别注重形体训练。由于没有形体训练的镜子，冼星海把自己充当学生的镜子，他常常把学生那些奇奇怪怪的姿势模仿出来给大家看，让大家在哄笑声中知道自己的毛病出在哪里，并加以改正。在上指挥这门课时，黄准是经常被冼星海挑毛病的学生，不是一个肩膀歪了，就是双臂缩着没有张开，姿势不好看。正因为如此，黄准对于指挥课的印象就特别深。

第一届"上海之春"音乐节上，鲁艺音乐系的老师和同学相聚在上海锦江饭店，前排右四为黄准

至于冼星海重视从生活中汲取音乐创作营养，激发音乐创作灵感的方法，则对黄准的音乐创作产生了很大影响。早在《在延安文艺座谈会上的讲话》发表之前，冼星海就多次通过深入生活创作出诸如《生产大合唱》《西盟大合唱》等歌曲；特别是后来他到黄河边体验生活后写出了气势磅礴的《黄河大合唱》，更是轰动一时，影响深远。当时鲁艺决定投入最大的人力和物力来排演这部作品，学校里凡是能唱歌的都参加了排演。由于乐队没有几件像样的乐器，不仅西洋管弦乐器无法配套，就连中国民族乐器也只有几支笛子和几把二胡，于是，乐队同志充分发挥主观能动性，他们创造性地用葫芦瓢做成中胡，用大洋油桶锤锤钻钻做成了大低音胡；为了解决打击乐器不足的问题，冼星海找来几个大洋瓷缸，里面放几把调羹，一摇一晃，其声音为乐队增添了不少气势。就在这样土法上马的简陋条件下，鲁艺排练了200多人参演的《黄河大合唱》，而且在延安大礼堂隆重演出了。《黄河大合唱》的首演就轰动了延安城，毛泽东和不少中央首长都前来观看了演出，并给予了高度评价。此后，《黄河大合唱》不仅在解放区，而且在国统区乃至全国各地广为流传，成为一首赞颂中华民族不屈不挠奋斗精神的优秀经典作品。而黄准能在冼星海指挥

下参演《黄河大合唱》，这是她一生的幸运和光荣。在鲁艺音乐系跟随冼星海的学习经历，深深地影响了黄准的人生道路和音乐创作，她曾饱含深情地说道：

> 星海，我的恩师，虽然您带领的三期音乐系仅仅只有一年时间，但您对我们的教育和影响却是永久的。您的音容笑貌，您在教学中的一切一切，永远留在我的记忆中、工作中，让我受用了一辈子。

这些发自肺腑的真心话既深切地表达了黄准对冼星海老师的感恩之情，也表明了黄准音乐创作从冼星海那里所受到的深远的影响。

生产自救

1938年10月日本侵略军攻占武汉后，逐步将主要军事力量转向中国共产党领导下的抗日根据地。国民党当局则采取了"攘外必先安内"的政策，破坏抗日民族统一战线，封锁了陕甘宁边区和各抗日根据地，并停发了八路军、新四军的经费。同时，由于华北等地连年遭受自然灾荒，致使整个抗日根据地财政经济发生了极大困难，1939年1月初，毛泽东代表中共中央在陕甘宁边区第一届参议会上讲话时，提出了"发展生产，自力更生"的口号，号召边区人民群众和部队、机关、学校全体人员开展必要的生产。1942年底，中共中央又提出了"发展经济，保障供给"的方针，号召解放区军民自力更生，克服困难，开展大生产运动。

当时，由于延安和陕甘宁边区的粮食、棉布、药品、蔬菜等物品极度匮乏，因而鲁艺的师生也经常只能靠野菜、盐水等来维持生活。因为粮食奇缺，师生吃的馒头都是用发了芽的麦子磨成面粉蒸出来的，吃起来又苦又涩又粘牙，难以下咽，而下饭的菜就是飘着几片葱花和几滴油星的盐汤。为此，黄准和同学们需要经常外出挖野菜。鲁艺的后山沟是她们挖野菜的最好去处，她们一有空就会去那里挖野菜、摘酸枣。那里的酸枣又甜又酸，吃起来十分可口。但因为酸枣树上长满了又尖又硬的刺，摘酸枣时手上就常常会被刺出许多血痕。为了能吃到酸枣，她们也情愿被划出血痕。后山沟的风景虽然很美，但她们这些饥饿难忍的穷学生却无心欣赏；有时候饿得支撑不住时，只好以溪水充饥，经常把在水中游的蝌蚪也一起吞进肚子里。有一次黄准和几个同学出去挖野菜，挖着挖着不知不觉到飞机场的边上，这时敌人的飞机突然来了，她们几个人急忙钻进机场边上的一块黄瓜地里。敌机在天上绕来绕去，扔下了一阵又一阵的炸弹，仍在天空盘旋着不肯离去。这时已近正午，她们虽然又饥又渴，但又不敢跑出去。黄准干脆仰面躺在地上，不料她躺下来以后，就看到黄瓜架上吊着一条条青翠鲜嫩的大黄瓜，让她垂涎欲滴。最后，她没能抵挡住黄瓜的诱惑，三下五除二便把一条黄瓜给吃了。虽然暂时饱了口福，但却"做贼心虚"，总觉得有一双眼睛在看着她，让她浑身不自在。在晚上的生活检讨会上，她主动坦白交代了偷吃黄瓜、违反群众纪律的错误，虚心接受了大家的批评帮助。

黄准到延安后不久，重庆生活书店的李文大哥也到了延安，他偶尔会与在大后方的黄准的姐姐取得联系，姐姐也会托他给黄准捎来几块零花钱。当黄准从李文大哥手里拿到这几块零花钱时，心里别提有多高兴了。她除了用这些零花钱买一点肥皂牙膏外，还可以买几块土造的麦芽糖或者半斤陕北大红枣。把红枣放在取暖的炭火中一烤，窑洞里就会充满诱人的香气，这时黄准和同伴们就会感到非常满足，这也是她们最大的奢侈和最美的享受了。

当毛泽东发出了"发展生产，自力更生"的号召以后，全边区所有学校都暂时停课，开展生产自救。学校里所有的教职员工都积极投身于大生产运动的热潮之中。身体好的男老师和男同学上山去开荒种地，身体弱的老师和女同学在窑洞里纺线。黄准纺线时质量老是不太好，纺出来的线有粗有细，不符合要求。这时她才发现自己的眼睛已经近视了，于是只好改学织毛衣。她过去没有织过毛衣，只能边学边织。冼星海夫人钱韵玲和贺绿汀夫人姜瑞芝都是她织毛衣的好老师，她虚心学习，不断提高速度和质量。在劳动竞赛中，生性好胜的黄准当然不肯服输，她不停地织呀织呀，最后竟然成为"织毛衣能手"，受到了表彰。她们把纺成的线、织成的布，以及搓出来的羊毛线、织好的毛衣全部卖出去，换回了粮食，改善了伙食。至于自己身上的衣服破了，则补了又补。由于长时间不洗澡，所以打满补丁的衣服就往往成为跳蚤虱子做窝繁殖的好地方。最初黄准并不理会，痒了就随便抓一抓；后来身上长了疥疮，痒得要命，十分难受，但因条件有限，皮肤抓烂了也无法得到很好治疗。在大生产运动中，什么活都是自己动手干。冬天没有木炭烤火，师生们就上山砍柴烧炭。那时的鲁艺就像一座加工厂，各个行业的生产加工内容都有。对于黄准这些学生而言，虽然学习知识的时间少了，但她们却在劳动实践中学到了很多生产知识和生产本领。可以说，大生产运动让她们对"劳动创造世界"这一真理有了深刻的认识。

黄准的两位好伙伴李群和杜粹远因为在延安有生活条件较好的亲属，所以她们常在星期天到亲属家里洗洗澡，吃一顿饱饭，改善一下生活。有时候她们也会叫上黄准，但她去过一两次后就不好意思再去了。后来，她也有了一个去处，那就是王紫菲大姐姐的家。那时候，王紫菲已经和延安电影队队长吴印咸结了婚，并有了一个可爱的小女孩。黄准到她家以后，王紫菲夫妇总是烧一点好吃的饭菜，给她补充一点营养。更加吸引她的是：每次去都能看一场电影，有时候还能看到一些外国的彩色片，让她大开眼界，印象深刻。无疑，在当时艰苦的环境里，对黄准这样的穷学生来说，看电影则是一种额外的美好享受。这种审美享受不仅使她对电影这门新颖的艺术样式有了更多的了解，而且也为她以后从事电影音乐的创作奠定了一定的基础。

秧歌运动

鲁艺作为一所艺术院校，校园生活是丰富多彩的。由于蓬勃开展的大生产运动打破了国民党当局对延安的经济封锁，使延安军民度过了最困难的日子，生活条件得到了很大改善。与此同时，师生的各种业余活动也日益多样化。例如，跳交际舞之风在鲁艺就很盛行。这时候的校园里，不少人嘴里哼起了小夜曲；戏剧舞台上演出的抗战剧少了，而外国剧目则多了起来。特别是在1940年到1942年之间，大后方一批文化人来到延安和鲁艺，由于他们中的多数人曾在大城市的高等学府受过教育，受西方文化的熏陶和影响较深，所以也为延安文艺界带来了一些西方的思想观念和文艺思潮。这些观念和思潮自然对鲁艺的学生也产生了一定的影响。

此时，鲁艺在教材编纂和教学方法上也开始向所谓的"正规化"靠拢，无论是音乐系、戏剧系还是文学系，教材和教学方法都注重学习借鉴西方的一套东西。鲁艺这一时期的正规化教学训练，使黄准在视唱、练耳、作曲、和声等方面打下了较扎实的音乐基础，对她以后从事音乐创作产生了深远影响。

但是，由于当时处于严酷的战争环境之中，文艺人才的培养和文艺创作都要为抗战服务、为工农兵服务，所以那种脱离现实生活、脱离人民群众的艺术倾向，既与抗战的形势发展不相符合，也引起了老百姓的不满。这样的问题当然也引起了中共中央的关注和重视。

1942年5月2日至23日，中共中央宣传部在延安杨家岭召开了文艺工作座谈会，毛泽东在会上作了重要讲话。《在延安文艺座谈会上的讲话》指出生活是文艺创作的源泉，革命文艺工作者一定要深入生活，与工农兵相结合，要全心全意为人民大众服务。《讲话》纠正了许多片面的认识，为革命文艺的发展指明了方向。此后不久，毛主席又亲临鲁艺作报告，号召师生要"走出小鲁艺，到大鲁艺去！""要到生活中去，要为工农兵服务"。在《讲话》和毛主席在鲁艺所作报告精神的激励下，鲁艺师生们进一步明确了办学和创作的正确方向。

1942年秋，在王大化等人的倡导下，鲁艺师生们掀起了一场轰轰烈烈的秧歌运动。黄准最初的动作比较生硬，手和脚也不协调，但她没有退缩，而是慢慢地找到了感觉，不仅学会了扭秧歌，而且还会扭出各种花样。在师生自发扭秧歌的基础上，学校决定成立秧歌队，到延安各个机关、学校、部队乃至街头去演出，扩大影响。

黄准被挑选进入秧歌队，他们经常天不亮就化好妆，腰里系好红绸，头上包一条白毛巾，带上干粮，从鲁艺所在地桥儿沟出发，穿过机场，步行十几里地，到各处去演出。秧歌队每到一处演出时，周围都围满了观众，老百姓奔走相告"鲁艺家的秧歌队来了！"就这样，通过不断的演出，鲁艺秧歌队有了名气，被老百姓称为"鲁艺家"。无论秧歌队到哪里，都会听见群众叫着"鲁艺家来了！鲁艺家来了！"于是，大路上、上坡上、树杈上、院墙上，到处人头攒动、人山人海，热闹非凡。群众的热情深深地感染和鼓舞着秧歌队的每一个队员。

春节前一天，秧歌队队长通知大家，明天一早要到杨家岭去演出，要大家做好准备。杨家岭是中央首长的居住地，原来鲁艺把给中央首长拜年的任务交给了秧歌队。接到这一任务，大家都很兴奋，几乎一晚上没有睡好觉。第二天一早，不用队长吹哨子，大家都起来化好了妆，而且比往日化得仔细。天刚亮，秧歌队就整队出发，不知不觉走完了20多里地，来到杨家岭的山脚下。不用队长下令，大家便怀着激动的心情敲起锣鼓，扭了起来。他们从山下扭到山上，一直扭到毛主席等中央首长住的地方，一看，院子里已坐满了人，中央首长们用热情的微笑和掌声欢迎他们。大家没有歇一口气，随着乐队的旋律跳啊、扭啊，扭进了场子，人人都很卖力，直到秧歌队打好圆场，队员们才席地而坐，等着小节目依次演出。黄准自己也没有想到，她的运气真好，正好坐在毛主席的身前。最初她自己也没有注意到，直到毛主席见她衣服穿得单薄，把自己的大衣给她披上时，她才发现在她身后坐着的正是毛主席。她顿时激情满怀，感慨不已。自她到了延安以后，虽然也曾在演出的舞台上向下张望时，远远看到过毛主席的身影和笑容，但还没有机会近距离地接触过。今天不仅有幸坐在毛主席的膝前，而且还披着他的大衣，怎能不让黄准心情格外激动呢？这时，她听见身后的毛主席声音响亮地说："好！很好！你们的方向是对的！"这句简短有力的话语既是对他们工作的肯定，也使他们进一步明确了今后文艺创作的方向。

正是在毛主席的肯定和鼓励下，鲁艺的秧歌队越闹越红火，并有了新的发展。他们由原来的边扭边唱，拉开场子就变着队形扭的简单形式，发展成了秧歌剧，其中如《兄妹开荒》《挑花篮》《推小车》等，都是当年风靡一时的经典作品。后来又发展成大型歌剧、舞剧，如《周子山》《血泪仇》《白毛女》等。黄准曾在《推小车》中饰演过角色，其演出场面居然被电影队给拍摄下来，后来还被收录在文献纪录片《延安生活散记》里。黄准的银幕形象就这样和延安秧歌运动连在一起，成为宝贵的影像资料，成为历史的见证，这让她觉得十分光荣和自豪。

黄准在秧歌节目《推小车》中饰演角色

鲁艺秧歌队的名气越来越响，他们从城里扭到城外，一直扭到绥德、米脂等地。每到一处，都受到了广大群众的热烈欢迎。老百姓腾屋扫房、杀猪宰羊，热情款待他们。有一次，他们到一个山区村庄去演出，当队伍进了村敲起锣鼓时，忽然听到对面也有锣鼓声，原来村里的群众也扭起秧歌来迎接他们。于是，两支秧歌队会合在一起，大家一起扭啊、唱啊……原本宁静的小山村顿时热闹、沸腾起来了。当晚，村里的老乡不仅把窑洞腾出来让他们住，还把炕烧得热烘烘的。黄准和几个女同学睡在热炕上，很快就睡着了。可是到了半夜，炕烧得太热，把她们都热醒了。大家爬起来一看，原来乡亲们还在为秧歌队煮羊肉、压饸饹呢，这让她们也睡不着了，干脆起身和乡亲们一起烧饭、聊天。还有一次，秧歌队到靠近边界的一个村庄去演出，当时天气十分恶劣，他们在村里一个土台子上演出《血泪仇》，没多久天上下起了鹅毛大雪，一会儿工夫，台上台下一片银白，台口的横梁上挂起了一根根冰柱子。虽然台下看演出的老乡们身上也堆满了积雪，但没有一个人离开现场。当演员们演到日本鬼子把一个普通百姓家的媳妇打成重伤，媳妇临死前抱着孩子对着公婆哭诉日本鬼子的暴行时，台上台下哭成一片，口号声也响成一片，还有人激动地跳上台大声呼喊："打倒日本帝国主义！为受苦受难的乡亲们报仇！"从而使演出取得了非常好的效果。一系列的演出实践让黄准明白了这样一个道理：他们的演出之所以会受到老百姓如此热烈的欢迎，产生如此强烈的影响，其主要原因就是坚持为人民大众服务的方向，正如毛主席所说："你们的方向是对的！"

在此期间，黄准和同学们也观看了许多群众演出，那些颇具地方色彩的秦腔、眉户戏，让她感到朴素的民间文化里蕴藏着许多宝贵财富。为此，她每到一地，除了演出之外，还注重向当地的群众学习，广泛收集民间素材。她在老乡的窑洞里，在昏暗的油灯下，聚精会神地听他们唱《长工苦》《咱们的领袖毛泽东》《三十里铺》等，还听他们讲了许多与地主老财斗争，以及怎样跟着刘志丹闹革命的故事。没几个月，她就采集了厚厚一大本子民歌、民谣和故事，这些来自民间的材料成为她以后艺术创作的重要参考资料。

第二年秋天，鲁艺秧歌队接到上级指示，到南泥湾去慰问359旅的官兵。在延安大生产运动中，359旅是创业标兵。他们在毛主席"自己动手，丰衣足食"的号召下，通过艰苦奋斗，把南泥湾由荒野变成了陕北的江南。为了要去南泥湾为359旅演出，秧歌队排练了一些新节目，其中就有一首由马可作曲的《挑花篮》（即《南泥湾》），以优美的曲调歌颂了南泥湾的巨大变化和359旅指战员的贡献；这首歌曲不仅当时广为传唱，而且还流传至今。

当黄准随着鲁艺秧歌队来到南泥湾以后，亲眼看到了359旅指战员创造的奇迹：在黄土高坡中出现了一片葱葱郁郁的绿洲，庄稼茂盛，到处洋溢着丰收的喜悦之情。战士们列队欢迎秧歌队的到来，并把他们种植的各种水果摆满了桌子，晚饭则是香喷喷的白米饭，黄准感到这是自己到延安以后最丰盛的一次美味享受。为了让每个战士都能看到秧歌队的演出，秧歌队决定送戏上门，到每个营地去给战士们演出。由于有的营地路途较远，所以部队派了一些战士带着马匹前来迎接秧歌队。为了确保安全，每匹马都配了一名战士。急性子的黄准还没等战士把马牵好，她便跳上一匹马。那匹马欺生，它没等黄准坐稳就狂奔起来。牵马的战士想把马拉住，但那匹马已跑出了很远。头一次骑马的黄准心里吓得不行，但她又不敢跳下来，于是急中生智将身体伏在马背上，然后慢慢往下滑，最后平安无事地坐在草地上，没有被摔伤。等牵马的战士追上来时，那匹马早已跑得不知去向。战士见黄准没有大碍，也就放心了。秧歌队在南泥湾演出时，359旅旅长王震还特地前来观看了他们的演出，并在讲话中热情赞扬他们下基层为工农兵服务的精神，希望他们能坚持这一正确的方向。

秧歌队的这一段创作演出实践活动，不仅让黄准受到了锻炼，进一步了解了陕北民众的生活和风俗，收集和积累了不少民间文艺的资料，而且让她明确了革命文艺工作者应该坚持的正确方向，懂得了深入生活对于文艺创作的重要性，这对她以后的音乐创作产生了很大影响。

终于入党

黄准年幼时就经常得到身为共产党员的姐姐、姐夫的引导和帮助；后来到生活书店，又整天和书店里的大哥哥、大姐姐们在一起，受到他们言谈举止的影响，他们中不少人也是共产党员。于是，她很自然地就产生了一种纯朴的爱憎情感，认为共产党好，国民党不好；共产党领导人民大众抗日救亡，国民党反对和阻止民众抗日。特别是在贵阳坐牢的那段日子，她亲眼目睹了国民党当局的丑恶嘴脸，亲身体验了国民党监狱的黑暗，就更加坚定了跟着共产党闹革命的理想信念。后来，又是中共地下组织派人把她一路护送到延安，让她进入鲁艺读书学习，从此改变了她的人生道路。因此，她对共产党一直有着深厚的感情，并真切希望自己也能成为一名共产党员。

一天晚饭后，黄准回到宿舍，突然发现屋里没有一个人，连她的两个好朋友李群和小杜也不见踪影。平时她们三人总是形影不离，这次她们怎么突然不见踪影了呢？她独自在宿舍里猜测着，心里有些狐疑和烦恼。过了一会儿，李群等人回来了，黄准有点不高兴地问她俩："你们到哪里去了？也不跟我说一声。"李群和小杜互相望了一眼，这才告诉她，她俩去参加党支部会议了。黄准一听就急坏了："怎么你们都是党员，而我却不是呢？"这让她感到很伤心。李群和小杜见黄准气急败坏又伤心欲绝的样子，就一面安慰她，一面找来了党支部书记程迈。

程迈也是音乐系第三期的同学，年龄比她们大了好几岁，在政治思想、学习演出和日常生活等方面都较为成熟老练，她后来还担任了鲁艺的党总支书记。程迈既耐心地向黄准讲解了中国共产党的性质和党的组织纪律等，也充分肯定了她的入党积极性，并特别说明她还没有到入党年龄，希望她能严格要求自己，继续努力。

黄准经过一段时间的学习和思考，正式向党组织递交了一份入党申请书。过了一段时间，党支部就黄准的入党申请进行了讨论。党员同学们很严肃地逐一发言，大家一方面充分肯定了黄准的一些优点，如性格单纯，能积极参加各项政治活动，思想上要求上进，学习成绩好，家庭出身清白，自己也有一段革命经历等，但另一方面也指出了她存在的不少缺点，如有"小资情调"，平时爱打扮，不朴素，喜欢欣赏那些充满"资产阶级情调"的文艺作品等，特别是那份入党申请书，通篇都是一些不切实际的形容词，只会把党形容成太阳啊、光啊、热啊、大熔炉啊，却没有一点自己的实质性认识，没有联系自己的思想，内容空洞无物。大家的尖锐批评让黄准出了一身汗，同时也使她切实看到了自己的一些不足之处。

由于第一次入党申请在支部会上没有通过，黄准为此多少有点沮丧。但李群、小杜和程迈，都鼓励她继续努力，不放弃追求。她也相信，只要自己不断努力，一定会获得成功。于是，她不断向组织靠拢，经常汇报自己的思想，以求得到组织上的帮助；同时也注意克服自己身上的缺点。特别在秧歌运动中，她能深入群众，努力向群众学习，在收集和记录民歌等方面表现突出，得到了大家的好评。1942年5月，黄准终于被批准加入中国共产党。然而由于她的年龄还比较小，预备期超过了两年，直到她年满18岁才转为中共正式党员。

面对中国共产党党旗宣誓的那一天，是黄准一生中最难忘的一天！那是在鲁艺的一间小平房里，党支部单独为她一个人举行的宣誓仪式。面对着墙上悬挂着的印有镰刀锤子的中国共产党党旗，她郑重地举起握着拳头的右手，跟随着支部书记程迈，一字一句、十分庄严地说出了自己的入党誓词，特别是最后一句话："决心为共产主义事业奋斗终身！"她说得特别响亮。此时此刻，她内心满溢着幸福，也充满了激情，并暗自发誓："党啊，党啊，我追随您那么多年，历经了千辛万苦，今天终于真正投入了您的怀抱。我一定不会辜负您的期望，努力做一名真正的共产党员。"

第四章

创作缘起

　　我的音乐创作又是从电影音乐开始，几十年没有离开过
这个岗位。我热爱这个事业，为它付出了一生的心血、倾注
了全部的感情。我的旋律是用我的心来写的。同时，我和所
有的女性一样有情、有爱。

——黄准

恋爱结婚

　　黄准参加秧歌队的活动时认识了一个来自东北的名叫吴梦滨的小伙子，他原是
鲁艺戏剧系的学生，比黄准大两三岁，高高的个子，黑黑的皮肤，身体很健壮。他
不但在工作上热情肯干，而且和全队同学的关系都搞得很好。因为他的家乡是黑龙
江哈尔滨，所以名字为"梦滨"，其意就是做梦也想着哈尔滨，可见思乡之情很深
厚啊。因为他是来自东北的小伙子，所以性格也很直爽开朗，并善于交际。他主动
接近黄准，对她格外关心和照顾，有时候还会买一些小礼物送给她。其中有一件礼
物让黄准印象深刻，当时演出化妆时多数人没有镜子，吴梦滨设法买到了一面小圆
镜送给黄准，这让她爱不释手，同时也为吴梦滨的举动所感动。两人接触多了，就
逐渐有了感情，爱情的萌芽就这样在黄准心里萌发了。随着秧歌队的演出活动日益
增多，两人的感情也逐渐升温并公开化了。

　　那时候，黄准的两个"闺蜜"李群和杜粹远都已经结婚成家了，所以他们也向
组织递交了结婚报告；后经组织同意，两人于1944年匆匆结了婚，那时黄准才18
岁。由于两人都很年轻，所以爱情和结婚对于人生究竟意味着什么，他们似乎都不
太明白，只知道从此两人在一起过日子了。那时候结婚仪式也很简单，再加上大家
工作学习都很忙，因而一切形式都简化了。

　　但是，就在黄准与吴梦滨结婚的这一年，两人被调出了鲁艺，分配到联政宣传
队当演员。调出鲁艺让黄准十分不舍，因为她在鲁艺学习生活了整整六年，对那里

的一砖一瓦、一草一木都产生了很深的感情，她觉得鲁艺就是她的家。现在突然被调出鲁艺，让她有一种"嫁出去的姑娘，泼出去的水"的感觉，心里既恋恋不舍，也很不开心。然而，因为这是组织调动，所以她只能服从分配，和吴梦滨一起到联政宣传队去报到。

联政宣传队的领导对黄准还是很重视的，演出时不仅让她上台独唱，而且还让她担任指挥；大凡有重要的音乐活动，都让她来负责安排，充分发挥她的才能和作用。领导的信任让她得到了安慰，她也尽力完成各项任务，努力做出成绩来，以不辜负组织对她的期望和重用。但是，她的心仍然留在鲁艺，经常回忆在鲁艺的各种活动和生活。有时候甚至对自己的婚姻产生了一种怨恨情绪，认为都是因为结婚才把自己调出来，否则她是不会离开鲁艺的。不过随着时间的流逝，她的这种情绪也慢慢消失了，因为她毕竟要面对现实、走向未来，而鲁艺的生活已成为她美好的回忆了。

奔赴东北

1945 年，日本帝国主义终于宣布投降了，历时八年的艰苦抗战也结束了，东北地区随之获得了解放。吴梦滨是东北人，很想回到老家东北去工作。黄准原本不太情愿去，但因为已经结婚了，她只好随吴梦滨等前往东北解放区。当他们走到山西时，黄准发现自己怀孕了。孕妇当然不可能长途跋涉，路途还很遥远，该怎么办呢？经过反复商量，决定做人工流产手术。这是黄准的第一个孩子，虽然她舍不得把孩子打掉，但迫于当时的实际情况，也没有办法，只好同意做手术。然而，他们所在之处是偏远落后的农村，根本找不到可以做手术的医院。后来总算找到一个随军的医疗队，但他们从未做过这样的手术，怕出医疗事故，不愿意做。经过黄准等人的一再请求，医疗队终于同意冒险做一次流产手术。由于医生没有这方面的经验，所以手术中出现了大出血，差一点送掉了黄准的一条命。

当时虽然抗战已经胜利了，但国民党当局为了抢夺胜利果实，已开始向各解放区大举进攻，所以他们行走的一路仍可能随时遇到向解放区进攻的国民党军队，形势还是很严峻，不太安全。黄准因为刚做过人流手术，身体非常虚弱，根本无法行走，所以吴梦滨等人便设法弄来了一副担架，大家抬着她向山地转移。他们沿着山沟走了很久，天黑了，附近也没有村庄可以去，大家便决定到山上几个破残的窑洞里过夜。窑洞里既没有炕，也没有门，只能用一张草帘挂在洞口遮挡着风。同行的人把黄准放进窑洞以后，因为另外有事，就出去了。连吴梦滨也没有影子了。这一夜，黄准一个人躺在窑洞里的担架上，又冷又饿又渴，没有人陪伴，四周阴森森的，窑洞外还不时传来一阵阵狼嚎声，吓得她想哭想喊，又不敢出声。就这样，她在怨恨与惊恐中熬过了一个漫长的夜晚。第二天早上吴梦滨才回到窑洞，黄准问他昨晚到哪里去了？他说"找朋友去了"。听了吴梦滨的回答，黄准心里发冷，此后她对吴梦滨的感情就产生了裂痕。

当黄准的身体逐步康复时，大家便决定继续赶路。最初黄准还是躺在担架上由大家抬着往前走，后来她下了担架又找了一匹毛驴骑着，再后来她就坚持和大家一起步行了。他们好不容易走到承德，听说在承德可以乘火车直达沈阳，于是大家也顾不上休息，带着行李急忙赶到火车站。然而到火车站一看，站台前挤满了人，秩序很乱。他们拼命挤过去，只见火车上早已人满为患，连火车头上也站满了人。更让他们吃惊的是，由于车站没有调头设备，火车是倒挂的。在当时的情况下，他们也管不了那么多，心想着只要能乘上火车就行。他们奋力在拥挤的人群中往前挤去，最后总算在火车倒数第二节车厢里找到了两个位子。黄准挤上火车后，心里踏实了不少，因为一方面不用再步行了，同时不用再为路匪和国民党散兵游勇的突袭骚扰担惊受怕了；另一方面，火车可以直达沈阳，也方便多了。而到了沈阳以后，他们可以找到有关组织，妥善地安排好工作和生活，一切都会稳定下来。

由于铁路年久失修，路基不平，坡路、弯道接二连三，再加上严重超载，所以火车不仅颠簸得很厉害，而且车速很慢，甚至开一段路就要停一会。一天夜里，当大家在火车的颠簸中进入了梦乡时，突然一阵响亮的汽笛声把黄准从睡梦中惊醒，她醒来后听到汽笛声仍长鸣不止，火车车速很快，车窗外一片漆黑，还没有等她弄明白是怎么一回事，随着一阵巨响，火车在剧烈的震动中倾倒而下，她下意识猛抓住身旁的吴梦滨，一下子失去了意识。不知过了多长时间，黄准在一片哭嚎声中苏醒过来，眼前是黑茫茫的一片，她什么也看不见。通过自己的喘息声，她感觉到自己还活着，但她既不知道自己身处何处，也不知道究竟发生了什么事情。她在惊恐中突然感到有一只手在拉她，她便借力从地上爬了起来，惊慌失措地跟着吴梦滨往前走，跌跌撞撞地跨过脚下一具具尸体，不停地向前跑。他俩慌慌张张地不知赶了多少路，好不容易找到一家小旅店住了下来。第二天他们才知道，昨天火车行驶到一个大山坡时，因为车闸失灵，没有办法减速，所以火车失控，翻倒在山沟里，死伤数百人。黄准他们因为坐在靠后面的车厢里，故而没有受伤，成为为数不多的幸存者之一。旅店老板和住客得知他们的遭遇后，都说他俩实在"命大"，并说他们"大难不死，必有后福"。

他们庆幸躲过了这一劫后，便又继续向沈阳进发。但是，就在他们赶到沈阳之前，国民党军队已经先于他们占领了沈阳。于是，黄准等人只好在沈阳附近新民县的一个村庄里，参加了东北民主联军西满军区文工团。该文工团是一个新成立的文

1946 年，黄准（右一）
在东北郑家屯西满军区

艺团体，专业文艺人才并不多。由于黄准等人是鲁艺培养出来的专业文艺人才，又在文艺团体里工作过，所以团里的领导便把他们当作文工团的骨干。他们一边帮助团里招考新成员，一边忙着排练新节目。黄准不仅担任团里的独唱演员，还负责合唱的指挥，工作虽然很紧张，但心情舒畅，十分快乐。那时候，她穿着一身灰军装，打着绑腿，腰里还扎了一条皮带，动作干练，英姿飒爽；在舞台演出中既独唱，又担任指挥，十分引人瞩目。她的舞台形象在当时的观众里产生了较大影响。半个世纪以后，黄准到北京参加姐夫邵公文的葬礼时，遇到了全国妇联的一位女同志，她热情地拉着黄准的手说："黄准同志，我想您是不会认识我的，但我却认识您。50 年前我就是您的忠实追随者了。"她的一番话让黄准摸不着头脑，便问她是怎么一回事。她说："50 年前我看过西满军区文工团的演出，您在舞台上的出色演出给我留下了深刻印象，您的穿戴非常神气英武，让我十分羡慕。您成了我追随的偶像，后来我也参加了革命，穿上了灰军装，学做您那样英姿飒爽的女战士。"她说完以后开怀大笑，非常高兴，因为她 50 年后又见到了黄准，并把自己当年的秘密告诉了黄准，了却了一桩心事。黄准听了也很感动，她不知道自己当年还有那样的魅力，对一个人的人生选择和生活道路产生过那么大的影响。

1946 年鲁艺文工团一团到辽宁大连演出，当黄准知道了这个消息后，在回"娘家"的强烈愿望驱使下，经过一番努力，她和吴梦滨终于回到了鲁艺文工团并参加了该团在大连的演出。演出的节目中有《黄河大合唱》，由黄准的"闺蜜"杜粹远担任指挥，黄准担任其中《黄河怨》的独唱。后来，黄准又担任了歌剧《血泪仇》修改本的作曲，演出时她又饰演了剧中媳妇这一重要角色。由于此前她在西满军区文工团时参加过不少演出，演唱技巧得到了很大提高，再加上回到鲁艺文工团以后能和杜粹远、刘炽等一批老同学、好朋友一起工作和生活，心情格外舒畅，所以每次演出时，她的声音发挥和情感的处理都很成功，给整个演出增色不少，既受到了观众的喜爱和欢迎，也受到了当地评论界的一致好评。同时，在当时进驻大连帮助解放东北的苏联军队里也引起了很好的反响，他们特别欣赏和称赞《黄河大合唱》的指挥杜粹远和黄准的独唱。黄准在演出中获得的一系列成功进一步激发了她在声乐艺术方面的追求。

黄准和作曲家刘炽的合影

　　然而，1946 年东北电影制片厂成立后，因为对电影有着浓厚兴趣的吴梦滨一心想当一名电影摄影师，所以他坚持要求去东影厂工作，以便能实现自己的理想。黄准没有办法，因为她此时已再次怀孕了，所以只好离开她特别热爱的鲁艺文工团一团，跟随吴梦滨一同去了新成立的东北电影制片厂工作。

加入东影

　　1945 年 10 月 1 日东北电影公司成立，该公司是在接收日本侵占东北三省期间在长春成立的"株式会社满洲映画协会"（简称"满映"）的基础上成立起来的；

1946年10月1日中共中央东北局宣传部决定将东北电影公司改称为东北电影制片厂（后来又改名为长春电影制片厂）。东北电影制片厂首任厂长为作家舒群，1946年底，舒群奉调离厂，由著名电影艺术家袁牧之继任厂长，吴印咸、张辛实任副厂长，田方任秘书长，陈波儿任党总支书记兼艺术处处长。该厂的职工除保留了一些"满映"的人员之外，主要是由来自延安和其他解放区的一些电影工作者组成。那时东影厂的设备和条件都很差，但电影工作者却以旺盛的革命热情和勇敢的献身精神投入电影创作生产之中；他们在前线冒着枪林弹雨摄制了《民主东北》等大量新闻纪录片，这些影片不仅在当时产生了很大影响，而且至今仍是宝贵的影像文献资料。为了拍摄这些影片，张绍柯、杨荫萱、王静安等一些优秀摄影师甚至牺牲了自己的生命。同时，该厂还于1949年5月拍摄完成了新中国电影的第一部故事片《桥》，此后又相继创作摄制了一批特色鲜明的故事片、动画片等，为新中国电影的发展做出了显著贡献。因此，东北电影制片厂后来被称为新中国电影的"摇篮"。

1947年，东北电影制片厂员工合影

　　黄准和吴梦滨来到东北电影制片厂时，正值寒冷的冬季，最低温度可达零下25℃，真是滴水成冰；再加上住房很简陋，生活条件十分艰苦，屋里也没有暖气，所以让黄准这个出生于南方的孕妇很不适应。就在这样艰苦、简陋的生活环境里，黄准生下了第一个孩子，因为她自己属虎，所以给孩子取名为小虎。由于黄准和吴梦滨都有工作，故而孩子一生下来就交给保姆照顾了。当时吴梦滨作为摄影师，经常外出参加一些新闻纪录片的拍摄，在家的时间较少。黄准则被分配在演员剧团工作，但因故事片创作生产正在筹备之中，所以她临时在东影厂的筹备处和电影干部培训班工作。由于当时的演员剧团没有拍片任务，因而有时也排演一些话剧，黄准就曾在话剧《官场现形记》里饰演过一个配角。有一天，她突然接到原来的好"闺蜜"李群寄给她的一封信，因为当时邮路不畅，所以这封信在路上颠簸了好几个月才送到她手中。除了信以外，里面还附了一本油印的小册子。黄准翻开来一看，是一本新创作的歌集，其中收有李群作曲的一首歌。她看完以后很激动，很想马上给李群回一封信，但信封上没有地址，她只好作罢。但李群创作的歌给了她很大的启示，并激发了她的创作欲望。

正好当时快过年了，东影厂要举行春节联欢会，大家纷纷准备演出节目。黄准一时冲动写了一首女声二重唱的歌曲，在联欢会上和苏民一起上台演唱。本来她只想展示一下自己的声乐才华，让领导和同事们欣赏一下她的歌声，谁知道她的作曲才能却引起了东影厂领导袁牧之和陈波儿的注意。联欢会结束后，他俩一起找黄准谈话，要她担任即将拍摄的第一部短故事片《留下他打老蒋》的作曲。长期以来，黄准对歌唱事业曾经有过许多美好的梦想，甚至想把她演唱过的《黄河怨》搬上银幕；同时，她还梦想着在一些歌剧中饰演她喜欢的角色。当然，对于作曲她也是喜欢的，但与声乐演出相比，作曲只不过是一时的兴致而已。当时要她接受为影片《留下他打老蒋》创作音乐的任务，她确实没有什么思想准备，所以颇为犹豫和为难。经过领导的数次谈话和耐心说服，黄准知道不可能再推卸了，便勉强服从了组织决定，开始进行创作工作。不过，她仍然幻想着等作曲任务完成后，可以回到声乐岗位上继续实现她当独唱演员的梦想。

黄准第一次为影片作曲，缺少经验；但她向来做事认真，心想既然接受了任务，就一定要不遗余力把工作做好。当时，她连什么是电影音乐都不清楚，更何况此前虽然在鲁艺学过一些作曲法和声学，但因学制短、办学条件有限，所以学得很浅，缺乏深厚的基础知识；尤其困难的是没有学过配器法，许多乐器以前也没有见过，在这种情况下又怎么能写出总谱来呢？她为此犯愁而睡不好觉。后来，《在延安文艺座谈会上的讲话》给了她启发，既然生活是创作的源泉，那么她就决定先下生活，然后再学习技巧。

《留下他打老蒋》这部影片的编导是伊琳，主要演员有陈强、马德民、于洋等。影片的故事情节取材于当时的一则新闻报道，描写人民解放军某部在行军休息时，一个刚刚参加革命的小战士因擦枪不慎走火而打死了一个老农民的儿子。为了严肃革命纪律，部队决定让小战士偿命。第二天在群众大会上宣布执行这一决定时，老农民却跑上讲台，要求部队首长不要枪毙小战士，他说："不要枪毙小鬼，让他去打蒋介石反动派吧！"老农民的话感动了所有与会的群众，他们一致要求把小战士留下来。部队领导同意了群众的意见，老农民还把小战士认作自己的义子。后来小战士在战斗中立了功，受伤住在医院里。影片是以老农民去医院探望受伤的小战士作为开头，用倒叙的方法来讲述故事的。

　　由于黄准对东北农村的情况不熟悉，对那位老大爷怎么会有这样高的觉悟也不能理解，所以她决定先到东北农村去熟悉情况。于是，黄准跟随摄制组来到了东北某地的一个村庄。当时东北农村正在进行土改运动，黄准既感受到广大农民对地主恶霸的深仇大恨，也分享了他们得到土地以后的欢乐，从而对影片里人物的思想感情有了进一步的理解。与此同时，她对东北农村的"二人转""东北秧歌"等民间艺术，以及用"四胡"（用四根弦的二胡）拉的曲调都熟记在心里。从农村回来后，黄准便如饥似渴地学习作曲的技巧方法，力求在几个月内完全掌握。她一方面虚心向其他作曲的同志请教，另一方面则向乐队队员了解各种乐器的性能特点以及它们的组合。另外，她还通过看一些外国交响乐的总谱和欣赏贝多芬、柴可夫斯基、肖斯塔科维奇、德沃夏克等大师的作品，获得了器乐写作的一些基本知识。在写好影片中的插曲以后，她又多方征求意见，并一次次地修改，力求使之更加完善。

　　在其创作过程中，陈波儿给了黄准很大的帮助，使她能较顺利地完成任务。陈波儿20世纪30年代在上海从事左翼戏剧和电影活动，曾与袁牧之一起主演过《桃李劫》《生死同心》《八百壮士》等影片，产生了较大影响。她后来到延安，相继创作了剧本《伤兵曲》《劳动的光辉》等，并导演了多部话剧。1942年她与姚仲明合作创作的话剧《同志，你走错了路》影响颇大，她因此被评为陕甘宁边区甲等文教英雄。她还积极筹划了解放区第一部故事片《劳动英雄》的拍摄工作，并亲自参与了文学剧本的创作。抗战胜利以后，她奉命来到东北，参加东北电影制片厂的创建工作，担任厂党总支书记兼艺术处处长。她不仅有很高的艺术修养，而且有很高的政治修养，她非常重视电影干部和创作人才的培养。她和袁牧之之所以坚持让黄准担任东影厂第一部短故事片的作曲，也是因为看中了黄准在作曲方面刚刚显示出来的才华，让她在创作实践中得到锻炼和提高。黄准在创作插曲时，写好一遍就唱给陈波儿听，陈波儿就给她提意见，黄准便根据其意见进行修改。陈波儿虽然不懂作曲，但对音乐的感觉极好，她提的意见很具体：这句该怎么处理，那句应该怎么改，长短句又应该如何结合等，几乎是手把手地教着黄准。于是，黄准的电影音乐处女作就这样完成了，她终于如释重负，深深松了一口气。此后，她又亲自担任指挥，将乐曲与影片合成在一起。当时她不懂得一个电影音乐的指挥该如何计算音乐长度和对准画面的方法，只凭着自己的感觉和创作时的感情发展来跟着画面走，没料到采用这样原始的方法不仅使音乐与画面配合得很准，而且音乐的气氛也恰到好处。

黄准真没有想到，电影《留下他打老蒋》放映以后，其插曲《军爱民，民拥军》迅速在全东北流行开来。此后不仅在东北地区，而且在其他解放区也有很多人传唱这首歌。这首歌的成功也使黄准脱不了身，接下来组织上就让她专职搞作曲了，由此就改变了她的志趣，开始了专业作曲生涯；同时，也使她对电影作曲有了日益浓厚的兴趣。

1948 年 11 月 19 日，东北电影制片厂音乐组成立了作曲组，黄准便成为该组成员，她相继为东影厂拍摄的纪录片《盐田》《民主东北》等作曲，她开始成为电影作曲的行家里手。

第五章

进入北影

音乐有一种特殊的功能，它能够非常敏锐地表现出民族的、地方的和时代的特征，它能唤起人们对某个地方或某个时代亲切的回忆和联想。电影是综合艺术，它包含着视觉与听觉两种形象的结合，因此，如何在影片中使用音乐这一有力的手段，更好地突出民族风格、时代气氛，都是非常重要的。

——黄准

前往北平

1949 年 1 月 31 日，古城北平和平解放。北平市军管会派田方为军代表，负责接管了国民党的"中电三厂"，并于 4 月 21 日正式成立了北平电影制片厂。1949 年 4 月 4 日，遵照中共中央指示，东北电影制片厂将新闻纪录片摄制机构及全部人员调往北平，准备加入新成立的北平电影制片厂，以充实和壮大该厂的创作队伍。被抽调前往北影厂的主要人员是新闻摄影师，并根据新闻纪录片摄制组的需要，配备了一些剧务、录音、剪辑等其他工作人员。因为吴梦滨是新闻摄影师，所以黄准作为他的妻子也将随行前往北平。于是，她便成为这支队伍里唯一的一名作曲人员。

这次他们从东北赶赴北平，是一次永久性的搬迁，所以大家都是拖家带口，随身带的行李也格外多，黄准和吴梦滨则带着刚满周岁的孩子和保姆以及一些行李随队前往北平。他们一路上风餐露宿，十分辛苦。当他们到达北平城时，已是黄昏；眼看天色已晚，他们一时找不到住宿之处，所以无论男女老少，都只好露宿街头。黄准和保姆轮流抱着孩子，靠在墙边坐了一晚上。第二天早晨，他们一行便进城到北平电影制片厂报到。由于当时北影厂各种条件较差，职工宿舍不仅数量少，而且房子也很陈旧，所以黄准一家被安排住在一间破旧的小屋里。屋内光线昏暗，地上也很潮湿，他们虽然不满意，但也能理解组织上的困难，故而没有提出其他要求，就这样

1949 年进北京时，黄准（左一）
和战友们露宿街头

安顿下来了。当时，北影厂的创作生产也是以拍摄新闻纪录片为主，吴梦滨作为摄影师，工作很忙；而黄准也很快就承担了为纪录片《太原战役》《踏上生路》等进行作曲的任务。因为刚到北影厂，故而黄准觉得在工作上不能松懈怠慢，于是她领受任务后便通宵达旦、日以继夜地进行创作，终于圆满地完成了这几部影片的作曲任务。

1949 年 10 月 1 日中华人民共和国成立，改北平为北京，北平电影制片厂也正式改名为北京电影制片厂，田方为第一任厂长，汪洋为副厂长。北影厂承担了拍摄大型纪录片《新中国的诞生》之任务，黄准也担任了该片的作曲。拍摄反映中华人民共和国成立的大型纪录片《新中国的诞生》，既是一个政治任务，也是一次艺术创作，如何真实生动地表现这一重大历史事件，对整个摄制组成员来说，都是一次严峻的考验和挑战。为能拍好开国大典的盛况，摄制组全体人员忙碌了好几天。黄准有幸担任这部影片的作曲，她既感到光荣，也感到责任重大。

10 月 1 日这一天，虽然开国大典要下午 3 点才开始，但黄准和摄制组人员在黎明时就到了天安门广场做准备工作。下午 3 点，在一阵阵"毛主席万岁！""共产党万岁！"的口号声和欢呼声中，毛泽东和其他国家领导人相继登上了天安门城楼，摄影师将一幅幅真实生动的历史画面拍摄下来，由于他们可以近距离地拍摄毛主席和其他中央领导人在庆典中的一切活动，这让黄准十分羡慕。黄准只能和其他参加庆典活动的群众一起，怀着激动的心情在广场上高呼着口号，远远望着天安门城

1949年，黄准和妈妈、姐姐在北京

楼。当毛主席在天安门城楼上庄严地向全世界宣告："中华人民共和国中央人民政府成立了！"并亲手升起第一面五星红旗时，整个天安门广场成为沸腾的、欢乐的海洋。让黄准最难忘的是阅兵式结束以后的群众大游行，最初游行队伍热情而有秩序，但后来大家都想更近一点多看一看天安门城楼上的毛主席和其他中央领导人，所以随着群众情绪越来越高涨，大家都涌向天安门城楼，人群像沸腾的海洋，一浪推着一浪向前涌动。黄准觉得自己就像沧海一粟，融入在群众的人海里，感受和体验着他们火一样的热情。她想：如果自己是一个伟大的作曲家，一定能谱写出一曲比《欢乐颂》更加壮丽的音乐作品，但现在自己只是一个初出茅庐的青年音乐工作者，各方面的修养和知识积累还不够，要想用音乐来表现好这样令人激动的场面确实有困难。但无论如何，她都要尽最大的努力来完成这一光荣的创作任务。傍晚，开国大典的盛况虽然结束了，但此景此情却永远长存在黄准的脑海里。

与史东山合作

1950年，北影厂开始了故事片的创作拍摄，《吕梁英雄传》《民主青年进行曲》

《神鬼不灵》《儿女亲事》《新儿女英雄传》《陕北牧歌》等影片先后投产。黄准担任了著名导演史东山编导的故事片《新儿女英雄传》的作曲。

1950 年，黄准和妈妈在北京

史东山早在 1922 年就进入上海影戏公司任美工师，后又任编导。1930 年到联华影业公司任编导，相继拍摄了《奋斗》《人之初》等影片。抗战爆发后他在中国电影制片厂先后编导了《保卫我们的土地》《好丈夫》等抗战题材故事片。1946 年他与阳翰笙、蔡楚生等从重庆回到上海后，会同郑君里、孟君谋等人，以战前联华影业公司同人的名义组织了联华影艺社，并租借战前联华公司徐家汇厂址作为拍片场地开始创作拍摄影片，史东山导演的《八千里路云和月》便是联华影艺社在极其艰苦和简陋的条件下克服各种困难开拍的第一部故事片，该片于 1947 年 2 月上映后，产生了很大影响。黄准曾看过这部影片，其故事情节和几位主要人物形象给她留下了深刻印象。新中国成立后，史东山担任了文化部电影局技术委员会主任，《新儿女英雄传》是他为新中国电影编导的第一部故事片。

《新儿女英雄传》叙述了抗战初期，冀中白洋淀地区中共党员黑老蔡发动农民组织了抗日自卫队雁翎队，他们活跃在白洋淀，利用地形优势和自身特长展开了游击战，机智勇敢地打击了日本鬼子的嚣张气焰，取得了一个又一个胜利。影片从一个侧面真实生动地反映了抗战时期中共领导下的抗日游击队的斗争生活，并通过牛大水、杨小梅等青年农民形象的刻画及其成长历程的描绘，较成功地塑造了"新儿女英雄"的银幕形象。

黄准能够和史东山这样具有丰富创作经验的大导演合作，当然很高兴，因为对

巧用旋律写人生 ◆ 艺术评传

她来说，这是一次很好的学习机会；但心里又有一点胆怯，因为她听别人说史导演在工作上要求很严格，一丝不苟，怕自己资历浅、经验不够、作曲技巧不成熟，不能胜任这部影片的作曲工作。在摄制组的成立会上，黄准见到了史东山这位让她既尊敬又紧张的大导演。只见史导演身材瘦削，嘴唇上留着两撇小胡子，动作精干，既严肃又有长者风度。按照惯例，导演除了分析剧本之外，还要对各部门的工作提出具体要求。刚到摄制组的黄准对自己的工作该如何进行有点茫然不知所措，特别是对白洋淀地区的游击队如何在芦苇丛里与日本鬼子战斗，既好奇又无知，在脑海里想象不出那样的战斗场面。一般摄制组看外景、出外景的名单中都没有作曲的名额，但黄准认为自己不能凭空想象来创作，于是便大胆提出要和摄制组一起到白洋淀去深入生活，搜集音乐创作资料的要求。史导演同意其要求，并把她的名字列入摄制组去外景地的名单里。

于是，黄准跟随着摄制组来到了河北白洋淀深入生活。他们坐在白洋淀那狭长独特的小船上，在一片密集的芦苇丛中穿梭着。从外表看，芦苇荡犹如一片庄稼地，和陆地没有什么两样；然而实际上芦苇荡里有许多密密麻麻、弯弯曲曲的水道，有时河道非常窄，似乎连一条小船都很难通过。当他们坐的船通过狭窄的水道时，不当心就会被芦苇钩住了衣服、刺破了脸；而当船驶进一片开阔的水道时，又往往让人心旷神怡。黄准身处芦苇荡时，只能在脑海里想象着这里曾发生过激烈的战斗。史导演和大家一样，也没有这方面的生活经历，显然，他要指挥大家把这种特殊环境里的特殊战斗情景在银幕上真实、生动地再现出来，其压力很大，责任也很重。当时物质条件很困难，摄制组的伙食不仅质量差，而且饭菜从宿营地烧好后送到船上，也变成冷菜冷饭了。史导演年已五旬，身体又很瘦弱，但他和摄制组其他同志一样，天天吃冷菜冷饭，并没有什么特殊照顾。有时候摄制组因为要拍摄一些黄昏镜头，所以一直要等到太阳落山，回到宿营地已经是傍晚了。这时候其他人可以休息了，但史导演还无法休息，因为他既要总结今天的工作，又要安排明天的拍摄活动。他习惯于先做好功课，每个演员的戏该如何处理，镜头的位置该如何调度等，他都逐一画好了图，第二天开拍时再逐一交代清楚。有时候要拍摄十几条船一起行动的大场面，虽然难度较大，但史导演也能胸有成竹，指挥若定，顺利完成拍摄任务。

黄准一直跟着史导演和摄制组深入生活，了解和体验当年游击队的战斗生活场景与情感，希望能捕捉到水上战斗的特点和游击队员的音乐形象。为此，她不仅从不叫苦叫累，而且每天晚上还深入到当地的群众中去，搜集一些地方音乐资料。史导演对她的这种敬业精神非常满意，并注重在拍摄工作中创造机会让她去感受影片中人物的内心感情，如牛大水入党的一场戏和白洋淀民众欢庆胜利的场景都邀请她到拍摄现场去，甚至还让她饰演一个群众角色，以利于她在音乐创作中能较好地把握和体现人物的情感。在搜集当地民间音乐的过程中，尽管黄准花费了很多时间和精力，但工作进展并不顺利。相比她过去在陕北和东北两个地区的民间采风，她觉得白洋淀地区民间音乐资源较贫乏。她虽然在当地文化馆有关同志的带领下走东家串西家，找一些老乡为她唱白洋淀的民歌，当然更希望他们能唱一些有关白洋淀游击队打日本鬼子的民歌，但收获却很少，经常是失望而归。有时候有的老乡也能唱上一两首，但所唱的民歌却大部分雷同。有时候歌名虽然不同，但曲调却大同小异。这种现象让她领悟到一个道理，那就是民间艺术犹如珍贵的地下矿产一样，要通过深入勘探和挖掘才能发现，而一旦发现就格外珍贵。黄准在白洋淀从老乡那里听到了许多生动的战斗故事，特别是一些英雄人物的故事很感人，但却找不到一个水平高的民歌手，所以个把月下来她总共才搜集了十几首内容不同的民歌。不过让她感到欣慰和高兴的是在这些民歌中，她终于发现了一首她最需要的歌唱白洋淀战斗内容的民歌，而且曲调也很动听。真是功夫不负有心人，这让她如获至宝。这首民歌经过她的整理改编后，被用在影片里民众欢庆白洋淀战斗胜利的场景中，产生了很好的艺术效果。史导演和摄制组的同志们都认为这段音乐既有地方特色，又能反映出欢庆的气氛，很符合影片的要求。然而，让黄准感到遗憾的是，这么好的音乐素材在影片的音乐中只昙花一现般地运用了一次，没有再重复出现，浪费了很好的资源。这种遗憾一直困惑着黄准，让她对此不断进行反思，后来她才认识到，这个问题主要是自己的责任，她说：

> 数年之后，我才意识到这资源的浪费，关键在于我当时的器乐作曲技巧还不太成熟，不懂得充分运用音乐主题，也不懂得抓到一个好的主题音乐之后如何在影片音乐中发展贯穿，而是把器乐作品用声乐的写作方法来创作，一个旋律接着一个旋律，完全用主旋律加伴奏的方法来表达剧中的感情。可能因为我是学声乐出身，所以脑子容易被旋律主导。

显然，这样的自我总结和创作反思有助于她不断提高创作技巧，更好地掌握电影音乐的创作规律。

在《新儿女英雄传》的音乐创作过程中，黄准注意吸收了当地的民间音乐风格，既使音乐旋律较为优美流畅，又使之具有较浓厚的地域色彩。包括史导演在内的摄制组成员以及厂里的领导对影片的音乐都较满意。特别是史导演，对影片这种不土不洋、亦土亦洋的音乐感到很新鲜；尤其是影片里"牛大水入党"那段音乐，黄准用了一支双簧管主奏和一组弦乐的和声来衬托，再加上竖琴的华彩，听起来非常细腻优美，史导演很喜欢。另外，影片里欢庆胜利那场戏的音乐，因为用了采风

得到的那首民歌作为主旋律，不仅有很强的风格性，而且气氛也相当热烈，史导演也很满意。至此，黄准终于松了一口气，她这个初出茅庐的电影音乐工作者，在史东山导演的扶持与帮助下，顺利完成了影片的作曲任务，她深知，正是史导演的鼓励、肯定和支持，才使她对自己的创作有了信心，这一点她会永远铭记在心的。

《新儿女英雄传》上映以后获得了广大观众和评论界的一致好评，并于 1957 年荣获文化部"1949—1955 年优秀影片"三等奖。同时，该片还于 1951 年荣获第六届卡罗维·发利国际电影节导演特别荣誉奖，成为新中国建国初期一部有代表性的优秀影片。

第一次被"批判"

黄准完成了故事片《新儿女英雄传》的作曲任务后，又与雷振邦合作承担了北影厂拍摄的另一部故事片《民主青年进行曲》的作曲任务。该影片是一部根据同名话剧改编拍摄的故事片，着重讲述了解放战争时期，北平的青年学生们如何在中国共产党的领导下坚持与国民党反动派进行斗争的故事。

黄准认为，此前自己担任作曲的几部影片，因为基本上都是农村题材的故事片，所以在创作时就特别注重音乐的民族风格和地域色彩，而《民主青年进行曲》所反映的是城市大学生的斗争生活，影片里的主要人物不是农民、战士，而是知识分子、大学生，如果仍然像以前那样在作曲时运用地区性的、民族风格很强烈的民间音乐，肯定与当代新青年的形象会格格不入。基于这样的考虑，黄准决定在这部影片的作曲中改变过去的美学风格，采用较具有时代性的音乐；同时，也正好通过这部影片的音乐作曲更进一步钻研一下西洋的作曲技巧，其中也包括她还没有学过的高级和声、复调、半音体系、配器法等。由于这部影片的音乐作曲不需要她花费很多时间去搜集民间音乐资料，于是她就把全部时间用在学习专业技巧上了。

因为在鲁艺学习时条件有限，黄准无法学习钢琴，但不会钢琴对作曲影响很大，所以她到东影厂工作以后，特别请了一位日本籍的女钢琴师来教她弹琴。由于她当时已经20多岁，年龄较大，工作较忙，所以学琴时进步较慢。如今正好是一个学习机会，于是她抓紧时间拼命练习。此外，她还是用听唱片、看总谱的老办法，学习一些西洋音乐流派和古典的、近代的交响音乐作品。在此过程中，黄准在自学时遇到困难就找老师讲解，并请老师帮她修改习题。而那些比她懂得多的音乐工作者都是她的老师，她都虚心求教。当时北影厂从北京各音乐团体招收了一批老乐师，其中既有乐队演奏员，也有若干作曲家。在这些音乐人中，给她印象最深的是小提琴家关紫翔和作曲家雷振邦，大家平时称呼他们为"老关""老雷"。尽管从年龄来说，"老关"和"老雷"都是黄准的长辈，但因他们热心助人，所以彼此相处十分融洽。

在拍摄《民主青年进行曲》时，导演王逸曾多次邀请黄准到摄制现场观看演员的表演，由此她在拍摄现场见到了该片的主要演员姚向黎、孙道临等。她和姚向黎是老相识了，在《新儿女英雄传》里饰演农村妇女时就显示出一定的知识分子气质的姚向黎，在这部影片里的表演如鱼得水，其气质更显得高雅洋派了。孙道临则是黄准早已仰慕的一位演员，她曾在好几部电影里看过他的表演，这次能与其合作，当然感到很幸运。当时的孙道临风度翩翩、英气逼人，言谈举止都很洋气，所以黄准觉得这部影片的音乐不能用太本土化、太民族化的音乐风格。

于是，她和雷振邦密切合作，根据影片剧情发展和人物塑造的需要，在音乐创作方面进行了有益探索，较好地发挥了音乐在电影叙事中的作用。音乐完成以后，王逸导演和摄制组其他人员都很满意，认为音乐无论是和剧情的发展还是与人物形象的塑造，都较为吻合。听了大家的评价，黄准尽管没有得意忘形，但心里还是为自己通过辛苦劳动而取得的创作成果感到高兴。

时隔不久，时任北影厂音乐创作室的领导何士德主持召开了一次全国性的音乐创作会议，对解放后的电影音乐创作进行总结、研讨和交流。黄准很高兴地参加了这次研讨会，她希望通过这次会议能学到其他同行们宝贵的创作经验，进一步提高

黄准（前排左二）和当年北京电影制片厂作曲组的老同志合影

自己的创作水平。但让她没有想到的是，在会议过程中，黄准却成为一个批判对象，不少人把一顶一顶的帽子扣在她头上，诸如"崇洋媚外""一味模仿西洋音乐""脱离了民族化道路"……这些话语如同一盆盆冷水从她的头顶泼下来，让她不知所措，研讨会也变成了批判会。她仔细想想，这些批判并不能让她服气。什么叫"崇洋媚外"？我们使用的管弦乐器、作曲法等不都是外来的吗？难道个人创作风格的变化，在技巧方法上学习借鉴了一些西洋音乐的手法，就是"崇洋媚外"了？难道本土化、民族化的音乐道路就仅仅局限于作者是否采用了哪首民歌或哪一段民间音乐吗？这些问题她都想不通。但是，由于当时的情势所迫，即使想不通也要作检讨。于是，她在会上也违心地作了检讨，承认自己在创作中迷失了方向，抛弃了民族音乐的优良传统，走了西洋化的创作道路等，不管三七二十一，把一顶顶的"帽子"接过来戴在自己头上。虽然这次对她的批判不能让她接受，但毕竟对她产生了一定的警示作用，让她不仅进一步坚持电影音乐创作的民族化道路，而且在创作中也更加注意做到"洋为中用"。

在此期间，黄准还完成了一项重要任务，那就是为"北京电影制片厂"的厂标作曲。显然，要把代表一个电影厂的音乐形象浓缩在短短十几秒的时间里，并非是一件易事，黄准为此拿出了几个方案给厂领导挑选，最后其中一首被选中了。这个由黄准作曲的厂标北影厂使用了很长一段时间才更换。

第六章

上影岁月

我总觉得这些丰富多彩的生活感受，是我创作的源泉，没有这些生活就不可能有我创作的那些旋律。这些绚丽多彩的生活经历，是我的骄傲，是我的资本。它们使我品尝了各种生活的滋味，领略了各种生活的甘苦，增添了许多知识，是它们使我感到充实，是它们使我在思维中产生丰富的、源源不断的多彩的旋律。

——黄准

为动画片作曲

1951 年，中央新闻电影制片厂要在上海设立一个驻沪新闻摄影队，在该厂工作的吴梦滨被调往上海。这次黄准没有作为吴梦滨的家属随之到上海，而是作为工作调动，从北影厂调到了上影厂工作。

黄准进入上影厂以后，被分配在美术片组，她接到的第一个任务就是给动画片《小猫钓鱼》作曲。虽然此前她已经给多部纪录片和故事片作过曲，积累了一定的经验，但给动画片作曲还是第一次，缺乏经验。对动画片这种电影样式的艺术特点，她了解不多，所知甚少。由于动画片的主要观众是少年儿童，所以就要求配乐有一定的童趣，易于被广大儿童观众所接受。正因为如此，黄准接受为这部影片作曲时的紧张心情，并不亚于当年与史东山导演合作时的心情。

《小猫钓鱼》的导演为特伟和方明，剧情很简单：猫妈妈带着小猫去钓鱼，最初小猫一直三心二意，所以什么鱼也没有钓到；后来经过猫妈妈的教育，小猫学会了专心致志做一件事，最后终于钓到了大鱼。按理来说，黄准为这样一部动画片作曲应该不会有太大压力，但让她心情紧张的另一个重要因素，是担任这部影片配乐的乐队是当时上海著名的工部局乐队。该乐队演奏曲目广泛丰富，并和欧洲及世界各地来沪的著名音乐家合作演出，声名远扬，被誉为"远东第一"。新中国成立后，乐队

黄准初到上海时留影

几次易名，1956 年正式定名为上海交响乐团。黄准第一次为动画片作曲，而且当时的影片录音都由作曲亲自指挥，面对这些外国乐师，她很担心自己会被他们瞧不起。

为此，黄准决心把压力变为动力，她一方面找了许多儿童生活方面的素材，并去幼儿园观察孩子们的生活特点，去公园观察动物的特性；另一方面则找了一些中外动画片来观赏，以把握动画片音乐的创作特点。她觉得动画片的节奏要求与故事片有所不同，以动物为主角的片子要求节奏感强，要和画面紧密配合，还要有跳跃性。同时，动画片的音乐性强，从头到尾都有音乐贯穿，旋律要生动活泼，节奏要鲜明，要容易上口和记忆。另外，为了适合儿童，音域又不能太宽。由于黄准刚到上海，在这个大都市里既没有熟人，也没有朋友，更没有老师可以给她指导，全凭她自己在创作中摸索。影片的配乐完成以后，黄准在踏进录音棚录音时，内心十分紧张，她不知道等待着她的将是掌声还是嘘声。她没有料到，随着孩子们清脆稚嫩的童音，乐队的成员也越拉越起劲。等音乐一结束，他们立即围上来伸出大拇指称赞："哈拉绍！哈拉绍！"直到此时，黄准悬着的一颗心才放了下来。她为动画片作曲的第一部作品成功了，更让她欣慰的是，《小猫钓鱼》中的插曲《劳动最光荣》以其明快上口的旋律很快流传开来，成为一首颇为流行的儿童歌曲，具有长远的美学生命力。后来，这部影片还荣获第一届全国儿童文艺作品三等奖。

《小猫钓鱼》的成功使黄准在动画片的音乐创作方面掌握了一些基本规律和创作特性，此后她又与特伟导演合作了动画片《好朋友》，与万籁鸣导演合作了动画片《野外的遭遇》等，在动画片音乐创作方面进行了一系列探索，积累了较为丰富的创作经验。

黄准在少年宫和小朋友们排练《劳动最光荣》

婚姻触礁

黄准到上海电影制片厂美术片组工作后，由于接二连三地承担了多部动画片的作曲工作，任务繁重，压力很大，为此她便全身心地投入到创作之中。同时，怀着身孕的她不久又生下了女儿音儿（黄准希望她长大后能继承自己的音乐事业，故替她起了此名），事业和孩子都要兼顾，因而就更加劳累了。在此期间，吴梦滨也一直忙于摄影队的工作，经常外出拍片，所以两人处于聚少离多的状态，缺乏更多的情感交流，在生活和感情方面越来越生疏了。

黄准和吴梦滨的婚姻本来就基础不稳固，既缺乏共同的理想追求和相近的兴趣爱好，在性格上也不完全吻合，所以结婚后一直磕磕碰碰，矛盾不断。当吴梦滨提出离婚要求时，黄准也没有什么留恋和犹豫，也没有太多的痛苦，因为她觉得对于不再相爱的双方来说，离婚也许是一种最好的解脱。既没有争吵，也没有纠葛，他们两人平静地分了手。

黄准和吴梦滨离婚以后，儿子小虎跟着吴梦滨生活，女儿音儿则由黄准抚养。吴梦滨离婚以后又调回北京工作。儿子小虎懂事以后，经常跟黄准保持联系，后来他考上了"哈工大"，当了一名工程师，这让黄准感到高兴和欣慰。离婚后，因为

黄准和大儿子吴卫平、儿媳阎丽的合影

黄准和大女儿吴卫红、女婿孙玉广及外孙女铮铮的合影

女儿缺少父爱，所以黄准对她格外疼爱，给予她更多的关爱。但是，黄准既是母亲，也是一位职业女性，她毕竟还要外出工作，要深入生活，还要静心投入音乐创作，不可能一直在家带孩子。为此，她不得不经常把女儿放在上影厂托儿所全托，由于那里各方面的条件都很好，所以她把孩子放在托儿所也比较放心。然而，有一次她从外景地回来后，当她急急忙忙满怀着喜悦去托儿所接自己朝思夜想的女儿

时，不料老师却告诉她女儿已被其父亲接走了。黄准当时一听就懵了，心想自己已经跟吴梦滨离婚了，而且也说好女儿由自己抚养，为什么吴梦滨不经自己同意就可以随意把女儿接走呢？但此事已经发生了，她一时不知该怎么办才好。于是，她只好和吴梦滨一再交涉、商讨，要求他送回女儿。但是吴梦滨执意要把音儿留在北京由祖母来带。经过多次交涉无效后，黄准在无奈中不得不接受了这一既定的事实，因为她也没有更多的时间与吴梦滨纠缠。音儿后来在"文革"中到云南去插队。每当她想到女儿音儿时，黄准心里总会有些难受和歉意。

与张骏祥合作

　　1953 年，黄准被调入上影厂音乐组担任作曲工作。上影厂音乐组成立于 1949 年 11 月，该组分为作曲和乐队两部分，成员大多数是解放军华东军区文工团的转业人员，由王云阶任组长，朱践耳、谢云霄、葛炎为副组长，主要成员有黎锦晖、恽慜、吕其明、曹鹏、何彬等。1951 年，音乐组的乐队及作曲王云阶、朱践耳、吕其明、曹鹏等十余人奉调去北京，音乐组由葛炎任组长。1953 年，陈歌辛、黄准调入了音乐组。1955 年，王云阶、吕其明、向异、寄明、高田、吴应炬等又从北京调入上影厂音乐组，由于创作人员增多了，故音乐组改为音乐创作室，由王云阶、葛炎分任正副主任，该室成为上影厂的一个重要创作部门。

　　1953 年，黄准调入上影厂音乐组以后，立刻奉命到《淮上人家》摄制组报到，负责该片的作曲工作。该片的编剧为袁静，导演为张骏祥，主要演员有冯喆、王蓓、魏鹤龄等。黄准此前虽然和张骏祥不认识，但听到过不少他的传说，因为他是上影厂的主要导演和主要领导人之一，所以各方面要求都很严厉。张骏祥毕业于清华大学西洋文学系，后到美国耶鲁大学专修导演和编剧。1939 年回国后到国立剧专任教授，先后导演和创作了多部话剧。1945 年在中电一厂、二厂编导了讽刺喜剧片《还乡日记》《乘龙快婿》。上海解放后，他担任了上影厂艺委会副主任，后又任副厂长、上海电影局局长等。他创作改编了电影剧本《胜利重逢》《鸡毛信》等，导演了《翠岗红旗》《水上人家》《淮上人家》《燎原》《白求恩大夫》等。由于他资历深、学问好，既是上影厂的领导，又是大导演，工作时要求严格、一丝不苟，所以有些人背地里给他起了一个"霸王导演"的绰号。

　　黄准到《淮上人家》摄制组报到时，恰逢摄制组在开成立会，她迟到了，进入会场时，只见摄制组人员均已到齐，大家肃穆安静，少了一些往常摄制组里那种嘻嘻哈哈、说说笑笑的活跃气氛，正在认真听取张导演谈影片的"导演阐述"。这是黄准第一次见到张骏祥，只见他方方的脸庞，魁梧的体魄，第一眼就感觉到其威严气质。张导演在讲话中介绍了影片的故事情节和拍摄这部影片的意义，并分析了剧中主要人物的性格特点，还对各创作部门提出了一些具体要求。他要求音乐能紧密地和剧情的发展与人物的命运相结合，要注重用音乐语言表现出淮河两岸人民在旧社会因天灾人祸而遭受的苦难生活，以及解放后在共产党领导下治理淮河的翻身感和劳动热情。特别是在大坝建成以后要有那种热烈的欢庆气氛，新旧社会的生活要形成强烈对比。同时，音乐要有民族风格和地方色彩。听完了张导演的阐述，黄准对这部影片的内容和此后的创作有了更深入的理解，但同时也感到肩上的担子很重。因为毕竟此前在北影厂她仅为两部长故事片写过配乐，经验不多。更何况在北影厂时，工作环境比较熟悉，周围的同事也很了解，即使工作中有什么闪失和缺陷，大家也会包容和体谅的，会给她机会予以改正。但在《淮上人家》摄制组，她一个人也不认识，而且张导演的要求又很严格，这使她多少有点担心和惶恐。然而，既然已经承担了创作任务，即使有困难，也要迎着困难上，一定要尽全力完成任务。为此，她首先通过阅读剧本，再次熟悉和理解影片的剧情与人物，把握其特点。

影片《淮上人家》的故事跨越了新旧两个时代，着重通过生活在淮河边的贫苦农民高黑子一家及其乡亲们在旧社会因兵患、水患和地主老财的剥削压迫而带来的悲惨遭遇，以及他们与恶霸地主的不屈斗争，表现了贫苦农民求解放的艰难历程。新中国成立以后，穷苦农民翻身得解放，高黑子也当了村长，他组织了民工队积极参加治淮工程。在大家奋发努力下，治淮工程进展顺利。但是，暗藏的阶级敌人的破坏以及上游突然涨大水，造成了大坝"合龙"的困难。最后经过大家的艰苦努力，坏分子被公安人员抓获，大坝"合龙"也终于成功了。

摄制组成立后，主创人员立即到安徽最贫穷困苦的淮河地区体验生活，了解民情。那时候，没有经过治理的淮河十分猖獗，或者洪水泛滥，或者干枯见底，两岸民众的生活十分贫困，以至于摄制组几十个人在岸上根本找不到住宿之处，只能暂住在一条租来的木船上。这条木船面积只有几个平方米，几十人挤睡在这样的空间里实属不易。白天还好，因为大家在岸上分头工作，有的选景，有的采访，都非常忙碌。一到晚上睡觉时就很艰苦，大家犹如罐头里的沙丁鱼一样，排得整整齐齐的，男同志睡一边，女同志睡另一边。因为空间狭小，所以每个人不得不平躺着；若有人要翻身，其他人也必须随之一起翻才行；若有人要起夜方便，睡在里面的人则必须从别人身上一个一个地跨过去才能走出舱外。由于周边环境卫生条件很差，所以蚊子苍蝇成堆，不少人都被蚊子咬得浑身是包。好在摄制组大多数人都年轻力壮，身体抵抗力强，所以即使在这种恶劣的生活环境里，也没有人生病。黄准因为过去吃过苦，经受过锻炼，所以这样的生活条件对她来说也不算什么。让她感到钦佩的是张骏祥，在摄制组里他的年龄最大，而且过去的生活条件也比大家优越，但他在摄制组里并没有享受特殊待遇，和大家同吃同住，让黄准十分感动。在此期间，摄制组人员除了体验生活、搜集资料、熟悉环境之外，还要联系实际讨论导演阐述和各个部门的创作设计，这些活动也都是在船舱里进行的。黄准因为初来乍到，所以工作十分投入，对剧本和人物的分析以及音乐构思等都做得非常认真细致，张导演还在会上表扬了她。其表扬虽然让她感到欣慰，但也加重了她的心理压力。因为音乐构想好并不等于写出来的音乐作品就一定好，两者还是有区别的。为此，她不断鞭策自己继续努力，不能辜负导演的期望。

摄制组在农村深入生活结束后，即移师到修建佛子岭大坝的建筑工地去继续体验生活。工地上的生活条件比农村生活有了改善，女同志有了自己的工棚，不用和男同志挤住在一起了；不仅一日三餐有了保证，而且还有地方可以冲凉洗澡。当时正值大伏天，摄制组人员和工人同吃、同住、同劳动，大家一起挖泥抬土，没有机械，全凭手挖肩扛，天天干得汗流浃背、腰酸背疼。这样大强度的劳动，黄准此前从未经历过，她虽然累得双腿发软、晕头转向，有时还两眼直冒金星，但仍然咬牙坚持着不肯停下来休息。劳动之余，她还搜集了不少安徽地方音乐，并看中了其中的一首民谣，因为这首民谣不仅曲调优美，而且歌词内容直接描写了淮河两岸人民的生活和心情，内容与影片剧情十分贴切，具有很强的安徽地方特色。为此，黄准向张导演建议在电影里采用这首民歌。张导演听黄准唱了以后，也认为确实不错。他虽然决定影片中可以使用这首民谣，但时间不能超过一分钟。这个决定让黄准很为难，因为一分钟不可能唱完一首歌，没有三四分钟是不行的。然而，导演的话就是命令，没有商量的余地。此时，黄准体会到了张导演的霸气和权威性，她只能把歌曲控制在一分钟内。由于歌曲实在太短，在影片里没能得到充分发挥，所以也没有给观众留下什么印象。

影片《淮上人家》的音乐终于完成了，黄准自己觉得做得不够好，她面对张导演宽容、和蔼的微笑时，心里有一种内疚，感到自己辜负了张导演的期望。第一次与张导演合作，黄准觉得他是一位令人钦佩和尊敬的前辈导演，他为人正直，是非分明，办事果断，说一是一，说二是二，没有讨价还价的余地，虽然很严厉，但并不可怕；黄准总觉得在他严厉的背后隐藏着的是宽容和大度。当然，张导演对黄准也有不错的印象。这种良好的印象促使他们在几年以后又进行了两次创作上的合作，一次是1958年黄准为张骏祥编剧的艺术性纪录片《新安江上》作曲，另一次是1962年黄准为张骏祥和顾而已导演的故事片《燎原》作曲。

艺术性纪录片《新安江上》是根据福庚的短篇小说改编拍摄的，由张骏祥编剧，徐昌霖导演。尽管这是一部艺术性纪录片，但张骏祥仍然在原著的基础上认真创作了电影文学剧本。这是一部描写在"大跃进"的浪潮中新安江水电站建设过程

1953 年，为拍摄《淮上人家》在淮河佛子岭大坝外景地

的纪录片，既有各种建设场景的展现，也有一些有代表性的主要建设者的介绍，从而较全面地反映了水电站的建设面貌。导演徐昌霖解放前曾在中国电影制片厂、中电三厂、国泰影片公司等任编导，解放后担任了上海电影制片厂导演，曾相继导演了《方珍珠》《情长谊深》等影片。黄准根据电影剧本的内容，并按照徐导演的要求，顺利完成了《新安江上》的作曲任务。

此后拍摄的故事片《燎原》，则是张骏祥创作生涯中一部有影响的代表作。因为当时身为上影厂领导，他公务繁忙，所以便与另一位导演顾而已合作执导。顾而已在 20 世纪 30 年代曾主演过话剧《钦差大臣》和影片《狂欢之夜》《青年进行曲》

等。抗战爆发后，他参加了影片《中华儿女》《长空万里》的拍摄。1948 年他去香港参与组建了大光明影业公司，自导自演了影片《水上人家》等。1951 年大光明影业公司迁回上海后，他到上海电影制片厂任导演，先后执导了《天罗地网》《地下航线》等影片。因为张骏祥平时没有太多的时间盯在拍摄现场，所以他除了对影片拍摄提出总体构思和具体要求外，其他工作则由顾而已负责。顾而已虽然是执行导演，但一些重要决策仍需得到张骏祥的认可才行。因此，影片《燎原》是在两位导演的共同努力下拍摄完成的。

《燎原》描写 20 世纪 20 年代初，雷焕觉受党的委派来到赣西煤矿从事工人运动，他一方面办起了工人夜校，帮助工人们提高思想觉悟和文化水平，另一方面则在工人积极分子里秘密发展党员，依靠他们领导工人与资本家进行斗争。一次，矿井由于通风巷年久失修而引起了瓦斯爆炸，矿主竟惨无人道地勒令封井，工人们为此进行罢工；公司老板又假意请雷焕觉谈判，想暗杀他以镇压罢工。但此时已经觉醒的工人们包围了公事房并揭穿了老板的诡计，迫使他与雷焕觉等代表谈判，接受了工人们提出的各种条件，罢工取得了最后胜利。

黄准以前不认识顾而已，进入摄制组后才见到他。人过中年的顾而已身体发福，长得很胖，大家都开玩笑地称他为"胖子"，他不生气，只是笑笑，脾气很好。摄制组到安源煤矿深入生活时，顾导演的胖也给其工作带来了不少困难，因为他为了指挥拍摄要经常进入矿区，而在矿洞里，一般体型的摄制组人员都会感到呼吸困难、行动不便，更不要说像顾导演这样胖的人了，他每走一步都要付出很大的努力。由于张骏祥要求严格，影片拍摄稍有差错或镜头质量出现问题，都会受到批评，乃至重新返工，所以顾导演作为执行导演要承受很大压力。但顾导演微笑着克服了许多困难，很好地完成了影片的拍摄任务，这不得不让大家佩服。

对于黄准来说，为影片《燎原》作曲又是一次艰巨的创作任务。因为她既没有类似的生活经历，对剧中人物的命运遭遇也根本不熟悉。当然，这种情况对摄制组其他人员来说也是如此。因此，深入矿区，了解煤矿工人在新旧社会的生活状况、命运遭遇和思想情感，乃是必须完成的首要任务。只有在这样的基础上，才能进入创作拍摄之中。为此，黄准随摄制组参观了矿区，访问了矿工家属和烈属，听他们讲述了许多旧社会矿工悲惨生活的情景，以及在党的领导下矿工们与资本家进行英勇斗争的事迹，从而使她对矿工生活有了一些初步的感受和认识。但是，仅凭这点感受和认识要写出《燎原》的音乐还是不够的，还必须到矿井中去亲身观察和体验一下。虽然一般情况下女性是不能下矿井的，但因为电影创作的需要，所以黄准提出的要求被领导破例同意了。当她接到下矿井体验生活的通知后，那一夜没有睡好觉。第二天一大早她就起来了，同行的还有摄制组其他主创人员。大家穿上矿里为

巧用旋律写人生 ◆ 艺术评传 ◆

他们准备的矿工服，黄准因个子矮小，故而矿工服穿在身上显得又长又大。她穿好了矿工服，套上了长筒靴，头上的矿工帽还有一盏矿灯，脖子上围了一条雪白的毛巾，这时她觉得自己也真有一点像矿工了。

黄准和摄制组主创人员在总坪港口乘上矿里专为他们准备的一辆运煤列车，该车很快便驶进了巷道；而随着巷道逐渐缩小和光线减弱，大家的谈笑声也消失了，心情开始紧张起来。煤斗车停下来以后，他们小心翼翼地下了车，向导又带众人进入一部被矿工们称为"罐笼"的四面凌空的电梯，该电梯把他们一直送到矿井的最底层。由于《燎原》是一部着重描写旧社会矿工的生活和斗争的历史题材影片，所以摄制组主创人员要参观了解的是解放前地下矿井的实际情况。大家下了电梯后，向导把他们领入一条旧矿道，里面漆黑一片。他们这些生活在大城市里的人本来就不习惯在黑暗中行走，更何况脚下全是高低不平的煤块，还要不时躲开两边驶来的煤车，所以就走得很慢很吃力；当走到稍有点坡度的矿道时，就会像爬山那样喘不过气来。走到后来，矿道越来越低矮，最初像黄准这样的矮个子还能弯着腰弓着背前进，最后大家不得不趴下身子，在狭小的矿道里爬行。这时，黄准已经累得浑身无力，感到呼吸困难，每爬一步似乎都要用尽全身力气，有时候甚至会感到死神就在身边徘徊，随时都可能永远躺在这漆黑无光、空气稀薄的矿道里……她这样爬着爬着，突然想起了剧作里的一句台词："我们一天到晚用四只蹄子给资本家干活！"与此同时，脑海里也出现了旧社会的矿工们长年累月在这黑暗狭窄、空气稀薄的煤洞里干活的画面。大家爬行了一段路程，前方终于透出了一线光明，他们顿时增添了力量。就在这漆黑的矿道里，就在黄准感受到死亡威胁和看到光明的一瞬间，她既真切地体验了旧社会矿工们的苦难生活，感受到了他们强烈的抗争愿望，也找到了创作《燎原》音乐的灵魂和音乐的基调，这正是她在矿道和矿井中获得的灵感与启示。

《燎原》的拍摄任务十分艰巨和繁重，因为影片不仅要生动地表现旧社会煤矿工人的血泪史，而且要真实地反映煤矿工人在党的领导下英勇反抗的斗争精神，摄制环境又很艰苦，所以拍摄每一个场景、每一个镜头都需要花费很多时间与精力。张骏祥虽然因为日常行政管理工作繁忙，不能每天都到拍摄现场来指导，但一些重场戏的拍摄他都会亲临现场指挥，一丝不苟，绝不马虎。影片拍摄完成以后，后期工作则完全由张导演自己操作。

黄准在摄制组里除了担任作曲之外，还担任了党支部书记，具体分管摄制组人员的思想政治工作。为此，她既要完成音乐创作任务，又要经常到拍摄现场，协助导演、制片等做一些具体的思想工作，使摄制组能团结一致、齐心合力地完成拍摄任务。在影片的音乐创作方面，因为她能认真深入生活，对煤矿工人的生活和斗争有了深刻的领悟和认识，所以其创作很有激情。但因为张导演没有当面夸奖过什么人，所以她也不知道影片的音乐张导演是否满意。后来张导演的夫人周小燕教授曾对黄准说："骏祥总在我面前夸你很聪明，理解力很强……"这时候，她才知道了张骏祥对她的评价和态度。

无疑，在表现现代工人斗争生活的国产故事片中，《燎原》是一部有影响的成功之作。但就是这样一部好作品，在"文化大革命"中却被作为"大毒草"而受到批判，强加在《燎原》头上的各种罪名里，最大的一条就是为刘少奇"树碑立传"。批判者硬说影片主要人物雷焕觉就是刘少奇，并诬陷说拍摄此片就是要为刘少奇"篡党夺权"鸣锣开道，"制造舆论准备"；又说这是"篡改党史"，把毛泽东领导的安源大罢工的胜利"归功于刘少奇"。然而事实并非如此，张骏祥曾说："影片里的情节确是以安源大罢工的经过为基础的，但是从剧本到拍成的影片都声明了是虚构的'赣西某煤矿'的故事。这是文艺创作所许可的。影片中主角人物雷焕觉，我们也从一开始就明确指出是一个虚构的党的领导者形象。戏剧情节中有没有以刘少奇同志的事迹为依据的地方呢？有的，就是剧本后半部雷焕觉遵照湖南书记部的指示领导罢工斗争，以及后来迫使矿长谈判那一段。要说这就是为少奇同志树碑立传，那可太令人惭愧了。雷焕觉的形象实际上是包括毛泽东同志、刘少奇同志在内的好几位早期党的领导人物的概括。雷焕觉下矿井和访问矿工家庭以及谈剥削等情节是取材于毛泽东同志的事迹，办平民夜校与反动当局作合法斗争是蒋先云和李立三同志的经历。这样的集中概括本是文艺创作中习见的事，这是常识以下的问题。这里没有违背历史真实的地方，怎么谈得上什么'篡改党史'呢？"的确，当时强加在《燎原》头上的各种罪名是根本不成立的，正如张骏祥所说："我相信今天重看《燎原》，观众是会对林彪、'四人帮'加给影片的种种诬蔑嗤之以鼻的。"《燎原》在粉碎"四人帮"以后得以平反和公映，并受到广大观众的欢迎和好评。

重组家庭

黄准自从1952年与吴梦滨离婚，且女儿又被他擅自带走以后，在上海便再无亲人。虽然她平时忙于工作时不感到孤独，但工作之余回到自己的宿舍后，便觉得冷冷清清、孤孤单单，心里不是滋味。她从小过惯了集体生活，独立生活能力较差。特别是身处上海这样一个大都市，很多方面都不太习惯，有些生活上的困难也不知该向谁说。为此，她也希望有一个幸福的家庭，有一个能帮她遮风挡雨的好丈夫。于是，经过别人介绍，她认识了画家吕蒙。

吕蒙（1915—1996）原名徐京祥，浙江永康人。他18岁考入广州市立美术学校学习绘画，并积极参加现代版画研究会活动。此后到上海参加了上海文化界救亡协会，从事抗日救亡活动。1938年加入中国共产党，后担任了新四军政治部宣传科长和文艺科长，以及抗日军政大学八分校美术系主任等职，并用自己的画笔作武器同日本侵略者进行斗争，相继创作了木刻《磨练》、连环木刻《铁佛寺》（合作）等一些有影响的画作，还多次举办街头画展，并参与创办了《抗敌画报》。新中国成立后，他先后担任了上海市军管会文艺处美术室主任、上海人民出版社副社长、上海人民美术出版社社长兼总编、上海市美术家协会秘书长、上海市美术家协会副主席、上海画院院长等。

黄准通过与吕蒙的接触，觉得他知识丰富，读过很多书，具有一种高品位、有风度的文化人气质。他虽然专业从事美术工作，但写文章文笔流畅，并写得一手好字。两人恋爱期间，情感的表露往往靠鸿雁传书。黄准曾有这样的回忆："记得他曾用毛笔给我写过一些信，潇洒的字迹笔韵，让我十分欣赏。字如其人，从他这手好字中，我感到了他的可亲。"吕蒙有一个温暖的大家庭，除了父母外，还有五个弟妹。当时他和父母、妹妹住在一起。温馨的家庭气氛也让长期习惯集体生活的黄准感到新鲜、温暖。同时，吕蒙也有过一次失败的婚姻，在感情生活方面，两人也同病相怜。为此，尽管吕蒙比黄准年长11岁，但由于上述各方面的因素，再加上吕蒙的热烈追求，黄准终于同意和他结婚，重组家庭。

黄准和吕蒙于1954年结婚，结婚形式十分简朴。他们一起去领了结婚证，然后在吕蒙工作的华东人民美术出版社（后改名为上海人民美术出版社）的小礼堂里，准备了一些糖果，邀请了一些亲朋好友喝喝茶、跳跳舞，结婚仪式便算完成了。

黄准、吕蒙夫妇合影

在这一段婚姻生活中，黄准获得了幸福，吕蒙成为她的终身伴侣、兄长和诤友。对此，黄准曾有这样的评价：

> 婚后，我们的感情一直很不错，他确实像一位兄长一样地关心我呵护我，甚至有时还忍让着我，使我感受到了生活和家庭的依靠，有了安全感，使我能够毫无精神负担地全身心投入到我的创作中。有时我出外景，一去就是个把月，甚至几个月，他也毫无怨言，待我回家之后总给我带来很多的温暖。在这四十多年的岁月中，我们在事业上相辅相佐，互相支持。我们不仅是生活中的伴侣，又是事业上的忠实伙伴。虽然我们从事的不是一个行当，他搞绘画，我搞作曲，但都是属于艺术的范畴。每当我写好一支新歌，他便是我第一个听众，第一个评论家。好和不好，都无需转弯抹角。而我当然也是他的每幅新作的第一个观赏者。我们先后有了两个孩子，男孩徐小萌、女孩徐小薇都已成家侨居国外，女儿在英国，儿子在美国。上世纪50年代到60年代，我们的家庭担子很重，有两个孩子，还

儿子小萌、女儿小薇童年时一家人的合影

儿子小萌、女儿小薇少年时一家人的合影

儿子小萌、女儿小薇青年时和吕蒙的合影

有他年迈的双亲和弟妹需要照顾，但是在家庭和事业相矛盾时，他总是想方设法减轻我的负担，让我很好地投入创作，尽量给我更多的支持与帮助。在不影响自己事业和工作的情况下，从不和我争时间。"支持就是力量"这句话千真万确。我今天所取得的每一个成就，与他的支持和帮助是分不开的，我非常非常地感激他。如果说"每一个成功的男人背后，都有一个伟大的女性"，那么反过来，也是一样。

无疑，幸福的婚姻和美满的家庭是黄准在事业上不断奋进的动力和保障，而夫妻之间的相辅相佐、取长补短则是其不断提高创作水平的一个重要因素。

　　有道是"性格决定命运"，由于吕蒙为人正直、性格直率，从不弄虚作假，遇事心直口快，有什么说什么，特别是对一些不正之风和不良现象，往往不管场合、不看对象就直言批评，所以在一些政治运动中也给自己带来了不少麻烦。在1957年"反右派"斗争中，他差一点被划为"右派分子"。因为他平时在工作中能先人后己、宽厚待人，从不计较个人得失，所以群众关系较好；再加上他革命资历长，以前不少了解他性格和为人的战友在市里担任各个部门的领导，所以把他保了下来。虽然没有被戴上"右派分子"的帽子，但还是被扣上了一顶思想"右倾"的帽子，受到党内和行政处分，被免去了上海人民美术出版社社长兼总编辑的职务，下放到上海郊区农村去"劳动改造"。

　　由于当时黄准不断承担电影音乐的创作任务，家里孩子也很小，需要照顾，所以只能偶尔去农村看望他一下。1958年春天，黄准抽空带着孩子到吕蒙接受改造的上海郊区农村去探望他，既给他送一些食品、衣服，也给他带去了家庭的温暖。吕蒙见到他们万分欣喜，便停下手里的活，带着他们到田野里四处参观。正是春暖花开的季节，田野里遍地都是金黄的菜花，孩子们在田边奔跑嬉笑。吕蒙没有那种受了处分以后的沮丧，他拿起画笔，打开速写本，很快完成了一张菜花的速写。后来他回到上海以后，完成了一张非常精彩的木刻作品，命名为"菜花"。黄准十分喜爱这幅木刻画，不仅是因为这幅画本身具有很高的审美价值，而且是因为这幅画深深蕴藏着他们在危难时期一段真挚的感情。

　　1959年年底，吕蒙终于结束"劳动改造"回到了上海，他被降级分配到市文化局担任上海美术馆的负责人，后来担任了上海美术家协会秘书长，美协换届时他被选为副主席。"文化大革命"结束后，他被调到上海画院担任院长，同时还兼顾着上海美协的工作。

　　吕蒙是一位"老革命"，当年和他共事过的同志和战友，后来大多数担任了部级、市级的领导，有的甚至担任了中央领导，陈毅、汪道涵、张爱萍等领导和他都有深厚的友谊。但吕蒙却从来没有考虑过自己的地位和待遇，甚至连自己是什么级别、多少工资都很少过问。正如有些老同志所说："他几乎从不想到自己。"对于吕蒙的这种精神，黄准十分钦佩和敬重。有这样一位伴侣，她感到十分自豪和骄傲。

与吴永刚合作

　　黄准完成了故事片《淮上人家》的作曲任务后，不久就接到了厂里的通知，要她担任吴永刚导演的故事片《秋翁遇仙记》的作曲。于是，吴永刚便成为继史东山、张骏祥之后与黄准在创作上合作的又一位著名的前辈导演。她为此很高兴，因为在合作中又可以学到许多新东西。

吴永刚于1925年进入上海百合影业公司，后擢升为美工师。1931年加入联华影业公司，并于1934年编导了影片《神女》，该片以深沉的思想内容、独特的人物形象和成熟的电影语言而成为中国电影史上的经典作品。此后，又编导了国防影片《壮志凌云》。上海"孤岛"时期，他先后导演了《林冲雪夜歼仇记》《尽忠报国》等影片。抗战胜利后，他相继编导《忠义之家》《终身大事》等影片。全国解放后，他为东北电影制片厂导演了新中国第一部表现土地改革的影片《辽远的乡村》，后任上海电影制片厂导演，并于1954年导演了反映少数民族地区的斗争和生活的影片《哈森与加米拉》，受到了广泛好评。

如今，吴永刚根据《今古奇观·灌园叟晚逢仙女》改编导演的《秋翁遇仙记》即将拍摄，黄准担任了该片作曲，并应邀和吴导演见面。她从吴导演手里拿过剧本一看，是一部古代题材的神话故事片，顿时心花怒放！因为她此前谱曲的影片都是反映工农兵生活的题材严肃的故事片，她作曲时负担和压力很重，而这部影片是一部轻盈、优美的神话片，作曲时可以减轻压力、充分想象。或许是因为她对剧本产生好感的缘故吧，所以对初次见面的吴导演也倍感亲切。只见吴导演戴着深色眼镜，脸庞上露出慈祥和蔼的笑容，潇洒地抽着一个大烟斗，显示出一副绅士派头。在这样的导演面前，她完全放松了自己。

《秋翁遇仙记》由吴永刚编导，该片主要讲述了一位一生爱花如命的老秋翁救活了一株枯死的牡丹，坚持与企图霸占他花园的恶霸张衙内抗争，并得到了牡丹仙子相助而最终获得胜利的故事。影片通过秋翁的坎坷遭遇，揭露和批判了封建社会的地主老财和贪官恶吏的丑恶行径及其对劳动人民的残酷压榨；同时又通过秋翁形象的塑造，赞颂了劳动人民的勤劳和智慧。牡丹仙子则体现了劳动人民对幸福生活的美好向往，生动形象地表现了惩恶扬善的道德愿望。影片用电影艺术手法较成功地叙述了一个具有浪漫传奇色彩的故事。

黄准很欣赏该剧作的故事内容和艺术构思，特别是剧中牡丹仙子出现的场景她格外喜欢，让她产生了强烈的创作欲望和灵感。她不仅对即将创作的影片音乐充满了信心，而且还提出了很多设想和要求。她认为由于影片讲述的是一个古代神话故事，所以其音乐不仅应该是古老而传统的，而且也应该是最典型的中国民族音乐，不需要强调某一地方风格。因为中国的昆曲和京剧是历史最悠久的剧种，故而其音乐也是最具民族性、代表性、完整性的。为了突出仙女的艺术形象，保持音乐在影片中的完整性，她希望凡是仙女出场的戏都能用歌声来表现……她一口气阐述了自己的初步想法，正在担心自己的做法是否有点过分时，没料到吴导演边抽烟边听她说，不时点着头，不仅表示完全同意她的看法，而且还答应亲自写歌词。吴导演的这一番话让黄准感到欣喜，因为自从她创作电影音乐以来，还没有遇到过一个导演对影片的音乐插曲如此重视和慷慨过。在此后的创作实践中，吴导演信守承诺，给了黄准很大的支持。

黄准在鲁艺学习时，就曾对昆曲和京剧产生过浓厚的兴趣，并从音乐系一位从北京来的同学那里学习了解了不少昆曲和京剧知识。但是，如果在创作中要借鉴和运用这方面素材的话，其基本知识还是不够的。于是，她决定先到京剧院去学习一段时间，并搜集有关资料。此后，她几乎天天泡在京剧院的资料库里，听京剧、听昆曲、看曲谱，从唱腔到曲牌都深入地研究了一番。面对着丰富多彩、优美动听的传统音乐，她深深感到京剧和昆曲的确是我国传统戏曲中的精品瑰宝，值得学习、继承和发扬。

在此期间，吴导演除了组建摄制组、挑演员、选外景、完成分镜头剧本之外，还在百忙之中为影片写了《花朝前夕》《月夜仙踪》《仙女散花》三首歌的歌词。这些歌词的语言很流畅，词汇也很优美，显示出吴导演具有较深厚的古典文学修养。黄准看了以后很满意，但吴导演自己却觉得还不够好，于是，他特邀其老朋友黎锦晖先生帮他修改。黎锦晖是中国流行音乐的鼻祖，解放前创作的许多歌曲流传很广。经他修改后，歌词更加完善了。黄准回想此前自己创作过的几部影片的电影插曲都很短，而《秋翁遇仙记》是一部音乐性很强的歌舞片，音乐和歌舞在影片里占有非常重要的位置，歌曲的长度要超过以前几部影片插曲总的一倍，而且音乐和歌曲的好坏直接影响到影片的艺术质量，这让黄准既有压力也有动力，她满怀信心开始了音乐创作。

黄准认为在《秋翁遇仙记》里写的三首具有很强的民族色彩和中国风味的电影歌曲，在风格上应该借鉴戏曲音乐的音调和韵味。由于此前她已有了充分准备，再加上几首歌的歌词也激起她很多创作灵感，所以她很顺利地完成了三首歌的主旋律。在编写合唱时，因特别注意到合唱的民族化问题，故而她较多地采用了女声领唱和伴唱的形式，并运用了民族化的和声来进行。这几首歌经当时的上海合唱团试唱以后，吴导演、摄制组和厂领导都很满意，认为这些歌很好地配合了电影剧情，有助于凸显仙女的善良和美好，具有很强的抒情性。吴导演为了进一步突出音乐的作用，歌曲演唱时还删掉了人物对白，去掉了一些效果杂声，着重用歌声来烘托仙女优美的舞姿和轻盈、纯洁的艺术形象，从而使音乐效果更加显著。

在影片音乐的配器上，黄准则采用了中西合璧的手法，即以西洋乐队的演奏作为背景和衬托，以民族乐器的演奏作为主旋律。例如，在表现仙女的场景中，为了让音乐体现出一种朦胧而虚无缥缈的仙意，她在中西乐器中特别使用了一些色彩性较强的乐器，像西洋乐器中的竖琴、钢片琴、钟琴、木琴等；在中国民族乐器中，除了笛子、二胡等常规乐器之外，还特地使用了古筝、小铜锣、小铃铛、小板鼓等一些不常用的打击乐。当时编钟刚被发现，报上发布消息后，吴导演还特地陪她到武汉去参观编钟，并想把编钟的音乐也用在影片的音乐里。但后来因为编钟太大太重，搬运不方便，所以只好用一些打击乐来代替。

黄准在影片音乐的创作过程中得到了吴导演的大力支持，使她能顺利完成配乐和插曲的创作任务。但她和吴导演在此过程中也曾有过一些分歧和争论，如吴导演要求她用音乐来表现张衙内等反面人物在花园里饮酒作乐和损坏、摧残花枝的戏，但黄准一开始不愿意写，她只想在这部影片中用音乐描写美好的东西而不写丑恶的东西。为此，吴导演很耐心地说服她。有一天，吴导演特地把她约到摄影棚看拍戏，那天拍摄的是张衙内等恶霸破坏秋翁花园的戏，只见原来美丽的花园被张衙内这群恶霸砸得稀烂，桌子翻了，凳子倒了，花朵全残了，善良的秋翁被打倒在地，此情此景让黄准看得很难过，她明白了吴导演的意图，善与恶、美与丑只有在对比中才能各自显示得更加鲜明。为此，她答应了吴导演的要求。在为影片中几场反面人物写音乐时，黄准参考了戏曲中刻画小丑形象的音乐，采用了中国戏曲中的各种打击乐器和节奏来予以表现。影片完成以后的最终结果证明，吴导演的意见是正确的。因为有了几段刻画反面人物形象的音乐以后，不仅全片的音乐更加完整了，而且也由此加强了对比性，从而更好地凸显了对"善"和"美"的赞颂。从总体上来看，影片的音乐节奏舒缓有致，旋律优美动人，抒情性强，具有鲜明的民族风格。

影片《秋翁遇仙记》上映以后，该片的三首插曲被录制成唱片，一度风靡全国，到处传播。有一次黄准从北京乘火车返回上海时，火车上正在播放这几首歌曲；当列车员知道黄准就是歌曲的作曲者时，激动得一定要把她拉去与其他列车员见面，这让黄准又一次享受到自己的音乐作品被广大民众喜爱时的幸福感。然而不幸的是，影片放映不久，因吴永刚导演在"反右派"运动中被错划为"右派分子"，影片《秋翁遇仙记》也因此成为"大毒草"而被禁映，其插曲的唱片也被停止发行。但黄准心里却一直喜欢这部电影及其配乐和三首插曲，并视之为自己音乐创作中的精品佳作。

与谢晋合作

在上影厂，虽然谢晋导演的年龄和资历都比不上张骏祥、吴永刚等一批前辈导演，但他不仅创作勤奋，拍摄的影片较多，而且多部影片曾产生过较大影响，获得了广泛好评。在当时人才荟萃的上影厂，谢晋属于后起之秀的实力派导演，黄准跟他的合作也最多，而两人的初次合作也很有戏剧性。

1957年初夏的一个黄昏，黄准家里来了一位陌生的客人，他中等身材，戴着一副黑框眼镜，说话时声音洪亮，他跟黄准握手时自我介绍说："我是上影厂的导演谢晋。"听了他的自我介绍，黄准赶紧让座。由于黄准在上影厂担任作曲，除了到厂里参加有关会议，或到摄制组从事创作外，一般是不坐班的。她进厂虽然已有好几年，但只认识一些合作过的导演、摄制组人员和厂领导，其他人因平时不接触，所以都不认识，当然也不会认识谢晋。

谢晋坐下以后，也不讲客套话，他说前来拜访的目的就是邀请黄准为其导演的影片《女篮5号》作曲，并将带来的剧本递给黄准。同样，黄准也是一个急性子，说话直截了当，她一听《女篮5号》是一部体育片，还没等谢导演把话说完，就一口拒绝了。因为她从小就不爱好体育，读书时最差的科目也是体育。

谢导演并没有因为黄准的表态而停止谈话，他只管介绍剧本的内容："这不是一部体育片，而是一部以抒情为主的故事片，主要叙述了母女两代人的爱情和生活……"谢导演的话语说服力很强，没多久就把黄准说服了。当时吕蒙也在旁边，他听得津津有味，反过来帮助谢导演说服黄准，竭力主张她承担《女篮5号》的作曲任务。在他们俩的要求和劝说下，黄准答应试试看。谢导演一听她同意为影片作曲，脸上顿时露出了欢快的笑容。为了很好地完成作曲任务，黄准立即为自己刚出生几个月的小女儿请了奶妈。事后她才知道，《女篮5号》是谢晋独立执导的第一部故事片，是他导演事业发展的一个重要转折点。

谢晋于20世纪30年代初从家乡浙江上虞到上海求学，1938年赴香港读中学，翌年回到上海后就读于大夏附中等学校，业余时间则到华光戏剧专科学校、金星电影训练班学习，并参加了学生戏剧活动。1941年考入四川江安国立戏剧专科学校，1943年又辍学去重庆中国青年剧社工作。1947年他在南京国立戏剧专科学校导演专业复学，翌年毕业后加入大同影业公司任副导演。新中国成立后，他相继在长江电影制片厂、上海电影制片厂任导演。曾担任影片《哑妻》的副导演，1954年独立执导了淮剧短片《蓝桥会》后升为导演。1957年执导的影片《女篮5号》是其成名作，也是中国第一部彩色体育故事片。

影片《女篮5号》由谢晋编导，主要演员为刘琼、秦怡、曹其纬等。该片叙述解放前上海东华篮球队老板的女儿林洁爱上了球队主力田振华，有一次球队与外国水兵比赛时，老板因受贿而指定球员们输球；但田振华出于民族自尊带领队员打赢了比赛，赛后他被迫离开了球队；老板还让一群流氓打伤了田振华，并强迫林洁嫁给了有钱人。新中国成立后，田振华担任了上海女子篮球队的指导，他发现队员林小洁长相酷似林洁，原来其正是林洁之女。田振华认为她是一个很有前途的运动员，但她对体育运动却有偏见。田振华对她进行了耐心的教育和帮助，使她健康成长。林小洁在一次球赛中因受伤住进医院治疗，林洁赶来探望女儿时见到了田振华，久别的情侣终于相逢，双方的误会也彻底解开了，爱情使他们重新在一起。此后林小洁也入选国家篮球队，她重新认识了自己的职业，决定终生献身于体育事业。

黄准进入摄制组后，即随主创人员先到苏州体验生活，因为那是剧中主要人物生活过的地方。苏州是黄准母亲的故乡，黄准也曾在那里度过了快乐的童年时光。但是，因为她当时年龄很小，留在脑海里的只是一些孩提时候的片段童趣，对苏州的地理环境和社会生活一无所知。他们住在一个小旅馆里，黄准和林洁的饰演者秦怡住在一个房间，秦怡和田振华的饰演者刘琼都是大明星。由于黄准此前主要在解放区生活，受客观条件限制，电影看得不多，对国统区的一些电影明星更不熟悉。现在与秦怡、刘琼在一起生活和工作，才知道他们在电影观众中有很大的影响力，是许多影迷想见却见不到的人。黄准和其他主创人员走访了不少苏州城里的大街小巷，从而对独特的苏州文化有了体验和感受。同时，他们也参观了一些体育学校和运动场所，观看了运动员的比赛。由此不仅使她了解了运动员的生活状况，而且被那些女运动员充满朝气和活力的精神所感染。

正是在深入生活的基础上，黄准和谢导演除了设计了许多音乐片段外，她觉得影片里还应该有一首女运动员的歌，这样可以更好地抒发她们内心的情感。为此，她向谢导演建议：在女运动员乘火车前去比赛的那场戏里增加一首歌，并由她们自己演唱。谢导演欣然接受了这一建议。于是，黄准便请诗人芦芒作词，题目为《青春闪光》，然后她来谱曲。歌曲写好后她唱给谢导演听，谢导演很满意，并配合歌曲增加了一些镜头。这场戏拍摄时，黄准也到现场，帮助谢导演在镜头调度时更好地配合歌声的节奏与运动员唱歌时的口型。

黄准自己也没有料到，她这个缺乏体育知识、不喜爱体育运动的门外汉，所创作的表现女运动员生活的歌曲《青春闪光》竟然获得了广大观众的喜爱和欢迎。影片上映后不久，这首歌就出了唱片，成为那时很流行的一首歌。由于当时唱片的销售是版税制，发行越多作者的稿费就越多，所以在那一段时间里，黄准每隔几个月就会收到一笔不菲的稿酬，对她来说真是一种意外的经济收入。

影片《女篮5号》作为新中国第一部彩色体育片，上映后赢得了广大观众的喜爱，并受到多方好评。该片曾在1957年第六届世界青年联欢节上获得银质奖章，后又于1960年荣获墨西哥国际电影节银帽奖等。

谢晋是一个事业心很强的导演，在影片《女篮5号》刚做完后期剪辑不久，他又开始筹备另一部体育片《海内存知己》的拍摄工作了。当时《女篮5号》摄制组还没有解散，黄准作为该组的主创人员，还留在组里和大家一起继续深入生活，参加新片的筹拍工作。由于即将拍摄的新片是一部表现举重运动员生活的体育片，所以那几个月他们一直在各种体育场所和各类体育明星中体验生活。然而，《海内存知己》这部倾注了谢导演许多心血和精力的体育片剧本，却被上级领导认为内容有些问题、剧本不够成熟而停拍了。因此，摄制组回到上海以后也就解散了。因为剧作的内容涉及一些海外问题，较为敏感，所以在当时拍这样一部影片是有风险的；对此，谢晋也是知道的。但他因为特别喜欢这个题材，认为剧作里海内外两个朋友的关系很有戏剧性，所以明明知道拍摄有难度，但还是想拍。然而，这部剧作终因未能通过审查而流拍了，对于谢导演和摄制组来说，都是一种遗憾。

与陶金合作

50年代后期，上海的电影生产体制发生了一些变化。1957年上海电影制片厂改为上海电影制片公司，音乐创作室的作曲人员被调配到江南厂、海燕厂、天马厂、美影厂、科影厂等。寄明、王云阶、黄准则分别担任了江南厂、海燕厂、天马厂的作曲组长。1960年江南电影制片厂撤销，该厂作曲组人员则划归海燕厂和天马厂。黄准作为天马厂的作曲组组长，工作自然更忙碌了。

当谢晋筹拍的故事片《海内存知己》因剧情内容涉及一些敏感问题而不能投入拍摄时，黄准本该回到天马厂作曲组，但却接到了领导通知，让她先到江南厂担任一部影片的作曲工作。黄准来到江南厂后，该厂领导告诉她，因为陶金导演很喜欢她写的电影音乐，所以特地要求向天马厂商借黄准，请她来担任陶金导演的影片《苗家儿女》的作曲。黄准虽然不认识陶金，但曾在不少影片中欣赏过他的表演，他所塑造的银幕形象也曾深深吸引过她。记得当年她从东影厂调到新成立的北影厂时，厂领导为了提高他们的艺术修养和熟悉电影创作技巧，便组织大家观看了不少解放前国统区各电影厂创作拍摄的故事片，其中陶金主演的《八千里路云和月》与《一江春水向东流》就给她留下了很深的印象，她为其高超演技所折服。现在有机会能跟陶金合作，对她来说是一次学习的机会，于是她便一口答应承担这一任务。

《苗家儿女》是一部音乐性很强的少数民族题材故事片，由于拍摄任务十分紧迫，所以摄制组的先遣队已经到广西看外景去了，并要黄准立刻出发去柳州与摄制组会合。同时，由于这部影片里有不少歌唱和舞蹈场面，需要音乐作前期录音，以便演员在拍摄时对着口型演唱，所以作曲的工作就更加紧张了。江南厂领导还告诉她，因为当地的生活条件十分艰苦，所以要她去广西时自己带上行李铺盖，并替摄制组带几盒胶片供其试镜头用。于是，黄准从厂领导那里拿了剧本、摄制组人员名单和广西柳州文化局的地址以及两盒电影胶片，离开了江南厂回家准备启程。

两天后，黄准独自背着行李，带上胶片，登上了前往柳州的火车。她在车上认真阅读了剧本，对剧情内容和人物关系有了较深入的了解和把握。由于黄准坐的这趟车不能直达柳州，要在株洲等上好几个小时才能转车，这样就耽误了一天时间。火车到柳州后，她带着行李雇了一辆人力车找到了柳州市文化局。文化局的一位同志告诉她，因摄制组在规定时间里没有等到她，所以就先出发了，并让她明天一早赶到一个"林站"去和他们会合。此时天已黄昏，文化局的同志便把她安排在一个离长途车站较近的宾馆里，让她明天一早乘长途汽车赶往"林站"与摄制组会合。

第二天一大早，黄准顾不上吃早饭，便收拾好行李赶到汽车站乘车前往"林站"。长途汽车经过一天的颠簸，黄准终于来到了"林站"。而所谓"林站"，只不过是公路旁边的一座小木屋。她下车后拎着行李走进木屋打听摄制组的下落，接待的人告诉她，摄制组昨天已经出发去了大苗山，让她尽快赶到外景地。因外景地离开"林站"有70里路程，而且没有任何交通工具，所以只能步行。此时天已晚，黄准只好在小木屋里打地铺睡一晚，第二天再赶往外景地。由于几天来的劳累，她这一晚睡得特别香甜，直到翌日早晨被"林站"的人叫醒。

吃过早饭后，"林站"派了一个小伙子送她去外景地。小伙子很热情，不仅帮她背行李，而且一路上还给她讲了许多大苗山的传说故事和不少森林树木的知识，让黄准听得津津有味，忘掉了行走的疲劳。山里气候多变，一会儿突然乌云密布，狂风大作，顿时下起了大雨，黄准的棉衣全被淋湿了。但他俩不敢停下来，就这样穿着湿淋淋的衣服一直走到黄昏才到达外景地大苗寨。这时黄准看见摄制组的同志们已经在寨口等候多时了，他们前呼后拥地把她迎进了寨子。虽然黄准和他们不是一个制片厂的职工，大家也都不熟悉，但同志们的热情让她感动，让她像见到亲人一样激动。

摄制组人员住在苗家的一座竹楼上，竹楼下面是房东豢养家畜的地方。黄准一进竹楼，陶金导演就热情迎上来，让她赶快脱下湿淋淋的棉袄，并把自己的大衣披在她的身上，让她顿时感到一阵温暖。首次见面，陶导演就给她留下了一个善良、和蔼的良好印象。其他同志立刻帮她打水洗脸，安排她住宿。她被安排住在竹楼边角的一间四面透光的小屋里，竹楼的中间是一个被烟火熏得黑黝黝的灶房，吃了晚饭后，摄制组人员都围着火堆，一边帮她烘干衣服，一边相互介绍，大家有说有笑，十分热闹。虽然摄制组只有黄准一个女同志，难免在生活上会有一些困难，但大家的热情让她打消了顾虑。

《苗家儿女》的编剧为周民震，主要演员有凌之浩、金川等。该剧作叙述了苗族第一个参军并在部队里获得"战斗英雄"称号的青年卡良，复员回乡后在家乡建设中如何克服各种困难，团结乡亲们疏通河道、发展生产的故事。黄准和摄制组人员在大苗山深入生活将近一个月，生活条件当然很艰苦。他们吃的饭是把米放进竹筒里，然后放在火堆上烤熟；吃的菜几乎天天没有变化，就是盐水煮毛笋。虽然因为营养不良，大家都面黄肌瘦，但吃的时候却觉得饭菜很香。摄制组为了黄准的安全，不让她一个人外出，总是找人陪伴着她。她喜欢跟着苗族姑娘一起背着竹篓去采蘑菇，一路上听她们哼唱山歌。每次采蘑菇回来，大家就可以改善一下生活；有时偶尔吃到一顿熏腊肉，就觉得非常高兴了。最让黄准感兴趣的是一天劳动之后，大家吃过晚饭在山坡的大草坪上看苗族同胞的歌舞表演。此时，所有的苗家青年男女都会梳洗打扮后换上新装，男的扎上包头，女的则将苗家特制的银饰戴在头上、挂在身上，配着他们的歌舞节奏，发出一种十分悦耳的声音，这种声音比任何打击乐发出来的声音都要动听。他们跳舞时，男女成队，女的手牵着手，男的则吹着芦笙载歌载舞，欢快喜悦。此时，摄制组总是特别关心黄准，事先把给她坐的竹椅安排好，陶导演还一场不落地陪着她观赏，并特别关照几位同志打着火把，以方便她记录苗族富有特色的音乐和歌曲。丰富的音乐素材黄准仅靠手记当然是不行的，更重要的是用心去感受和领悟。这样的音乐大餐让她感到格外充实，获益匪浅。

为此，黄准决心在这里创作完成需要先期录音的歌曲，以供正式开拍后演员演唱。编剧周民震为影片创作了好几首歌词，如果全部都能用的话，这部影片可以称为音乐片了。作为作曲者，一部影片有很多的歌词供她谱曲，真是求之不得。在这些歌曲中，既有抒发主人公豪情壮志的男高音独唱《苗山啊，换上了新装》，也有抒情的男女声二重唱《满山葡萄红艳艳》，还有欢乐明快的女声小组唱《采蘑菇》等，内容和形式丰富多样。然而，由于该片毕竟不是音乐片，而是一部插曲较多的故事片，所以最后黄准跟陶金商定，只保留了以上三首歌曲。由于黄准有饱满的创作激情，所以很快完成了这几首歌曲的创作，而且每一首歌都具有浓郁的苗族音乐特色。后来影片公映以后，《满山葡萄红艳艳》这首歌特别受到观众的喜爱，甚至流传到香港、韩国、新加坡、日本等地，传播很广泛，这让黄准颇感欣慰。

《苗家儿女》拍摄完成后，上级领导审片时觉得影片太长，决定把与情节主线关系不大的苗家姑娘上山采蘑菇的一场戏，连戏带歌全部删掉了。《采蘑菇》这首歌是黄准在为这部影片作曲中最喜欢的一首歌，音乐明快、活泼、清亮，而且还具有很浓郁的苗族风格。如今却被删掉，这让她觉得很可惜。不过，几十年以后，她接到了广西电影制片厂吴因循导演的一封信，告诉她未经其同意将《采蘑菇》这首歌用在新拍摄的影片《远方》中了，并特此"告罪"。黄准得此消息后十分高兴，她不仅不会"问罪"，还要表示感谢，因为这首歌终于可以在电影里重新出现了。

总之，这次和陶金导演的合作让她觉得很愉快，收获也很大。

在"大跃进"年代

1958 年是一个狂热的年代，全国处于"大跃进"的浪潮之中，电影界也不例外。在当时的时代氛围下，上海的几个电影制片厂由于在电影创作生产中只追求数量，忽视了质量，故而影片的艺术品质得不到保障，好作品很少。同时，对于每个具体创作者而言，则整天忙忙碌碌，处于一种"赶任务"的创作状态。黄准也同样如此。

这一年，黄准刚写完影片《苗家儿女》的音乐，紧接着和吕其明、肖培珩合作完成了艺术性纪录片《钢花遍地开》和儿童故事片《兰兰和冬冬》的作曲，又和肖培珩合作完成了故事片《香飘万里》的音乐，与寄明合作完成了艺术性纪录片《上海英雄交响曲》的音乐；此后又独自完成了故事片《千女闹海》《前方来信》《新安江上》的音乐。在一年里完成这么多影片的创作任务，艺术质量就很难保证了。其中除了儿童片《兰兰和冬冬》中的一首插曲《太阳一出满天红》曾一度在少年儿童中传唱之外，其他歌曲和音乐都没有产生过太大的社会影响。然而，在此过程中，有一些深入生活的创作经历则给黄准留下了较深刻的印象。

她记得在创作影片《千女闹海》的音乐时，曾随天然导演和摄制组的主创人员一起到舟山群岛深入生活。这是一部叙述浙江沿海渔业社的妇女打破了妇女不能下海捕鱼的陈规陋习，为渔业生产创开一条新路的故事片。摄制组成员为了解和体验海上捕鱼的实际情况，便登上渔轮和渔民一起出海打鱼。没想到在海上遇到了 8 级大风，渔船被风浪抛上抛下，颠簸得很厉害。同行的很多人都呕吐起来，有的人则躺在船舱的铺位上不敢动；唯独黄准独坐船头，怀着好奇和兴奋的心情看着渔民们捕鱼。当渔民们在风浪中把满载着鱼虾的大网拉上船后，只见船的甲板上满是活蹦乱跳的黄鱼、带鱼、蟹、虾等，让她大开眼界。捕鱼结束后，摄制组人员和渔民们围坐在一起，吃着鲜美可口的鱼虾，那种独特的生活体验让她难以忘怀。

此后，黄准与肖培珩合作为傅超武导演的影片《香飘万里》作曲，由于这是一部描写上海的科学工作者在云南热带雨林里克服各种困难、经过许多艰辛，最后终于找到了香精之母——香芳草的故事，所以她又随傅导演和摄制组主创人员到云南去体验生活。傅导演此前曾与黄准合作过影片《前方来信》，该片主要描写一位志愿军的妻子得知自己丈夫在朝鲜战场上牺牲以后，因怕年迈的婆婆经受不住打击，便隐瞒了噩耗，并继续以丈夫的名义给婆婆写信，最后婆婆终于得知儿子牺牲的消息，她化悲痛为力量，参加了赴朝慰问团，为抗美援朝做出了贡献。在该片创作过程中，两人虽然有一些意见分歧，但好在大家都是为了工作，并不记仇，此后照样进行合作。

他们一行先坐火车去贵阳，贵阳对于黄准来说很亲切，因为这是她少年时代生活和参加过斗争的地方，曾给她留下了难忘的记忆。黄准抽空到城里各处看了一看，也许因为相隔时间太久了，很多地方变化太大，让她觉得很陌生，过去的记忆已很难再现了。从贵阳到昆明他们改乘飞机，这是黄准第一次坐民航客机，内心充满了新奇感，觉得坐飞机既很舒适，也很方便。到昆明后，由于他们急于前往西双版纳，所以在昆明只停留了一天，未能很好看看这座美丽的春城。当时从昆明到西双版纳还没有航线，只能坐长途汽车前往，而且路程需要四天时间。他们坐的长途汽车是一部运行时间较久的老爷车，不仅车速较慢，而且还经常出问题，一路上开开停停，车有了毛病就修理，再加上路况也不好，所以直到第四天下午他们才平安到达澜沧江边，过了江就是此行的目的地了。因为汽车要通过一条大木船摆渡过江，所以乘客们全都下车等候。此时大家的心情都很舒畅，开始说说笑笑，有的人还到江边去观赏景色。过了澜沧江，就到了西双版纳，他们住进了自治州的招待所。让黄准感到高兴的是，她在此结识了女作家季康，她是影片《五朵金花》的编剧之一。季康对云南非常熟悉，不仅给黄准介绍了许多云南的风土人情，讲了一些少数民族的传奇故事，而且还给她唱了不少云南民歌，这给她的生活增添了不少乐趣，也给她的工作带来了许多方便。

由于黄准此前和傅超武曾合作过，因而大家相互比较了解，这次再度合作，彼此就不感到生疏了。他们在西双版纳一起参观了寺庙，还走访了傣族老乡家里，了解其风俗习惯。为了搜集少数民族音乐舞蹈素材，他们还常去民族歌舞团看表演。西双版纳不仅有美丽的风光，而且还有很多热带水果。西双版纳最美的地方是橄榄坝，因为当时那里还没有修公路，只有水路和山路可以抵达，交通十分不便，所以无法作为影片拍摄的外景地。傅导演认为既然不能作为外景地就不用去了。黄准觉得既然来了，不去有些遗憾。再说她又是一个好奇心很强的人，橄榄坝即使再远再险也想去看看。她和肖培珩商量后决定一起去。正好此时另一个摄制组的徐韬导演也想去，于是他们相约同行，并请了一位文工团的同志担任向导。他们雇了一条船，带了充足的食品，路上用了一天时间，傍晚时分平安抵达橄榄坝。由于这里既没有招待所，也没有客栈，所以当晚只能在一间草棚的草堆上和衣将就了一夜。翌日他们一面参观橄榄坝的村落，一面请文工团的同志找来一些傣族老乡现场演唱和演奏。橄榄坝的确是一个美丽的地方，村庄整洁美观，寺庙外观也特别好看，其古老的风姿十分引人注目。晚上，他们又邀请了一些傣族老乡前来唱了许多民歌。第三天，他们带着满足的心情踏上了返程的旅途。因走水路是逆水，小船无法行驶，

1958 年，在云南橄榄坝寺庙大门前

黄准在云南采风时和傣族姑娘的合影

黄准在西双版纳与僾尼姑娘的合影

所以只好走山路返回。但山路有 90 里路程，途中没有可以住宿的地方，故而必须在一天里赶回住地。为了赶时间，他们没等天亮就出发了。他们毕竟不适应长途步行，走到下午时大家已经筋疲力尽了。黄准只觉得两腿发软，连抬脚迈步的力气都没有了。所带的干粮已经吃完了，水壶也喝空了，没有什么东西可以填充肚子了；幸好那位当向导的文工团员从身上搜出一些带给孩子吃的钙片，分给每人两片。大家吃了钙片就像吃了什么灵丹妙药，浑身顿时增添了力量，继续前行。黄昏时，他们终于爬上了山顶，此时天慢慢黑下来了，他们只能摸黑往山下走去。在快要到达住地时，忽然听见有人呼唤的声音，原来是傅导演和一些当地的同志见他们这么晚还没有回到住地，怕出事，就打着手电来寻找他们了。同志们的关心和友情使他们感动，也减少了许多疲劳。这一晚，黄准睡得特别香，不过其双腿足足酸了一个多星期。云南之行使她颇多收获，她怀着丰收的喜悦和摄制组回到了上海。

《香飘万里》的剧作一直存有争议，虽然最终还是被拍摄成故事片，但影片拍好以后没有普遍放映，影响不大。黄准为该片作曲时也花费了不少心血和精力，她为影片未能给更多的观众带来审美的享受而深感遗憾。但云南的西双版纳之行却给她留下了很深的印象和难忘的记忆。

与谢晋再次合作

1959 年初夏的一天，黄准接到通知到厂里去开会学习，她刚进天马厂的大门就听到有人叫她的名字，回头一看，原来是谢晋。谢导演等不及黄准开口问好和询问近况，便开门见山地说："我有一个剧本要给你看，看你喜欢不喜欢？"自影片《女篮 5 号》之后，他们已有一年多没合作了，黄准当然很高兴能有再次合作的机会。她拿过剧本，当"红色娘子军"这几个字映入其眼帘时，她的眼睛顿时一亮，颇感剧本的题目和题材非常新鲜，便当即答应回家后马上阅读剧本。

黄准回家后连夜读完了剧本，她被剧作传奇色彩的故事情节和人物命运深深吸引了，并激起了强烈的创作欲望和灵感。翌日她找到谢晋，表示非常喜欢这个剧本，原意为它作曲，并且希望尽早去海南岛体验生活。

就这样，黄准和谢晋到广州找到了编剧梁信，然后一起乘飞机到了海口。当晚，他们便去观赏了琼剧《红色娘子军》。琼剧是海南地方戏，具有浓郁的地域色彩。而琼剧《红色娘子军》则是当时海南地区向国庆 10 周年献礼的一个剧目，是专门抽调了一批文艺工作者精心创作而成的。黄准看了琼剧演出后，不仅对剧中的人物、情节有了进一步了解，而且被该剧的音乐深深吸引和打动了，那新颖别致的乐器音色，以及那带有民族风味的打击乐都令她大开眼界。为了选好外景，谢晋先前已经在海南待了半年时间。他住在琼中营根镇的一户居民家中，还特地请了一名向导。白天他和向导一起外出看景选景，晚上则在屋里改剧本。为了把符合剧情需要而又具有海南特点的景色都能收入影片之中，他的足迹几乎踏遍了海南各地，其中包括五指山、黎母山等海南多座山峰，他都徒步攀登过。为此，就连 1959 年的春节他都是独自一人在海南过的。黄准了解了剧本创作和影片投拍的波折，以及谢晋前期所做的大量工作以后，更增添了她为该片作曲的责任感，决心全力以赴投入影片的音乐创作，以确保其艺术质量。黄准和谢晋从海南回沪后，谢晋忙着组建摄制组，而黄准则一直沉浸在海南的音乐素材之中。她把从海南带回来的曲谱读了一遍又一遍，不断熟悉、研究和分析海南音乐的艺术特点。

黄准第二次到海南，是随谢导演和摄制组的制片主任、摄影师、美工师、录音师等一起去选外景。按照常规，作曲是不需要参与选外景的，但是，因为厂党委决定由她担任摄制组党支部书记，所以她必须经常跟摄制组主创人员待在一起，不仅要和他们一起工作，了解他们的思想和生活状况，而且还要和导演、制片主任一起研究解决摄制组日常生活和工作中出现的各种问题。同时，从其音乐创作来看，她也很想借此机会到海南去多搜集一些民间音乐素材。第二次去海南时，因为在摄制组主创人员中，只有黄准是女同志，所以大家都很关心照顾她。选外景时，摄制组成员当然都要听从谢导演的意见，因为此时未来影片的蓝图在他的脑海里已经基本构成了，而其他人对影片的了解都还停留在剧本文字描绘的阶段，因而就必须以谢导演的意见为重。同时，选外景的过程也是主创人员更广泛地深入生活，在生活中寻找那些和剧本内容相符合的东西。由于黄准过去对海南音乐不熟悉，因而更需要借此机会去熟悉、搜集海南音乐中那些更符合影片需要的音乐元素，以利于体现和融合在音乐创作中。

1959 年，在海南岛《红色娘子军》外景地

他们一行到达海口后，特地找了一位向导，在其带领下，大家沿着当年红色娘子军生活、战斗过的地方一路走过去。当他们离开了城市进入山区以后，道路越走

越偏僻，崎岖的山路也越来越难走。在原始森林里，条件更艰苦，蚊子和虫子都特别大，咬人也特别厉害。最可恨的是蚂蟥，在沼泽地里爬到腿上后，会把腿叮得鲜血直流。后来还是向导弄来一些盐巴，让大家抹在腿上才解决了问题。他们继续向五指山进发，山势越来越险要，道路也越来越狭窄。一路上虽然条件艰苦，但大家都有不同的收获：摄影师拍了不少资料照片，美术师画了许多色彩斑斓的图画，录音师也录下了各种不同的声音。黄准的收获则在于体验了艰苦的生活环境和一系列惊险遭遇，同时，每到一地，她都会让向导找几个当地的民歌手来给她唱民歌，从而熟悉了海南独特的地方音乐。

几天后的一个黄昏，正当大家饥渴难忍时，向导带着他们来到山顶最高处一栋别墅式的楼房面前，这栋三层楼的房子外观很漂亮。大家跟随向导进了楼房以后，才发现内部装修也很精致，环境十分整洁雅致。大家以为在这里休息和参观一下就走，谁知制片主任宣布分配了房间，并要大家赶紧收拾一下行李物品，然后到餐厅用餐。过去几天他们不是在沿街小摊上吃一碗面，就是随便吃一点所带的干粮，如今居然能到餐厅吃一顿饭，真让大家喜出望外。黄准走进分配给自己的房间，到卫生间把浑身脏兮兮的自己清洁整理了一下。当晚，大家在餐厅吃了一顿中西合璧的晚餐。餐后黄准照例让向导给她找几个民歌手唱歌，向导说已经给她找好了。

于是，谢导演和其他人员都跟随黄准来到客厅，只见一些当地的男女民歌手已经等在那里，其中还有几位少数民族民歌手。他们唱的歌有抒情的、有凄凉的，也有欢快的，内容和音乐素材很丰富。那时候还没有录音机，黄准只能就着灯光拼命记录其旋律，因为记录速度慢，有一些就记不全，只好让歌手唱得慢一点。这样一直唱到深夜，直到她觉得实在疲劳得听不下去时，才让民歌手们不再唱了。这时客厅里除了她和向导、民歌手们之外，其他人早就进房休息了。黄准以为明天一大早就要出发，于是便让歌手们先走，自己也准备进房去休息。不料向导对她说："你好好睡，明天在这里休息一天。"闻听此言，她的身心一下子放松了，回到房间后舒适地睡了一觉。

经过一天休整后，黄准跟着谢晋等人又继续上路了，这次是沿着公路一直往下走。黄准这时才明白，他们是绕着五指山走了一圈。前面上山时，为了寻找娘子军生活过的地方，他们到过沼泽地和原始森林；如今，他们将走公路下山去寻访南霸天的庄园及其领地，此行约有数百里路程。因为要边走边选择外景地，所以他们很少坐车，只能步行；看到合适的景点大家就停下来研究讨论，如何利用该景点进行拍摄。正因为如此，所以前进速度很慢，而且也没法预料每天走多少路并预先安排好宿营地，只好走到哪里算哪里，这让向导很头疼，但也没有办法。有一天晚上，他们宿营在一所破旧的军营里，这两排造在路边的破平房，甚至连门窗都没有，跟睡在马路上没有什么大的区别。制片主任让黄准到沿公路的一间破房子里住宿，她心里有些害怕，万一有坏人闯进来的话该怎么办呢？她找到制片主任说自己实在不敢在这样的房子里睡觉，让他重新安排。制片主任只好安排一名年龄较大的老制景工人在她房间的门口搭一个地铺睡在那里，黄准这才放心躺下休息。第二天，他们继续前进，总算找到了一所比较适合南霸天身份的庄园，因天色已晚，就决定宿营于此。

选外景的工作结束后，摄制组正式成立了，黄准担任作曲兼党支部书记。摄制组的人员增加了很多，仅王心刚、祝希娟、陈强、铁牛、牛犇、杨梦昶等演员就有几十人，再加上摄影、录音、美工、服装、化装、道具等，共有七八十人之多。当时物质条件很困难，要安排解决好这么多人的衣食住行，特别是要让摄制组在有限的条件里拍摄出一部高质量的影片，的确并非是一件易事。作为作曲兼支部书记，黄准深感责任重大。在谢晋的率领下，摄制组人员再次前往海南。在演员们深入生活时，摄制组特地找来了几个当年的娘子军连的战士，请她们到摄制组和演员们生活在一起，教演员用枪、打绑腿，给演员讲当年的战斗故事等。黄准也借此机会请她们唱了不少海南民歌和过去的一些革命歌曲，并把以前搜集到的民歌素材和这次搜集的民歌素材综合在一起，仔细分析海南民歌的特点，力求在创作中能把众多海南民间音乐元素融入到影片的音乐中去，使之具有较鲜明的地域色彩。

《红色娘子军》摄制组重返海南岛，和当年"娘子军"老战士合影（左三为黄准，左五为导演谢晋，左二、右一为演员祝希娟、牛犇，右三为上影集团总裁任仲伦）

在此过程中，为了找一首影片的主题歌，黄准和谢晋发生了争执。最初两人的意见是一致的，即要找到一首现成的娘子军连连歌作为影片的插曲。为此，黄准总缠着几位在摄制组里的娘子军连的老战士，希望她们能通过回忆，把当年的"连歌"唱给她听。但是，无论她如何提示诱导，几位老战士想来想去仍然想不出有这么一首歌。她只好到有可能找到这方面资料的当地文化馆和其他地方去寻找娘子军连的"连歌"，然而她往往是满怀希望而去，最终却失望而归。在这种情况下，黄准只好向谢导演建议：既然没有现成的"连歌"，那只能由她来写一首了。对于黄准的这一建议，谢晋并没有马上表示赞成，因为他不相信黄准能够写出一首符合影片需要的"连歌"。当时摄制组其他人员也希望黄准能再找一个类似《三大纪律八项注意》那样的歌，或者直接用这首歌算了。但黄准坚持要自己写这首歌，而且保证能写好这首歌。她之所以这样有信心，是因为当时在她的脑海里已经初步形成了这首"连歌"的雏形：这是一首进行曲，但不是一般的进行曲，而是一首妇女的进行曲，是底层受压迫要反抗的妇女的进行曲。这样一首歌曲要找现成的根本不可能，只能由她自己来写。谢导演和摄制组人员看黄准的态度如此坚决，终于同意由她创作一首"连歌"。

黄准虽然对"连歌"有了初步构思和设想，然而一旦进入实际创作，仍有不少困难。有一天，当黄准再次访问了几位娘子军连的老战士后回到自己房间时，伴随着脑海中闪现的当年娘子军连女战士英姿飒爽的形象，开始了具体创作。但是，当她写下了"向前进，向前进……"后，却再也写不下去了。此后几天，她的思路一直在"向前进"几个字前徘徊，没有新的灵感和进展。有一天，当黄准在拍摄现场看到党代表洪常青在烈火中英勇就义的场面时，一下子就让她找到了歌曲的旋律，创作灵感伴随着以往生活的积累像火山一样喷发出来："向前进，向前进，战士的责任重，妇女的冤仇深……"一首短促有力、浓郁深沉，且富有海南民间音乐旋律的《娘子军连歌》在她的笔下诞生了。当黄准写出初稿，并唱给谢导演和摄制组人员听了之后，再也没有人反对了。在影片音乐的创作过程中，她经常到拍摄现场去看拍戏，因为一方面在拍摄现场可以与谢导演、演员们和其他创作人员进行交流，另一方面现场拍摄也可以给她许多音乐创作的启发和灵感，尤其是谢导演指导演员如何表演时，她能更好地领会谢导演对某一场戏的要求。她在现场往往被影片拍摄中的气氛所感染，并萌生了许多音乐旋律和节奏，有助于她顺利完成影片音乐的创作任务。

摄制组外景拍摄期间的生活还是很艰苦的，他们又住进了那一座没有门窗的营房里。不过，这一次由摄制组的工人们把营房整修了一下，在空房子里架起了上下铺，在中间用芦苇隔开来，这样就算把男女宿舍分开了。海南的天气很热，住在黄准隔了一张芦席的那边床上的是演员铁牛，晚上被臭虫咬得睡不着，便爬起来抓臭虫，这时黄准也发现自己身上被臭虫咬得到处是红块了。于是，大家索性一起爬起来抓臭虫。此后，他们经常睡到半夜爬起来抓臭虫、拍蚊子，折腾一晚上后，谁都没有睡好觉。随着外景戏拍摄场地的转移，住宿地点也要随之搬迁。有一次在拍摄椰林寨的外景戏时，黄准甚至还被安排住在一个大树洞里，在树的根部铺上一张席子就是床了。由于树洞里常年照不到太阳，所以被褥总是湿漉漉的。摄制组的生活虽然艰苦，但同志们能互相帮助，也克服了各种困难，使影片拍摄能顺利进行。尽管外景拍摄还没有完全结束，但主场戏已经拍摄完成了。于是，黄准要赶回厂里去完成作曲，准备影片后期工作了。

按规定，影片拍摄完成后要进行审查，所以摄制组尚未解散，大家还在等待影片审查通过。然而第一次审查时没有通过，影片还需要修改。谢晋到摄制组向大家传达上面的意见时，脸色也不好看。上面的审查意见认为，影片里关于洪常青和吴琼花的爱情描写是多余的，要去掉。谢晋几次力争无效，最后不得不忍痛修改，这对他是一种打击。黄准记得谢晋最初和她谈这部影片的音乐时，就认为音乐要有三条线：其一是表现革命的，其二是表现战斗的，其三是表现爱情的，而且经过了战斗的洗礼，会让爱情更加强烈。为此，黄准在音乐设计中有三个主题三条线：第一条线是娘子军连战斗成长的主题，第二条是抒情的爱情线主题，第三条线是刻画反面人物南霸天的。如今爱情线要删去了，对黄准的音乐创作来说并没有太大影响。因为音乐是一种抽象艺术，没有谁来规定什么样的旋律是描写爱情的；抒情的、美的音乐既能理解为爱情描写，也能理解为其他感情的描写。于是，黄准把音乐改得更浓郁、更深沉一些，就变成了描写革命友谊的一条线。同时，她趁改戏的机会把影片音乐中自己还不太满意的地方又重新修改了一遍，使之更加完善。然而，影片的修改却要删掉不少场戏，这种删改难度较大。有些谈情说爱的场景被删掉了，但角色的有些表情却很难删掉，技术处理就有难度。再加上谢晋又很喜欢关于洪常青和吴琼花的爱情描写，所以要他删掉这条爱情线，无疑是一种痛苦的抉择，也让他很沮丧。他经常用黄宗英的一句话为此作辩解："洪常青和吴琼花眼睛里的爱情火花是抹不掉的。"在此后很长一段时间里，谢晋对删剪影片爱情戏这件事一直耿耿于怀，在黄准面前常说："电影是一种遗憾的艺术。"

影片总共修改了三次，戏要改，音乐也随之要修改。为此，音乐改了三次，录音也录了三次。影片经过三次修改后，终于进行了最后一次混录，为了很好地完成混录，黄准在录音棚打地铺睡了好几晚。此时她的心情很不平静，这种激动好像在她以前的创作和以后的创作中都没有发生过，她听着自己写的音乐，竟然受到强烈的震撼而情不自禁地流下了眼泪。这时坐在她身旁的谢晋好像察觉了她激动的心情，不停地问着："你怎么啦，你怎么啦?"她回答不出，只说了一句："我今后大概没机会再写出这么完整的电影音乐了!"谢晋说："你太没出息了，以后的好戏多得很，会有你的好戏的。"随后他给黄准讲起了自己正在构思中的一部表现越剧艺人命运的影片《舞台姐妹》的故事，两位越剧姐妹从卖唱到在风浪里成长，非常抒情和优美。黄准被他介绍的内容打动了，让她也沉浸在新的创作想象之中。

1961 年 7 月，影片《红色娘子军》上映后引起了很大轰动，好评如潮。黄准看到报纸上有一篇文章说："娘子军连歌深入人心，家喻户晓，在群众中街头巷尾到处流传……"她不太相信报纸上所说的话，于是想到街上去"勘察"一下是否确有其事。正巧，她从家里刚下电梯，就听到一个孩子边玩边唱"向前进，向前进……"她不用上街了，孩子的歌声已经证实了一切。想当初，她曾向谢晋和摄制组保证过：影片插曲一定要写好，一定要流行。为此，她在创作时特别用功，反复修改，直到自己满意了，大家满意了才罢手。如今广大观众也满意了，她的承诺总算没有落空。当然，写好《娘子军连歌》只是一个方面，更重要的是这部影片给了她较完整的音乐结构的空间。她在影片中不仅能较丰富圆满地让《娘子军连歌》的主题得到较完善的变化与发展，而且还给了她运用交响乐的主题变化发展、交织交响的机会。因此，她认为该片音乐的成功还不仅仅是有一首好歌，它还是一部有着完整音乐结构的交响诗。此后，她曾认识了一位北京电影学院导演系毕业的导演，他告诉黄准，其毕业论文就是分析《红色娘子军》电影音乐的特点和音乐结构的完整性。黄准看了他的文章后，觉得一个导演能够懂得并看重一部影片的音乐，实在难能可贵。1963 年，中央芭蕾舞团筹排同名芭蕾舞剧时，作曲组组长吴祖强专程拜访了黄准，希望她能同意舞剧使用这首《娘子军连歌》。黄准不仅同意舞剧使用"连歌"，而且还将昔日在海南采集的一些民间音乐素材毫无保留地提供给了剧组。

影片《红色娘子军》在首届《大众电影》"百花奖"评选中一举夺得最佳故事片、最佳导演（谢晋）、最佳女演员（祝希娟）、最佳男配角（陈强）四项大奖，并在第三届亚非电影节上荣获万隆奖。就在电影"百花奖"评选过程中，有一位《人民日报》记者曾来电告诉黄准，要她准备一些资料，谈谈《红色娘子军》的音乐创作，似乎最佳音乐奖归《红色娘子军》已成定局。但最后公布的最佳音乐奖得主却是影片《洪湖赤卫队》。黄准闻此消息并没有什么不高兴，也没有什么失落感，因为她知道该是她的，就是她的；不该是她的，想也没有用，她只要尽力工作就行了。她很同意谢晋的一句话："金杯、银杯，不如观众的口碑!"几十年来，《娘子军连歌》广泛传播，一直在激励着人们，对此，黄准已经很满意、很欣慰了。《红色娘子军》的故事也曾先后被改编成芭蕾舞剧、现代京剧、交响组曲、电视连续剧等多种文艺形式，感动了一代又一代的观众。而影片《红色娘子军》历经岁月磨砺，仍然魅力永存，成为新中国电影艺术宝库中的一部经典作品。

影片《红色娘子军》完成以后，黄准就介入了谢晋筹备拍摄的另一部故事片《舞台姐妹》的创作之中。因为该片当时被定位为音乐片，所以黄准作为作曲要提前参与。她跟随该片编剧谢晋、王林谷、徐进到越剧发源地浙江嵊县深入生活。黄准对越剧是外行，此前她对越剧缺乏兴趣和了解。为此，她决心从头学起。一路上，谢晋既是影片的编导，又是此行的向导。他带着大家了解越剧是如何从最初的草台班逐步发展成为大型舞台剧的演变过程，并熟悉江南水乡的民情风俗。黄准特地准备了几个笔记本，有的记录越剧艺人的经历故事，有的记录越剧艺人的遭遇，当然最主要的还是记录越剧音乐。她从最原始的"的笃"板开始学起，一直到后来各个流派（如袁派、范派、傅派等）的曲牌，她都一一做了记录，待以后深入研究。

他们从嵊县来到绍兴，也顺便参观了鲁迅纪念馆。在绍兴城外的柯桥，谢导演特地给大家介绍了这座桥。说是桥，实际上是一段在水上的石板路，很方便当年船夫拉纤撑篙。后来影片《舞台姐妹》的第二段旁唱"年年难唱年年唱"中就出现了柯桥的镜头，音乐中那种沉重、压抑和要反抗的感情就是从这里迸发出来的。嗜酒的谢导演当然不会忘记介绍著名的绍兴酒，他们不仅参观了绍兴酒厂，而且还品尝了绍兴最好的名酒。通过一段时间的深入生活，黄准对越剧艺术和越剧艺人的遭遇已有所了解，对越剧音乐也较为熟悉了。但是，对《舞台姐妹》应该是怎样一部音乐片，她没有类似的创作经验，故而在讨论剧本的过程中，她也无法发表自己的见解。于是，剧本只能顺着几位编剧的思路去创作了，到了最后剧本的戏剧性越来越强，而音乐性则越来越弱。

与此同时，黄准又接受了为影片《蚕花姑娘》作曲的任务，她的时间精力有限，无法再跟随《舞台姐妹》摄制组拍摄了。《蚕花姑娘》是一部农村题材的故事片，由顾锡东编剧，叶明导演，主要演员有尤嘉、朱曼芳、程之等。其讲述了一心想当演员的蚕乡姑娘小萍，因养蚕时粗枝大叶而让蚕生了病，后在嫂嫂巧莲的帮助下转变思想，安心本职工作的故事。黄准根据影片的剧情发展和人物塑造的需要，在音乐创作中融入了江南民间乐曲的元素，很好地完成了影片音乐创作的任务。

此后，她又回到《舞台姐妹》摄制组，发现影片已经不是一部音乐片了，而变成了一部表现越剧姐妹解放前后命运遭遇的故事片了，该片主要演员有谢芳、曹银娣、上官云珠、李玮等。剧作叙述了一对越剧姐妹竺春花、邢月红在解放前和解放后不同的人生追求和命运遭遇，凸显了"认认真真唱戏，清清白白做人"的主旨。尽管剧情感人，但黄准曾经设想的大段的歌唱变成了十多首每段只有四句的旁唱。她为此有些恼火，但也无法改变此状况。因为电影创作主要听导演的，既然谢导演如此安排，她也只能按照其思路去构思和创作影片的音乐了。她在创作中很重视发挥音乐在电影叙事中的作用，并很好地体现了越剧艺术的特点。正如有的评论者所说："在这部反映女越剧演员们不平凡的人生历程和遭遇的影片中，歌曲一方面充当了讲故事人的角色，同时又抒发了这些年轻女子在人生经历中每走一步的内心感受。这些歌曲的歌词兼顾了这两方面的需要，可以说是夹叙夹议。而歌曲的旋律在运用和吸收越剧音乐的基础上，具有浓厚的越剧音乐特点，柔美婉约，同时又具有一种内在的刚强。"该片编剧徐进也曾称赞说："黄准的音乐在戏中起了'画龙点睛'的作用。"尽管其创作受到了各方面的好评，但因为她要写音乐片的梦想没有实现，所以心里还是很郁闷。

影片《舞台姐妹》的命运不好，影片拍摄完成后即遭到了批判，作为该片编导的谢晋当然首当其冲，但黄准并没有因此而受到太多牵连。然而，时隔不久，就爆发了"文化大革命"，她也在劫难逃，遭遇厄运了。

第七章

浩劫难逃

虽然我在上影最大的官职只做到摄制组的支部书记，虽然"文革"中被封为"黑线"的红人，但我遭遇最大的迫害也就是一次被勒令上台接受批判，一次被扇了一记耳光；造反派给我的罪名之一是"喜欢游山玩水"。

——黄准

参加"四清"运动

1962 年 9 月中共八届十中全会以后，"以阶级斗争为纲"逐渐成为社会主潮。就在这次会议上，康生借抓意识形态领域的阶级斗争为名，把李建彤创作的长篇小说《刘志丹》打成"为高岗翻案的反党大毒草"，使之在会议上受到严厉批判。毛泽东由此作出了"利用小说反党"的论断，进一步助长了党内粗暴对待文艺问题的恶劣风气，使中国文艺创作的指导思想和理论思潮日益向极"左"的方向发展。1963 年 12 月 12 日和 1964 年 6 月 27 日，毛泽东关于文艺问题的两个批示对文艺形势作出了与客观实际情况不相符合的错误估计，而这种错误估计又被江青、康生一伙别有用心地加以利用，导致极"左"思潮恶性发展。

影片《舞台姐妹》刚拍摄完不久，黄准就听说张春桥在一次"反右倾"的报告中点名批评影片《舞台姐妹》宣扬了"人性论"，鼓吹"合二而一"，贩卖"资产阶级调和论"，并下令电影厂不许修改，拿出来批判。1964 年 7 月，康生在全国京剧现代戏观摩演出大会总结会上把《早春二月》《北国江南》《舞台姐妹》《逆风千里》等故事片和《李慧娘》《谢瑶环》等戏曲统统诬陷为"大毒草"。同年 12 月，江青又把《林家铺子》《不夜城》《红日》《革命家庭》《球迷》《两家人》《兵临城下》《逆风千里》《聂耳》《大李、小李和老李》《舞台姐妹》《阿诗玛》《烈火中永生》等一大批影片定为"毒草"，责令进行批判。在这种形势下，中共中央宣传部也先后发出了《关于公开放映和批判影片〈北国江南〉、〈早春二月〉的通知》《关于公开放映和批判影片〈林家铺子〉和〈不夜城〉的通知》以及《关于公开放映和批判一些坏影片的通知》（包括《舞台姐妹》《两家人》《兵临城下》《桃花扇》《阿诗玛》《逆风千里》《球迷》七部影片）。于是，全国各地的报纸杂志连篇累牍地发表了各种批判这些影片的文章。电影界人心惶惶，大家生怕受到株连和批判。在这种情况下，创作者已失去了创作拍摄影片的积极性，电影的生产任务也很难完成。上海各电影制片厂基本上停止了各类影片的拍摄生产，黄准和大多数创作人员都被组织上分配到农村去参加"四清"运动。

黄准到川沙县龚路公社参加"四清"运动时，坚持和农民同吃同住同劳动。她住在一个叫"阿大妈妈"的家里，老妈妈只有一个女儿，年龄还小，她对黄准非常好，虽然其家境很困难，但还是经常烧一些可口的饭菜给黄准吃。而黄准最爱吃的则是她用大锅烧的菜饭，伴着一碟咸鱼，吃起来非常可口有味。黄准等人当时的工作主要是组织农民们学习，并揭发一些干部多吃多占的不良行为。上级如果有什么新的精神要传达布置，他们也会到大队或公社去学习领会，如果时间长的话，还要背着行李住在公社里。那时候，秦怡和黄准在一个工作队，她们还曾在一个老乡家的小屋里同住过一段日子。然而，没有多久，秦怡就因病回到上海住院治疗了，而黄准仍坚持在农村参加"四清"运动。

1966 年 2 月 20 日，江青又受林彪委托，在上海召开了部队文艺工作座谈会，会后写出了《林彪同志委托江青同志召开的部队文艺工作座谈会纪要》。《纪要》的核心内容就是明确提出了文艺界存在着一条"反党反社会主义的黑线"，即"文艺黑线"论。当时负责上海文化工作的张春桥就曾亲自拟定了一个彻底清洗上海电影制片厂的"处理方案"，拟将电影创作队伍进行大清洗、大"换血"，而这一"处理方案"的具体实施，当然要通过"文化大革命"来实现了。

回厂参加"文革"

1966 年 6 月，"文化大革命"正式拉开了帷幕，批判运动席卷全国各地和各条战线。在这一场降临在中国人民头上的巨大灾难中，上海电影界又首当其冲成了重灾区，损失尤为惨重。6 月 29 日，中共上海市委书记处书记张春桥在大光明电影院召开上影系统职工大会，宣称电影厂是腐蚀干部的大染缸，表示宁可关门不拍电影也要把"文化大革命"搞到底。此后，上影系统各个制片厂的造反派便开始大规模揪斗、批判各厂的"当权派"和一批所谓"三名三高"的著名电影艺术家，并借"破四旧"之名对他们进行了抄家。由于上海电影界里有不少人知道江青于 20 世纪 30 年代在上海当演员时的底细，故而在江青和林彪的老婆叶群授意下，由上海空四

军政委江腾蛟具体组织策划，对赵丹、顾而已、郑君里、陈鲤庭等人的家里进行了突击抄家，收缴了大量电影资料。1967年12月，张骏祥、瞿白音、赵丹、张瑞芳、郑君里、周伯勋、白杨等人相继被上海市革委会批准隔离审查，失去了人身自由。在这场持续不断的大灾难中，上影系统不少电影工作者或因无法忍受批判和揪斗而自杀身亡，如海燕厂导演徐韬、海燕厂副厂长张友良、天马厂著名演员上官云珠、天马厂导演顾而已等；或在被揪斗和隔离审查中受迫害而死，如著名导演应云卫、郑君里等；或被诬陷而判刑，如科影厂摄影师王敏生等。在"文化大革命"中，上海电影系统因遭受迫害而不幸死亡的竟多达32人。

"文革"开始后，海燕厂和天马厂分别改名为"红旗"厂、"东方红"厂，音乐组被撤销了。在农村参加"四清"工作的电影人均被召回上海参加"文革"运动。黄准当时心里较坦然，认为自己有一段清白、光荣的革命历史，解放后在电影界又一直勤勤恳恳工作；作为一名共产党员，自己也一直听党的话，从没有干过什么坏事；即使参加过一些所谓"毒草"影片的创作拍摄，作曲者也不是主要创作者，若要批判的话，也不会轮到她。为此，她丝毫没有什么紧张情绪。她回到电影厂后，只见厂里的大字报铺天盖地，其中大多数是针对那些所谓的"黑线人物"的。但是，她没有料到，在众多的大字报中，居然也有专门写她的大字报，其主要内容是说她"借出外景的机会游山玩水"、"平时爱打扮"等。她看了以后不以为然，觉得这些内容只不过是一些生活细节问题，没有什么大问题。但是，不久后，针对黄准的大字报就越来越多了，其内容也开始上纲上线了，说她是"文艺黑线下的红人"，有"资产阶级作风"，和一些"黑线人物关系密切"，并说她已经"蜕化变质了"。面对这样无中生有的批判，她真是无言以对，心里既感到愤怒，也觉得委屈。

此时，厂里的造反派已经夺取了领导权，原来的厂领导或靠边站，或被批判。造反派勒令黄准等一批创作人员必须天天上班，不准"乱说乱动"。实际上他们上了班也是无所事事，每天都是东看看、西瞧瞧，到处串串，找熟人聊聊天，以此打发日子。某日，黄准到厂后，见造反派们都集中在漕溪北路原天马厂大门口的广场上，广场中央搭起了一个大高台，有人在台上提着大喇叭，似乎要采取什么行动。果然，过了一会儿造反派就开始叫名字了："×××出来！"然后责令被叫到名字的人到台上跪下。就这样，一个个被叫到名字的人都上台跪着，跪的人越来越多了。此时黄准在二楼的一个窗口以一个普通群众的身份默默地看着楼下所发生的一切。她觉得自己这一代人的命运真不简单，经历了那么多的波折和各种形式的斗争，可以说什么事情都曾经历过了，而现在又在经历一场"史无前例的大革命"，真让人不能理解。我们又不是封建王朝，让人到高台上下跪，侮辱人格，这算什么"斗争"方式呢？她正看着、想着，忽然听到台上有人大声叫着："黄准出来！"她没有回答，几个造反派上楼找到她，要把她押下去，她严厉地说："我自己会走！"于是便跟着他们下了楼，然后被带上了高台。她还未站稳，就觉得双腿被人从后面重重踢了一下。她苦笑着被迫跪下。紧接着又有人在她头上拍了一下，大声呵斥着："你还敢笑！"黄准心想：笑？我是开心地笑吗？难道一定要哭才会舒服吗？她心里不知是一种什么滋味。

此后，黄准就被取消了"革命群众"的资格，被发配到"羊棚"里去"学习"了。当时被造反派揪出来的人，按不同档次接受所谓的"管教"：一种是被造反派认为有"严重问题"的人，被称为"牛鬼蛇神"，其大多数被隔离审查，关进了"牛棚"。他们不但不能回家，而且还有专人看管，失去了人身自由。另一种虽然算不上"牛鬼蛇神"，但也不能当"革命群众"的人，造反派专门安排了一间房子（被大家戏称为"羊棚"），把这些人集中起来"学习"，黄准和傅超武、梁廷铎、张鸿梅、张秀芳、杨芳菁等人就属于这一类。黄准和傅超武虽然都是来自解放区的文艺工作者，但因被"文艺黑线"重用过，与"黑线人物"关系密切，所以就和其他一些多少有一些"问题"，虽够不上"牛"，但也不配当"革命群众"的人集中在一起"学习"。当然，黄准等一些在"羊棚"里的人并没有被隔离和看管起来，他们可以回家，也可以自由行动。然而，不能参加"革命群众"的集会和活动，而且还要做一些"革命群众"不干的劳动活，如帮食堂洗碗、打扫走廊和厕所等。虽然劳动是光荣的，但在当时特定的环境里，这种惩罚性的劳动却让他们感到羞辱。黄准最初觉得抬不起头来，洗碗时低着头，不敢对周围的人看一眼；特别是打扫厕所时，她宁愿提早上班或晚一点回家，在没有人的时候打扫，干活时心里总是愤愤不平。但时间久了，她的情绪也慢慢平静下来，干这些活也就习以为常了。

黄准和在"羊棚"里的人，以前除非在一个摄制组里拍摄影片才能在一起工作，而现在却有机会聚在一起，大家过得也很投缘。开始他们过得相当悠闲，成了一群苦中作乐的"逍遥派"。造反派由于忙着造反夺权，顾不上管他们；而他们既没有资格参加"革命群众"的活动，也不用动脑筋去考虑创作等问题，至于所谓"学习"，无非是读读报纸，也是不需要费精力的。于是，大家在一起说说笑笑，吃吃零食；女同志还偷偷地打打毛线，黄准甚至还学会了纳鞋底。不过，做这些私活时要特别小心，一旦有造反派来检查，就要迅速把这些"活"藏起来。当然，他们之间都有默契，谁也不会揭发谁。

但是好景不长，有一天造反派突然把杨芳菁叫出去审问。过了很久她才回来，只见她脸上有红肿之处，眼里也有泪痕，而且造反派还让她离开"羊棚"，升级进入"牛棚"。此时他们觉得不那么轻松了，不知下面会轮到谁，大家的心情都很忐忑不安。没过几天，就有人在"羊棚"外面叫着："黄准出来！"于是，黄准被带到一间造反派的办公室，里面坐着几个人，他们很不友好地问她："你当年在贵阳的时候曾经被国民党逮捕过，是吗？"黄准一听是询问这件事，便很坦然地说："是的。"但接下来的问话就不对头了，造反派的逻辑是：既然你进了国民党的监狱，如果不叛变、不自首的话，那么是根本不可能放出来的。换句话说，你居然后来被放出来了，那就一定是叛徒。为此，造反派要给她戴上"叛徒"的帽子。黄准据理力争，坚持说自己不仅没有叛变，而且在狱中表现很好。她的强硬态度激怒了造反派中的一员，他十分恼怒地打了黄准一巴掌。这是黄准一生中第一次挨打，脸上顿时热乎乎、麻辣辣的。但她并没有屈服于这种淫威，而是对造反派的本质有了进一步认识。造反派勒令她继续"老实交代问题"，晚上也不准回家，在厂里好好考虑自己的"问题"。黄准心里充满了委屈和愤懑之情，"羊棚"里的其他同志，不管是同情还是好奇，谁也不能说什么，既不能询问，也不敢安慰。大家相对无言，直到下班。

"羊棚"里其他人都走了，只留下黄准一人。她不能回家，也不能给家里人捎个信或打个电话。小屋里空空荡荡，电影厂里也冷冷清清，她如同坠入深渊一般，颇感孤独和恐惧。此时她的脑海里闪过了自杀念头，屋里没有别人，外面也没有人看管，只要有一条绳子就可以解决自己。但她想来想去，觉得还是不能这么做，因为这样不仅无法证明自己的清白，还会连累家人。她在小屋里懵里懵懂、半睡半醒地熬了一夜。第二天，"羊棚"里其他的人来上班了，大家见黄准好好的，也就放心了。为了证明自己的清白，黄准向造反派提供了一些证明人，请他们去向这些人调查了解情况。此后，造反派既没有再提审她，也没有再关押她，她就此获得了自由。

在这一段时间里，让她深感温暖的是其家人。大家在困难时期都能友好相待，互相关心，互相慰藉。吕蒙因为是上海美术界的领导人，所以被造反派扣上了"走资派"的帽子，被诬陷为"牛鬼蛇神"的"大红伞"，还被拉上汽车游过街。在一次批斗大会上，为了说明"走资派"是"黑帮"，吕蒙甚至被浇了一身黑墨水。但是，她和吕蒙无论谁被整挨斗，彼此都不会落井下石，更没有出现那种在单位被整，回家还要挨斗的悲剧。那天黄准一夜未归，家里人十分着急，但也不知该去何处找她。第二天见她平安回来，大家开心得不得了，孩子们亲切地拥上来，又是问寒问暖，又是准备饭菜、烧洗澡水，那种真切的关怀让她倍感温暖。家庭是她在动乱时代的一个避风港。

当厂里的造反派知道了"羊棚"里的人处于一种"逍遥"状态时，便指令他们写大字报揭发批判别人。特别是对黄准这个和"黑线人物"关系密切的人，他们更不放松，指名道姓地要她揭发和一些所谓"黑帮"的关系。在当时的时代环境里，黄准无法违抗命令，就把这些年来的工作情况像报流水账一样，一件件、一桩桩报出来。当然，在行文措辞中也不得不加上几顶帽子，诸如"反动学术权威"啊、"走资派"啊等等。而写大字报的一个收获，就是练出了一手好字。当然，这些大字报也可能在无意中伤害了一些人，这让黄准事后颇感内疚。

参与创作拍摄活动

"文革"初期，整个电影厂处于停产状态。过了一段时间，厂里开始"抓生产"了，决定要拍摄一部艺术性纪录片《广阔的天地》，指定由傅超武担任导演，黄准担任作曲。但是，在宣布摄制组名单时，同时也宣布了一条规定：傅超武、黄准等人不能出外景，只能在上海完成工作。也就是说，导演完成分镜头剧本以后不能到现场指挥拍摄，只能由革命群众身份的摄影师、照明、制景等其他人去执行。这样的规定显然十分荒唐。虽然傅导演十分着急，但他也不能违反这项规定，担任作曲的黄准当然更不能出外景了。当时，知识青年分布在全国各地，要拍摄的外景地很多。黄准不能去体验生活，只能闭门造车了。她反复考虑，终于想出了一个自以为巧妙的办法，即采用各地的民歌为素材，影片拍到何处，就用该地区的民间音乐来表现。同时，在选择民间音乐素材时，还特别注重挑选那些歌颂领袖、歌颂党的民歌。她心里想，这样做总不会出什么问题吧，应该保险了。不料当时江青正在抓所谓"利用民歌反党"的典型，黄准正好撞到其枪口上，成为这样的一个典型。时任上海市委书记的徐景贤把她找到市委去谈话，说她创作的音乐情调不健康，还说她在这部影片的音乐中用了资产阶级的《蓝色多瑙河》的音乐。黄准听后颇感委屈，她在写音乐时根本就没有想到《蓝色多瑙河》，怎么可能采用其音乐呢？就在谈话的第二天，黄准一进厂里，就看见很多批判她的大字报，还给她戴上了"用音乐反党"的大帽子，此后还组织了批判会。这让她非常沮丧，心想既然这样小心翼翼地创作还要受批判，那么今后就不用再搞音乐了，也许她的创作生命就此终结了。

然而，让她感到奇怪的是，造反派一面批判她一面还是要用她。当厂里决定重拍《广阔的天地》影片时，仍然决定由她担任作曲。同时，这次的规定有所放松，黄准等人可以去体验生活了，傅导演也可以到外景地指挥拍摄活动了。对黄准来说，能够去体验生活还是颇有吸引力的，否则她都不敢再创作了。同时，她在"羊棚"里待了很久，内心很气闷，这次能够外出走走，呼吸一点新鲜空气也是好的。于是，她随摄制组到上海郊区，以及安徽、江西等地的一些知青点深入生活，和知青们同吃、同住、同劳动，收获不小。这种生活积累对她以后为知青题材的电视剧《蹉跎岁月》作曲发挥了不小的作用。但是，在当时的时代环境中，黄准体验生活回来后，却不知该如何进行创作，前面挨批的滋味还残留在心里，让她心有余悸，迟迟不敢动笔。由于时间紧迫，老拖下去也不解决问题。为此，她心生一计，厚着脸皮向领导提出一个要求：因时间紧，任务重，请领导再派一个人来帮助她完成作曲任务。领导接受了她的请求，派美影厂的作曲吴应炬来帮助她，两人共同努力，总算平安完成了作曲任务。至于影片的音乐艺术水平如何，她自己也说不清楚。

有一天，领导突然通知她赶快收拾行李，从干校回沪到上海评弹团报到，具体任务是帮助"整改"，并参与该团正在排练的《血防线上》的音乐创作工作，而且要求边创作边批判。同时调去工作的还有上海音乐学院的连波教授。对于评弹艺术，黄准此前虽然学习过一点，但并不熟悉，她觉得去了以后可以为了创作多学习一点。她到评弹团后虚心学习，发现了许多优美的曲调，记下了不少谱子，收获不小。关于批判，她不知道要批什么，经过反复琢磨，想到评弹中有许多以个人名字命名的流派，那就批流派吧。说实话，她当时根本没有很好地去研究过各个流派的特点及其形成过程，以及流派在评弹艺术中的作用，就瞎批了一通，说什么评弹是民间艺术，是人民的财富，为什么挂上个人的名字，成为这派那派，都变成了个人的东西；还说这是"资产阶级"的产物，应该取消流派等。此后她回想起来，"文革"时代真是很荒唐，连她也学会了造反派那种蛮不讲理的"分析逻辑"。每想到此，她都有一种愧疚心情。

此时，黄准又接到领导通知，让她回厂到话剧《赤脚医生》剧组报到。为话剧作曲还是第一次，她觉得这是一次大胆尝试的机会。当然，剧组人员首先要到农村去向贫下中农和赤脚医生学习，在"改造思想"以后才能从事创作。他们到农村以后，和赤脚医生一起劳动，一起帮农民看病。黄准为了很好地学习赤脚医生"治病救人"的精神，还学会了给自己打针灸。进入创作过程以后，黄准却多次挨批。话剧里需要一首主题歌，为写好这首歌，她吃了不少苦头。剧组里明明没有什么人懂音乐，但每次还没等黄准唱完新写的歌曲，就有诸如"不健康""资产阶级感情"等一堆帽子套在她头上，让她不知所措。于是，她只好根据大家的意见回去修改，但改了以后面临的又是一场新的批判，说她"资产阶级感情根深蒂固、顽固不化……"，让她手足无措。她通过不断修改，后来总算勉强通过了。话剧上演后，上面说要改编成电影《春苗》，在宣布摄制组名单时，导演竟然是谢晋，黄准仍是作曲。尽管此前她和谢晋导演已合作过多次，但在这样一个特殊的年代和特殊的环境里，这次合作与以往有明显不同，对此，黄准后来曾有这样的回忆：

> 我和谢晋又开始合作了，但这时我们的关系和过去已经大不一样了。谢晋也没有了原先的锋芒，话说得很少，似乎少了许多以往的自信和激情。音乐也不需要他来管了，组里自有人不断地为我开批判会，批得我实在受不了，我只能说，我对无产阶级理解不深，脱不了小资情调，希望他们能够派一位无产阶级作曲家来。

由于黄准动辄得咎，创作的自信心受到很大打击，所以情绪很消极；但无论她怎么表示不想干了，领导仍然没有把她撤换下来。经不住她再三请求，领导后来派了一位青年作曲家来帮助她完成了影片《春苗》的作曲任务。

在很长一段时间里，黄准一直有一个心愿，那就是想为革命圣地延安写一点什么，因为她在那里生活、学习了七年之久，在那里走上了革命文艺创作的道路。她偶尔和葛炎谈起此事，他也有这样一个愿望。于是，他们两人联合写了一个报告给领导，并附上一个交响大合唱的创作提纲，要求批准他们到延安深入生活和创作这个作品。报告交上去很久没有答复，就在他们认为此事已经不可能实现的时候，工宣队突然通知他们说："徐景贤有批示，只批准你们到延安深入生活三个月，接受劳动改造，不准带创作任务，并且由一名工宣队员带队去。"他们一听此话，觉得这样不是被押解去劳动改造吗？但既然已经有批示了，他们也只能服从安排。

一次难得的自由创作

1975 年深秋，黄准从延安回沪后还不到一个月，就正式接受了担任影片《阿夏河的秘密》的作曲任务。该片剧情为：在阿夏河畔林场，暑假期间汉、藏、回族的少年孙大亮、扎西、马甲甲发现有原木从河上漂走，便主动要求看守阿夏河。不久，根据军工任务的急需，党委决定要在河上开启新航道。水运队长马哈德与盗窃集团勾结盗窃木材，正当他装病在家与同伙接头时，对他已有警惕的孩子们巧妙地闯入其房间，并与民兵一起破获了这个盗窃集团。由于该片主要导演颜碧丽在上海完成分镜头剧本后，已经去过外景地了，所以黄准与另一位导演武珍年，以及美工师、录音师等一起到甘肃的藏族、回族、汉族地区深入生活，搜集资料。黄准在"文革"中被管束、批判了好几年，这次可以自由地外出体验生活、从事创作，让她心情感到非常开朗和舒畅。

　　他们一行先到兰州，黄准原本想先在此搜集一些民间音乐资料，但与甘肃省文工团联系时，该团负责人则说那些擅长演唱回族民歌"花儿"和藏族民歌的歌手都被下放到基层了，兰州一个都没留下。由于这些民间音乐资料对影片的音乐创作十分重要，黄准一定要搜集到，所以大家经过商量，决定深入到回族、藏族地区去寻找这些民歌歌手。为了节省时间和路途方便，他们向省里有关领导商借了一辆吉普车，并由其派了一位熟悉该区域地形的向导带领他们一起下去。他们首先来到宁夏，其工作得到了当地文化馆的大力支持。文化馆负责人派专人到农村去找来几个被下放到该地区的民歌歌手为其演唱。回族著名的"花儿"真是名不虚传，音调高亢动人，歌手的歌喉十分响亮动听。由于在"文革"中"花儿"受到批判，被说成是"内容不健康的民歌"，甚至给戴上了"黄色歌曲"的帽子，所以这些擅长唱"花儿"的民歌手全被下放到农村当了农民。黄准觉得这些民歌资料真是弥足珍贵，便赶快请录音师录了音。

　　此后，他们又到甘南地区海拔最高的城市夏河，在夏河待了没几天，又来到另一个藏族地区卓尼。在这里，黄准收获颇多。卓尼有一个设备不错的录音棚，当地文化馆请来了不少藏族歌手演唱民歌，并进行了录音，使黄准有缘听到了真正的藏族民间音乐，而不是舞台上表演时经过加工的音乐，歌手们的演唱更加淳朴、粗犷，也更有激情。他们还到藏民家里去做了一次客，大家喝着青稞酒，吃着藏民刚搅好的奶酪和做好的酥油饼，最后还边喝奶茶边欣赏藏民的歌舞，十分惬意。他们从卓尼返回兰州时，又经过了当年红军长征时路过的岷山地区。可惜因为时间紧迫，他们不能多逗留一段时间，只好匆匆赶路了。由于甘肃已进入了寒冬季节，为了能在明年春节完成影片拍摄任务，摄制组不得不把外景地改在四季如春的云南。

　　当黄准等人回到上海时，摄制组的大队人马已经先去了外景地，他们少数人只能随后赶去。这是黄准第二次去云南，不过这次不是去西双版纳而是丽江地区的玉龙山下。玉龙山很美，一边是洁白的雪山，一边是一望无际的大森林，空气非常洁净，令人精神振奋。黄准接连几天都爬山到外景地去，见颜导演空下来就和她谈谈影片音乐的事情。与其达成共识后，音乐创作就较顺利地完成了。影片《阿夏河的秘密》拍摄完成于1976年，"文革"结束后就不再公映了，但黄准创作的影片插曲《小山鹰》却流传下来了。她把藏族音乐很好地用在这首歌曲创作上，使之不仅健康明朗、活跃流畅，而且有一定的新意，这也是她深入藏族地区生活的创作成果。

第八章

焕发青春

一个人不能没有奋斗精神，做工作来不得半点侥幸。

——黄准

1976 年 10 月，党中央一举粉碎了"四人帮"，十年动乱终于结束，中国社会主义革命和社会主义建设事业迎来了一个新的历史发展时期，中国电影事业和电影创作也在拨乱反正中由凋零渐趋复苏。

1977 年至 1978 年，电影的创作生产仍处于复苏后的摸索和徘徊阶段。由于林彪、"四人帮"反党集团的流毒尚未肃清，极"左"路线设置的各种禁区还未突破，思想上理论上的许多问题也没有得到澄清，所以电影创作还没有彻底抛弃"三突出""高大全"的模式，在艺术上有创新突破的影片较少。

1979 年中国电影在经历了两年徘徊以后，终于随着思想、政治路线的拨乱反正，文艺和政治关系的调整，以及各种清规戒律的破除而从复苏走向振兴，开始进入一个创作生产繁荣发展的新时期。显然，1978 年 12 月召开的中共中央十一届三中全会，是新时期电影发生历史性转折的重要关键。这次全会全面纠正了"文革"及其以前的"左"倾错误，提出了"解放思想，开动机器，实事求是，团结一致向前看"的口号，充分肯定了"实践是检验真理的唯一标准"的讨论，使全国人民从过去的个人崇拜和教条主义的精神枷锁中解脱出来，思想空前活跃。此后，随着第四次全国文代会的召开，明确了政治与文艺的关系及新时期社会主义文艺的历史使命，进一步调整了各项文艺政策，从而为电影创作生产的健康发展创造了前所未有的良好的生态环境。

在"文革"动乱年代经受了锻炼和考验的黄准，也在拨乱反正、改革开放的历史潮流中焕发了青春，激发了创作热情，由此进入了一个新的创作爆发期，在影视音乐创作方面取得了显著成绩。

印象深刻的新疆之行

1977 年 4 月，黄准担任了新疆题材的影片《积雪的山谷》之作曲，并和该片导演于本正，以及制片主任、摄影师、美工师等一起去新疆体验生活。对于黄准来说，新疆是她向往许久的地方，天山南北的美丽风光、维吾尔族的民俗风情，以及优美动听、丰富多彩的音乐，都是她特别想看到、想听到的。这次有机会如愿以偿，让她格外高兴。

他们下去的第一站是南疆的喀什，乘坐小飞机3个小时就到了。他们住进一个小宾馆，天天到街头、集市去观看当地民众充满异域风情的生活场景。同时，他们还参观了香妃墓和中亚最大的艾提朵清真寺。为了搜集维吾尔族的音乐资料，他们来到喀什文工团看了演出。当然，仅此了解到的维吾尔族音乐是肤浅的，因维吾尔族音乐很复杂，要想熟悉并掌握这些音乐，绝非在短时间内能够做到，必须进行深入细致的研究才行。但由于行程安排较紧张，没有更多时间深入研究，只能先熟悉一些基本情况。

他们的第二站是塔什库尔干，这是一座海拔4000米左右的边境城市。他们在塔什库尔干过了十几天很有趣的生活，到了塔吉克族、柯尔克孜族牧民的帐篷里做客，受到了牧民们的盛情接待。还到了苏联和阿富汗的边境地区，参观了当地的牧场和边防哨所，并来到冰山下，摄影师还登上冰山拍摄了不少冰山的空镜头资料，以备将来在影片中使用。让他们难忘的是当地的文化机构为他们组织了一次场面较大的广场舞，给黄准留下了深刻印象。他们回到塔什库尔干以后，塔吉克文工团又为他们举行了歌舞晚会，表演了许多民族歌舞，塔吉克音乐中那特有的复合七拍子的节奏特别奇特有味。文工团的一位女歌手还把黄准请到家里，特地为她亲手做了新疆风味的拉面和抓饭，并为她演唱了近百首维吾尔族、柯尔克孜族和塔吉克族的民歌，足足唱了好几个小时。

让人遗憾的是，这部影片后来因为内容涉及民族政策等问题而没有拍成，拍摄计划最终流产了。但是，这次新疆之行却给黄准留下了深刻而美好的印象，她所搜集到的丰富的音乐素材也有助于其以后的创作。

为长影厂的《北斗》作曲

1978年2月，黄准接到了长影厂寄给她的电影剧本《北斗》，并邀请她担任该片的作曲。作为电影作曲家，她一直希望能为音乐片作曲，以充分发挥自己的创作才能。同时，延安又是她的第二故乡，她早就有为陕北和延安创作作品的愿望，但一直没有实现，现在终于有机会了。

解放战争时期，黄准曾在东北工作过一段时间，那里有她的许多老同学、老战友，其中也包括《北斗》的编剧胡苏，她很想念他们。于是，她怀着十分急切的心情赶到了长影厂。当她再次仔细阅读了剧本以后，却感到有些失望，因为这不像一部音乐片剧本。影片的艺术构思中没有完整而较符合音乐规律的声乐结构，甚至没有给作曲留有发挥的余地。尽管男女主角都是民间歌手，但一会儿唱《信天游》，一会儿唱《东方红》，还有《蓝花花》《刘志丹》等，几乎把作者熟悉的陕北民歌都选了进去，就像是全本的陕北民歌联唱。对此，黄准当然能理解和体谅编剧胡苏，正因为他对陕北的民间音乐有深厚的感情，所以才这样来写电影剧本。但黄准是一个作曲家，在影片里总要有新的音乐创作，除了剧情需要而必须保留的、由剧中人自己演唱的少数民歌作为插曲之外，作曲者应为影片创作新的主题歌和音乐。同时，将用较完整的音乐结构来体现影片的主题，并由此展开人物命运和表现人物的思想情感。她还认为，影片中的男女主角都是歌手，因而声乐创作将成为这部音乐片的主要手段。经过主创人员的多次研讨，大家就此达成了共识。另外，大家还进一步讨论了影片的音乐结构，决定把音乐主题分为正副两条线进行，正主题是体现影片主旨的一条线，副主题是表现主人公谢桂兰的成长和爱情的一条线。从影片内容和风格样式的需要出发，这两条线都可以用声乐形式来完成。由于影片较复杂的情节不太容易在一首歌曲中完全表现出来，于是他们便根据情节发展加上多段的旁唱，以表现陕北人民的心声。大家花费了好多时间对剧本进行了较大改动，此后，黄准便全力抓三件事：一是下延安体验生活，二是抓歌词的修改，三是进行音乐创作。

这是黄准第三次回延安，虽然距离"文革"期间她和葛炎由工宣队"押解"去延安劳动改造仅仅几年时间，普通民众在物质生活方面改善还不大，但精神状态却大不一样了。那时候，虽然老乡们对他们亲如一家，但在劳动中却听不到欢声笑语，更听不到从前在延安时随时都能听到的"信天游"歌声。然而这次整个环境气氛和人们的心情大不一样了，老乡们尽情地唱起了民歌，许多过去挨过批斗的民间艺人也重新活跃起来，无论在街上还是舞台上演出，都深受群众喜爱和欢迎。为了拍摄影片的需要，黄准等人找到了说唱艺人韩起祥，他热情地为他们弹唱了好几次。这一路行走下来，黄准的脑海里几乎装满了陕北音乐，从创作的精神状态来说，她的头脑就像水龙头一样，只要一打开就会源源不断地流出那些具有陕北风味的音乐旋律来。

紧接着就是她所关心的歌词创作了，因为歌词是歌曲创作的前提和基础。一首好的歌词往往能激发作曲家丰富的音乐想象，赋予其音乐灵感。同时，歌词又是一种听觉艺术，为了让人能听得真切并易于理解，就需要用浅显的语言来表现深刻的思想内容。另外，歌词又是一种音乐语言，它只有和音乐有机结合起来才算最终完成其创作。在黄准看来，胡苏既是一位成熟的剧作家，也是一位诗人。然而他毕竟不是一位专业的词作家。为了完成影片中一大批歌词，使之能符合作曲家的要求，她和胡苏进行了密切合作。胡苏因病住进了医院，但仍然坚持工作。黄准也因为血压偏高住进了医院，他们两个病号在医院里合作写歌词，互相提意见，互相修改，直到满意为止。

《北斗》有十几首歌曲和几十段音乐，工作量很大，但经过黄准两年的辛勤创作，终于完成了作曲任务。在前期录音以后，她听到了长影厂许多同志的赞美声。于是摄制组便全力以赴开始影片拍摄，并尽力追求陕北的乡土味。影片拍摄完成后，长影厂将样片送到北京审查，没料到大家的反应并不强烈，审查意见也褒贬不一。最初黄准也想不通，经过再三思索终于弄明白了一点道理：虽然两年的时间在人的一生中很短暂，但由于改革开放初期政治经济形势发展变化很快，当摄制组正陶醉于一味追求乡土风味时，北京、上海等一些大城市的青年人已经开始热衷于港台的轻音乐了。那些带有强烈节奏和柔软的气声唱法，以及新颖的电子琴已风靡一时，和他们在《北斗》里所追求的越土越好的做法恰恰形成了鲜明的对比。

1979 年底，黄准趁着《北斗》上集已经完成，而下集还没有拍摄的创作空隙，回到上海待了一段时间。在此期间，有两件事情让她受到了很大刺激：其一是当她沾沾自喜地把《北斗》中的歌曲放给家人听时，她的孩子还没有听完就不耐烦地说："这么土的陕北腔，谁要听啊！"说完就不客气地走了。如果在以往，她也许会因此而训斥他一顿，但这次却引起了她的深思。因为她听到的不仅是孩子的反应，而是代表了他们一些同时代青年人的观点。其二，她去听了一次轻音乐会专场，一进场就觉得自己和当时场内的气氛很不协调，场内青年人那种狂热的情绪，以及那些带有刺激性的音乐节奏和人的呼叫声、跺脚声混成一片，让她难以接受，甚至感到窒息。为此，她不得不中途退场。此后有一周时间，她陷入了一种痛苦与迷惘之中，她不清楚究竟是自己已经落后时代了，还是年轻人走得太远了？是自己太古板了，还是他们太时髦了？她并不甘心做一个落后于时代的人，但在《北斗》这部影片中，而且是在基本框架已定的情况下，想要改变原来的创作构思，又谈何容易？那么究竟是沿着原来的路走下去，还是尽力去迎合一下所谓的"时代精神"呢？她反复思考，举棋不定，难以决定。

当她再次回到长影厂进行《北斗》下集的音乐创作时，听说长影乐团刚进了一架电子琴，于是，她考虑是否可以借电子琴的音色，给影片情节中带有梦幻色彩的部分涂上一点现代化的颜色呢？为此，她花了不少时间去熟悉电子琴的各种音色及其性能，并进行了尝试；但是，其结果却是"画蛇添足"，使这部影片的音乐不三不四，艺术风格很不协调。事后她也为此感到懊悔。因为欣赏趣味和审美观点各有不同，所以任何艺术作品总会有一部分人喜欢，而另一部分人则不喜欢。《北斗》的音乐借鉴运用了丰富的民间音乐素材而形成的陕北音调，具有浓郁的乡土气息，它是美的，是动人的。尽管一部分青年人不喜欢，但作为一个作曲家，她应该坚信这样的音乐和歌曲是会有知音的。事实的确如此，后来影片在陕西省各地区放映时，就有许多人非常爱听、爱唱，其中也包括一部分城市里的年轻人。她却没有坚信自己在影片中的创作已经向前迈出了一大步，而是彷徨动摇，采取了"画蛇添足"的方式使一些段落的风格不统一，由此影响了影片的艺术质量，这使她感到内疚。

《北斗》虽然圆了黄准要创作一部音乐片的梦，但也给她留下了深刻的教训：作为一个艺术家，随时接受新事物是必要的，但对于不同题材和类型的影片应有不同的艺术表现方法，在创作时要有正确的判断。艺术上的追求应该专一执着，认准了是对的，就要坚持下去，绝不能人云亦云，扰乱了自己的创作追求。

与谢晋的又一次合作

为了拍摄好音乐片《北斗》，作为影片作曲的黄准在长春电影制片厂工作了两年。1981年她从长春回到上海，刚一到家，就接到了上影厂领导的电话，要她担任谢晋导演的故事片《牧马人》的作曲任务。一听说又要与谢晋合作，黄准很高兴，她希望这次合作能像《红色娘子军》那次合作一样，再创造一次艺术上的奇迹，让自己能创作出更优秀的音乐作品。

由于《牧马人》摄制组已经在甘肃拍完了外景，正在返回上海的路上，为了能和谢晋面谈一次，黄准在回到上海的第二天就买了飞机票赶往兰州，这时谢晋已经从外景地到了兰州，正住在兰州的一个宾馆里等候与黄准见面。他们见面谈剧本的时间只有一个晚上，谈完之后谢晋将立刻返回上海带领摄制组拍摄内景戏。由于时间紧张，黄准只是在飞机上匆匆读了一遍剧本，对剧本和影片拍摄的其他情况，如主题思想、人物关系和影片的风格特点等，几乎一无所知。倘若是在过去，影片拍摄进行到这个阶段，她对各方面的情况应该是非常熟悉的；而这次竟然什么都不清楚，在这种情况下，怎么为影片作曲呢？所以和谢导演见面的这一晚上，对她来说十分重要。

黄准当晚在兰州的宾馆里见到了谢晋，谢导演给她较详细讲了其导演阐述，她没有时间去深入理解影片创作拍摄的其他问题，只是询问谢导演为什么这样一部现代题材的影片要用南北朝时期的古诗词《敕勒歌》作为主题歌？谢导演告诉她：因为该片的总体风格是深沉的，用《敕勒歌》作为主题歌主要是借用它那种遥远、古老、苍凉的气氛，这也是影片《牧马人》的主要基调。经他这样一解释，黄准虽然对其创作意图仍似懂非懂，但在脑海里却很快浮现出一些场面和形象，那是深沉、悠长，像大草原一样起伏不平，如"风吹草低见牛羊"一样的诗意画境，而这些诗意画境在她脑海里逐步变成了音乐旋律。他们来不及深谈，因为时间太晚了，谢晋第二天一早还要赶回上海。

第二天，谢晋走了，黄准独自留在兰州寻找所需要的音乐资料。她记得自己上小学的时候就背诵过《敕勒歌》，"天苍苍，野茫茫，风吹草低见牛羊……"她很喜欢这首古词，现在有机会将其谱写成歌曲，也觉得很荣幸。为此，她的创作欲望很强烈，想努力写出一首好歌。但要写出一首好歌，关键是要找到合适这首歌的时代背景、地域风格的音乐资料。在兰州的几天时间里，她通过当地音乐家的介绍，终于找到了裕固族的一种民歌，觉得很有参考价值，于是决定借鉴其调式和音乐特点。她在创作时采用了北方草原民歌中较普遍的羽调式，同时为了符合谢导演提出的"古老、遥远，要有苍凉感"的要求，她在音乐节奏上吸收了散板的特点，但又不是散板，形成了长与短、松与紧的鲜明对比。歌曲初稿写好后，黄准急忙赶往北京，听取在那里拍摄内景的谢导演和摄制组的意见。她到达北京后，摄制组为其找了一间琴房，由她自己边弹边唱。谢晋和摄制组其他人员听得十分专注，大家鸦雀无声。歌声停止后，现场约有几分钟的沉默。此时黄准有点紧张，心想：难道大家对这首歌不满意吗？不料谢晋没有让她改一个音符，就提出由谁来演唱这首歌了，最终黄准决定请歌唱家刘秉义来唱这首歌。刘秉义最初不习惯电影录音，演唱时把此歌处理成一般的舞台表演歌曲。后来通过黄准的纠正和大家的共同努力，刘秉义深刻领会了作曲者的意图和剧情所要表达的内涵，无论在声音的把握和思想感情的表现等方面都完成得很好，其演唱为歌曲和影片增添了光彩。

黄准决定把《敕勒歌》的旋律作为全片的音乐主题，并且在整个影片的音乐运用上，努力把画面的意境很好地烘托出来。影片中有一场戏的画面本来很短，谢晋听了《敕勒歌》后，删去了这场戏的全部对话，只留下少量的旁白，让音乐能充分发挥其作用。谢导演的这一举措，让黄准从内心感受到他对其音乐的充分重视和深刻理解。在她的印象里，每次与谢晋谈影片的音乐时，常常是务虚不务实的。当他们谈好音乐的分段后，在讨论每一段的音乐时，谢晋多数时间只是抽象地对每一段的感情变化或情绪变化提一些要求，至于黄准如何用音乐的语言来表达这样的感情和情绪，他则予以充分信任，不加干涉。如果黄准对影片某一部分的音乐有格外的要求，并请导演修改其分镜头时，谢晋也会非常谦虚地听取意见。只要是有利于影片总体构思的创意和意见，都会得到他的支持。所以黄准和谢晋合作时，只要理解了他的创作意图和总体构思，只要其创作符合他的艺术蓝图，就会享有充分的自由。谢晋很懂得自己是一位总设计师和创作拍摄的指挥者，而不是具体创作部门的多面手，样样事情都要自己亲自动手。对于这一点，并不是所有导演都能认识到并做得到的。在黄准与谢晋合作的几部影片里，谢导演没有在音乐方面提出过要她修改哪个音符或者是用哪个乐器的要求；即使有什么意见，他也只是在音乐表现感情或情绪上提出一些抽象的想法，让黄准根据这些想法自己去调整和修改音乐。正是这种创作上的自由，让她能充分实现自己在音乐上的创作追求，并获得成功。对此，黄准十分感谢谢晋。

黄准和导演谢晋

影片《牧马人》拍摄结束后，黄准和谢晋在电影创作方面再也没有其他的合作了。因为1980年以后，吕蒙患了脑血栓，行动不便，家里已经离不开黄准了；她也不可能像以前那样天南海北毫无牵挂地全身心投入到创作之中，只能兼顾创作和家里。但是若要与谢晋合作，不把自己的全部时间和精力都投入其中，是无法很好完成创作任务的。这样一来，合作的机会就少了。此后，由于谢晋很忙，黄准和他见面聚谈的机会也就不多了，只是在一些活动中才有机会见面聊几句。但是，与谢晋合作拍摄的5部影片，是黄准电影音乐创作的重要篇章；而谢晋也是她影视音乐创作中合作最多、最重要的一位著名电影导演。

首次为电视剧作曲

从70年代末开始，黄准对电视剧较为关注和喜爱。她曾观赏了《上海滩》《虾球传》等电视剧，给她留下了较深刻的印象，并由此产生了为电视剧写音乐的创作冲动。

1982 年 4 月，黄准接到北京电视台打来的一个电话，说想请她为一部电视剧作曲，问她是否有时间承担这一创作任务？这个电话让她感到意外和兴奋，她毫不犹豫地表示愿意为这部电视剧作曲，于是双方在电话里就拍了板。联系人告诉她，剧本还不能马上寄给她，让她先看《收获》杂志里的一篇名叫《蹉跎岁月》的小说，有什么想法可以再联系。黄准家里正好订有《收获》杂志，于是她马上找到这一期杂志看了起来。

《蹉跎岁月》是一部知青题材的小说，描写了一群在贵州插队落户的知青在农村的生活状况与情感纠葛，小说成功地刻画了多个命运和性格较为独特的人物形象，生动地描写了他们在动荡年代的命运遭遇和理想追求。黄准看完小说后，不由得想起了在"文革"期间她曾因担任纪录片《广阔的天地》的作曲，到过上海郊区、安徽、江西等地知青插队的农村和一些农场知青点去体验生活，感触很深。当时她和不少知青一起劳动和交谈过，他们把自己生活中的苦恼、欢乐和理想都曾告诉过她。为此，当她读了《蹉跎岁月》小说以后，其故事内容引起了她的共鸣，里面的主要人物形象也在她的脑海里复活了。她还联想到自己的第二个孩子吴音儿，她 1968 年 17 岁时，就从北京到云南生产建设兵团工作，在遥远的云南思茅地区，生活十分艰苦。后来当了赤脚医生，也尝过爱情的欢乐与苦恼。1976 年 3 月，黄准因为参与拍摄故事片《阿夏河的秘密》到云南下生活，路过昆明时曾去看过她一次。那时她虽然已从思茅调到昆明附近，但生活仍然很艰苦。当黄准看到女儿已失去了过去那种活泼、天真的性格，岁月在她身上留下了明显的痕迹时，心里顿时有些发酸。其女儿的人生经历既使她对剧本描写的知青生活内容有了更加深入的理解，也使她增强了为该电视剧写好音乐的信心。

过了几天，黄准从外面回到家里，因中风而半身瘫痪的吕蒙兴奋地告诉她，摄制组来了长途电话，已把歌词通过电话传过来了。黄准拿起他记录的歌词一看，尽管字迹歪歪扭扭，不太清楚，但歌词内容却让她激动："青春的岁月像条河，岁月的河啊汇成歌……"词句很美，一下子就激起了她的创作想象，给了她虽然尚很朦胧，但十分丰富的音乐感受。她首先把这些词句重新调整，使之成为一首有完美音乐结构的歌词。在作曲之前对歌词进行一些整理和加工，乃是黄准的一种创作习惯。整理后的歌词为："青春的岁月像条河／岁月的河啊汇成歌／一支歌，一支消沉的歌／一支汗水和眼泪凝成的歌／忧郁和颓丧是那么多／一支歌，一支振作的歌／一支蹉跎岁月里追求的歌／憧憬和向往是那么多／一支歌，一支奋进的歌／一支高亢的旋律谱成的歌／希望和理想是那么多。"这首歌词最打动她，并让其浮想联翩的是前两句。因此她觉得必须抓住这两句最精彩的句子，写出能与之相匹配的动人的旋律。她自信已有这方面的生活积累，不需要再从体验生活做起，而应花更

巧用旋律写人生 ◆ 艺术评传 ◆

多的时间和精力去找到能够表现这首歌的音乐语言和素材。

她觉得蔡导演把这部电视剧的外景地从原作中的贵州改到了云南是一个非常明智的举措。因为云南不仅生态环境要比贵州更加美丽广阔，而且其音乐也更丰富动听。此前，她曾两次到过云南，对那里的音乐已相当熟悉。由于这部电视剧的人物大部分是上海知青，而当地的农民也是汉族，所以她把搜集资料和研究重点集中在云南汉族民间音乐方面。她找到一盘云南民歌的音响资料，其中有几首民歌她此前从未听过，从中发现了一些特别有价值的资料。同时，她也研究了不少其他民歌，发现在云南民歌中羽调式较普遍，这个调式的特点是柔和抒情，也可能产生一种沧桑悲凉的情调，所以她决定用羽调式作为这首歌的基本调式，必要时再用其他调式作为补充。她还认为这首歌的节奏处理，绝对不能平铺直叙、一板一眼，而必须用长短节奏相对比和相结合的办法，使之有长有短、有张有弛，只有这样，才能表现生活中的不平静感。

黄准在做好了上述理性分析工作和得到了一些很好的音乐素材之后，便放下手头其他工作，全身心地投入到主题歌的创作之中。"青春的岁月像条河，岁月的河啊汇成歌……"无论走在路上还是坐在书桌边，这两句歌词总是不断地在她脑海里翻转，激发着她的创作灵感。她甚至在床头柜上都放着纸笔，有很多次她是在半夜里，或者是在睡梦中得到的旋律，此时她必须立刻开灯把旋律记录下来，否则第二天就忘了。说实话，有时候记下来的一些乐句还真是很精彩的。在经过了很多日日夜夜的思索以后，一个音调在她脑海里生成了：这是一个羽调式、长短节奏有机结合的、具有一种悠长而不平静的情绪和青春气息的旋律，于是，她一口气把它写了下来。当写到"汇成歌"一句时，她觉得结束得太快，不满足。为了加强情绪表现力，同时也为了让曲调得到充分发挥，她又加了两句"汇成歌"的补充句，以便和后面的长句形成鲜明的对比，也为 A 段的结束做更好的铺垫与烘托。她把收集到的最精彩的一句音调用在了最后一个"汇成歌"的乐句中了，为了使这个充满深情的乐句能更好地发挥表现知青们的生活感情的作用，她给这一乐句安排了十分突出的位置：不仅在前面用两个短句做了铺垫，而且在原来的旋律前面再加了 3·$\underline{5}$ 两个音，这就造成了更大的十一度的跳跃，几乎把全曲音域的两个极端音都集中到了这短短的一个乐句中。她觉得如果不以这种夸张的手法（节奏对比的夸张和音调跳跃的夸张），就很难有深度地来表现这群知青饱尝酸甜苦辣后十分复杂的思想感情。同时，其重要性还在于它是 A 段的结束句，它将在全曲中多次出现，并给人留下深刻的印象。

写好 A 段乐曲以后，黄准自我感觉良好，接下来的 B 段该怎么写呢？她虽然考虑了几种方案，但当落实到音乐创作时，就发现了一个十分棘手的问题：歌词是根据剧中人物感情的发展变化来叙述的，从"消沉"到"振作"再到"奋进"，这样写符合剧情的需要。但她从另一角度考虑，却觉得作为一部电视剧的片头主题歌，应有一定的独立性，如果唱到中段就消沉起来，一旦歌曲有可能流传开来，就会产生消极的社会效果。但是，如果把振作或奋进提前作为一段，显然也不合适，主要是太具体太实，她想象中的应该是比较抽象、概括的情绪描写。

这时，黄准正好抽空到云南见到了蔡晓晴。她们虽然是初次见面，却大有一见如故的感觉，似乎早就熟悉了。她和蔡导演一起研究了剧本，又一起讨论了歌词。她在外景地期间顺利地完成了主题歌的作曲任务，实际上在来外景地之前，她已经考虑成熟了，此后只是在改过的歌词上再作了一些加工而已。例如，在 B 段曲调的处理上，为了突出题材的现代感，为了和 A 段有更大的反差，同时也为了从多方面表现人物性格和情绪，使之更加立体化，所以她在 B 段的一开始就用了打破常规的切分法把旋律切了进去，并结合歌词的情绪向前推进的特点，还把旋律从低音区开始往上发展推进，使旋律一句比一句更加扣人心弦。另外，为能使曲调更加完整和有利于情绪的抒发，她在"拨动人们心弦的歌"和"希望和理想是那么多"的两句词中间又补充了一句"一支歌，一支深情的歌"，这样 B 段的歌词就成为："一支歌／一支深情的歌／一支拨动人们心弦的歌／一支歌／一支深情的歌／希望和理想是那么多。"尽管如此，她还是觉得情绪没有得到充分发挥。于是，在"希望和理想是那么多"之后，她再增加了三句"啊"的曲调，在第三句"啊"唱完以后，B段才正式结束。这时，她感到情绪的抒发已达到了饱和点，知青们那唱不尽的酸甜苦辣和复杂感情已全部用"啊"字抒发了出来。后来又遇到一个难题，那就是在原歌词中最后有一句总结性的词句："一支歌，一支难以忘怀的歌。"这句词很重要，是点题的句子，不能丢掉。但用在何处呢？A 段是绝对用不进去的，B 段也已经够了，再加一句就变成累赘了。她经过反复思考，终于想到了一个办法：这一句歌词既然是带总结性又是点题的句子，那就把它安排在一个重要的位子，即在唱完 A 段和 B 段，再唱完 A 段后，接这一句把它作为全曲的结束句。她把这一句的曲调用原 B 段的素材加以改变，整个曲式变成了 A＋B＋A＋B2 的复式曲式。为了突出其重要性，也为了 B2 作为一个完整的乐段不至于因太短而与其他乐段不相称，为此她把这句词重复了一遍，随着节奏的不断加快，音调的不断上升（全曲的音域达到了两个八度），使全曲在高潮中结束。

主题歌谱曲工作完成以后，黄准立刻将这首歌唱给摄制组人员听，导演和其他创作人员都表示满意。为了电视剧的拍摄需要，她在外景地便抽空教会了他们。工作一结束，她便即刻返回上海，并向吕蒙讲述了自己的创作成果，因为吕蒙历来都是她创作歌曲的第一个听众。她把写好的歌曲唱给他听，没想到，她自己和吕蒙都激动得热泪盈眶，她几乎都快唱不成调了。这首歌的确感动了她，不仅引起她的情感共鸣，而且使她难以忘怀。

无疑，一首好的主题歌要有一位好演员来演唱才能产生较大的影响。请谁来演唱《蹉跎岁月》的主题歌呢？黄准和蔡导演的意见是一致的，那就是请关牧村来演唱最合适。因为她的嗓音浑厚、音色圆润，其唱法既不是纯西洋的美声发声法，也不是直着嗓子唱的民歌唱法，更不是纯粹的流行歌曲唱法，而是有她自己独特的风格特色。摄制组邀请到了关牧村，几乎没有经过太多的排练，很顺利地完成了主题歌的录音工作，大家听了都很满意。关牧村的演唱为这首歌增添了光彩，她在很多音的转换以及感情的变化上都有一定的发挥，有不少细微的小装饰音是别人学也学不到的。此后，这首歌也成为关牧村舞台演出的保留节目之一。

黄准在为《蹉跎岁月》主题歌谱曲时，并没有考虑到这首歌能否流传等问题。该剧播出后，产生了较大影响。一天，她收到了在浙江美院读书的孩子徐小萌的来信，信中说："这几天在我们学校的寝室、饭厅、校园以及在路上，同学们到处都在传唱着《一支难忘的歌》，大家都非常喜欢它。"对于儿子在信中所说的情况，她简直不敢相信。这怎么可能呢？这首歌不仅难度大，而且音域很广，达到了两个八度，这比《娘子军连歌》九度的音域要宽了很多，一般人唱歌时很难达到这样的音域。这是一首难度很高的艺术歌曲，她本来只期望在少数音乐专业的人士里传唱一下，现在那些没有受过音乐训练的美术学院的学生怎么会喜欢唱这首歌呢？她有点想不明白。过去创作歌曲时，她一心想追求流行，却往往流行不了；这次她并没有想到让歌曲流行，却居然流行起来了。不久她陆续收到了不少群众来信，有的表示很喜欢这首歌，有的则索要歌片。特别让她感动的是那些在"文革"中上山下乡插过队的知青们的来信，除了对她表示感谢外，还盼望她今后能继续为他们写歌。这些信使黄准深深感动，正是包括她的孩子在内的这些可爱的年轻人，给了她创作的灵感；而丰富多彩的云南民间音乐成为她创作的源泉。离开了这两个方面的因素，她就很难写出这首作品。

让她更没有想到的是，这首歌不仅得到广大群众的喜爱，而且也被专家们所认同和肯定，居然在全国性的创作歌曲评选中多次获奖。不少报纸杂志还发表了关于这首歌的评论文章，有的评论说这是黄准音乐创作中的第二个飞跃（第一个飞跃是《娘子军连歌》）。他们对此歌的音乐语言、音乐结构都作了专题分析，几乎全国所有的歌曲刊物都刊登了这首歌。就在《蹉跎岁月》电视剧播出后不久，黄准参加了全国文代会，并在同时召开的中国音乐家协会代表大会上以较高的票数当选为协会的常务理事；回沪以后，她又当选为上海市文联委员。

当然，她并没有把这些荣誉看得比写一部好作品更重要，而是觉得这是对她以后创作的一种激励。此后，又发生了一件让她十分感动的事情。一天夜里，她突然接到北京一个陌生人打来的电话，说自己是北京"童心"合唱团的团员，该团是一个业余合唱团，团员几乎都是当年的老知青。过去他们是一个电台的少年合唱团成员，经常一起排练演出，后来合唱团解散了。经过几十年的岁月变迁，如今他们因为对音乐的爱好又聚集在一起恢复了这个合唱团，并为之取名为"童心"合唱团，其意就是"童心未泯"。并告诉她，所有团员都非常喜欢《一支难忘的歌》，大家也都希望能唱这首歌。为此，请求黄准把这首独唱曲改编为合唱曲，以便他们把这首歌作为合唱团的保留节目，可以经常演唱。对于这么热情的要求，黄准认为自己不能拒绝。虽然把独唱曲改为合唱曲有很大的难度，但她既然答应了，就一定要兑现承诺。她花了两三个月的时间，最后终于把这首歌改编成为一首合唱曲。后来，"童心"合唱团经过了一段较长时间的筹划和排练，在北京音乐厅举办了"瞿希贤、李群、黄准作品音乐会"，产生了很好的社会影响。

北京"童心"合唱团专场演出"庆'三八'瞿希贤、李群、黄准作品音乐会"

与第四代导演的合作

20 世纪 80 年代初，中国第四代电影导演开始崛起于影坛，受到电影界和广大观众的关注与重视。上影厂第四代导演人数较多，如吴贻弓、黄蜀芹、于本正、宋崇、史蜀君、石晓华、鲍芝芳、武珍年等。他们于60年代或毕业于北京电影学院，或毕业于上海电影专科学校，分配到电影厂工作以后开始从事场记、副导演等的工作，直到"文革"结束以后才开始独立执导影片。此时他们虽然已人到中年，却给上影厂的导演队伍增添了一批充满朝气的新生力量。他们思想活跃，创新意识较强，

黄准和导演吴贻弓

黄准和导演黄蜀芹（右一）、石晓华（右三），演员吴竞（左一）的合影

黄准在和这些第四代导演的合作过程中，也有一些新的体会和收获。

黄准和于本正合作的影片《积雪的山谷》拍摄流产以后，接着又合作了故事片《特殊任务》，该片编剧梁信，导演于本正、徐纪宏，主要演员有马冠英、卢青、李青青等。这是一部描写1945年抗战胜利前夕海南岛琼崖游击总队与日本侵略军进行斗争的故事片。游击总队的高恒、田力奉命潜入槟榔岛，他们冒着生命危险打入敌人机场，参加了劳工队，摸清了敌人改建机场的阴谋，并根据敌情制定了举行暴动的计划。最终暴动队配合游击总队炸毁了机场，攻占了敌人司令部，解放了槟榔岛，完成了特殊任务。为了很好地配合影片的剧情叙述和人物刻画进行作曲，黄准又第四次到海南岛深入生活，领略了五指山区完全不同的景色，听到了不同风味的海南民歌。由于她对此类题材内容已较熟悉，所以顺利地完成了作曲任务，并得到了导演的肯定。

故事片《青春万岁》是黄蜀芹导演的成名作，这是根据作家王蒙的同名小说改编的一部故事片，编剧张弦，主要演员有任冶湘、张闽、梁彦等，黄准应邀担任了该片的作曲。影片以新中国建国初期的学校生活为背景，描写了北京女七中一群不同思想性格、充满青春活力的女学生的精神面貌和理想追求，表现了50年代初期中学生特有的青春美。而这种对青春美的描绘和赞颂，也反映了现代化初期人们对更纯真年代的怀旧之情。影片具有浓烈的时代感，编导注重从生活出发细致入微地刻画人物的心理活动，营造了一种富有浓郁生活气息和时代风貌的电影情境。为了了解和熟悉青少年的生活、学习、思想、兴趣乃至苦恼，黄准到不少中学去观察中学生的学习情况，并参加他们的课外活动。为了了解影片里所描写的一个从小被教堂里的嬷嬷抚养长大的女孩子的思想和生活，黄准还和摄制组人员到教堂，听他们唱赞美诗，看他们做弥撒，由此较准确地把握女孩的思想情感。在完成了作曲进入录音阶段时，她特地在全市合唱团中选择了一个少年合唱团来演唱影片的主题歌《青春》，收到了很好的效果。该片曾于1984年在苏联塔什干国际电影节上获得纪念奖。

黄准和宋崇导演合作了故事片《最后的选择》，该片编剧为张锲、顾笑言，主要演员有李炎、谭非翎、向梅等。这是一部反映改革题材的故事片，主要剧情为：省委副书记陈春柱即将离休，一封告状的匿名信使他来到了清川市调研。围绕改革等问题，市委副书记徐枫和书记魏振国之间展开了一场激烈的斗争。陈春柱在这场严肃的斗争中，通过深入调查研究，了解了问题真相，终于在市委领导班子人选问题上果断地作出了最后的选择。对于这样一部正面描写改革题材和塑造革命老干部艺术形象的故事片，黄准在深入领悟影片故事内涵和准确把握人物性格的基础上，较好地运用音乐手段为表达主旨和塑造人物服务，影片上映以后受到了好评。

此后，她又和宋崇合作了故事片《滴水观音》，该片编剧为周丹亚、康戎，主要演员有钱勇夫、郭靖、张芝华等。这是一部惊险样式的反特故事片，通过我国云南边境某市公安局侦察科长李振华和侦察员破获潜伏特务"老观音"等欲将F—3情报送出边境的案件，既从一个侧面反映了尖锐复杂的反特斗争状况，也赞颂了公安人员为保卫国家安全做出的贡献。影片具有云南少数民族的生活色彩，还出现了某些异国情调。此前黄准曾为各种类型和样式的影片作过曲，但还没有为一部惊险片作过曲。在她的主观感觉和其他人的印象里，似乎她只能为那些正剧故事片作曲，而不能为那些具有特殊类型和美学风格的影片，或者叫做"野路子"的故事片作曲；为此，她决心要大胆尝试一下，进行一次自我突破，力求打破自己创作上的狭隘性，拓展创作路子。

拍摄《滴水观音》时，黄准在瑞丽外景地

她在学习、观摩、研究了惊险片的音乐特点之基础上，进一步深入研读了《滴水观音》剧本，对该片的音乐有了初步设想。她认为这是一部具有浓厚傣族特色的、带有一定抒情性的惊险片；该片不仅叙述了谍战的故事情节，而且也展现了美丽的瑞丽风光和当地民众的和平生活。为此，影片的音乐创作除了应该凸显一定的惊险片音乐特点外，还需要融入傣族音乐的一些元素。她跟随摄制组到云南边境的瑞丽县去深入生活，收集民间音乐素材。她已经到云南去过三次了，为了完成影片的作曲任务，又第四次踏上去云南的历程。此前她去过西双版纳，这次去的是瑞丽。两者虽然都是傣族地区，但在自然环境、生活方式和民间音乐风格上有所不同。在这里，黄准听到了真正的傣族民间音乐，也看到了傣族的舞蹈和宗教仪式，这一切对她的音乐创作都产生了一定的影响。

这部影片的音乐创作完成以后，大家认为黄准写的惊险音乐部分还不错，宋崇认为音乐达到了为影片增强紧张气氛的要求。但对于影片插曲不够满意，其意见使黄准感到意外和不安。过去她总被人们誉为写歌曲的能手，有人甚至开玩笑称她为"歌曲大王"，她也自以为写歌曲是自己的长处。但这次却一反往常，音乐通过了，而歌曲创作没有达到要求。她仔细一想，觉得主要原因是自己的创作观点与宋导演和摄制组的同志有所不同。影片插曲名为《金色的故乡》，是反映傣族姑娘对家乡的热爱和思念之情。尽管影片中展现的生活场景是我国边陲的风貌，其中也有邻国酒吧里职业歌女的风采，但黄准力图通过歌曲来表现傣族歌女对家乡的思念之情，因而在创作时更多地凸显了民族特点。当然，为了使这首歌曲具有一些现代流行歌曲的色彩，她也作了不少努力，如在伴奏中加强了节奏性，用了"通通鼓"，还特别邀请了当时较走红的流行歌手沈小岑担任独唱。然而从总体上来看，歌曲还是更多地体现了思乡之情和傣族的民族特色。宋导演等则要求强调和突出酒吧的特点，也就是写一首纯粹的流行歌曲而不要什么地方特色，甚至希望不要旋律性。这两种观点当然是格格不入的，当时摄制组的某些人认为："黄准就是写不出真正的现代流行歌曲。"

尽管存在这样的分歧，但黄准此后还是与宋崇及其摄制组又合作了另一部故事片《绞索下的交易》，该片仍然是一部惊险片，编剧为王胜荣、宋崇，主要演员有马冠英、卢青、严晓频等。影片着重叙述了我国沿海特区港澳边境的海关和公安战士与走私犯进行斗争的故事。黄准之所以同意担任这部影片的作曲，主要是想再接再厉，在惊险片的音乐创作方面积累更多的经验；同时，她也多少有些赌气的心理：既然有些人认为她写不出当时最时髦的流行歌曲和现代化音乐，她就是要再试一试，看看自己到底能否写出来。那几年，她确实感到有一种无形的社会压力和舆论压力，似乎他们这一批老作曲家已经逐渐"过时"了，观念也"陈旧"了，应该让位于青年作曲家了。让青年作曲家多承担一些责任、多担负一些创作任务，她完全同意。但认为老作曲家可以退出创作领域，这种意见她不同意。为此，她想通过这部影片的音乐创作来证明自己并没有落伍。

宋导演原来在影片中设计了两首歌曲，一首名叫《落泪的天空》主题歌，其设想在序曲和主人公受伤后唱，是无声源的旁唱；另一首名叫《我从梦中惊醒》的插曲，是海关人员化装成港商与走私犯在歌厅接头时，由歌厅女歌手演唱的。对于这两首歌曲，导演都要求带有迪斯科节奏的流行风格。黄准为了写好这两首歌，还特地找了上海专唱流行歌曲的歌手来试唱，帮她提出修改意见。经过几次修改以后，又专门唱给导演听，并得到其认可。这部影片的主要拍摄地点在深圳，演唱《我从梦中惊醒》这首歌的场景选在"海上世界"歌舞厅。由于黄准比摄制组其他人来得晚，在十分仓促的情况下，既要拍摄又要录音，其效果不太理想，那些本来对她不太信任的同志对其意见更大了。

对于那些意见，她还是忍耐下来，一笑了之。然而，表面上的坦然并不说明内心也是平静的。实际上她内心很焦虑，由于前期创作的歌曲不能让摄制组满意，后期音乐还没有写出来，甚至也没有很大的把握一定能写好。该怎么办呢？当时她面前只有两条路：其一是"知难而退"，在困难面前认老服输；其二是勇往直前，迎着困难上。她不服输的性格决定了选择后一条路。然而，她还是有一些顾虑：如果自己年纪还轻的话，失败了可以重来；但现在毕竟不是青年人了，这次如果失败了，就可能从此在电影音乐界销声匿迹，被大家冷落。同时，个人成败事小，影响了影片质量就会使国家经济上受到损失。这种顾虑不断折磨她，使她吃饭不香，夜不能寐。其倔强性格最终使她克服了消沉情绪，对自己的情况作了冷静分析，认为自己的创作精力还较旺盛，创作思想也不那么迟钝，没有老化到不能接受新事物的程度。于是，她决心在这部影片的音乐创作上进行新的尝试。

宋崇在导演阐述中曾说：这是一部多风格的电影样式，形象地说是"色香味俱全"。所谓"色香味俱全"，就是豪华的场景、新潮的服装、漂亮的演员和曲折的情节。而且既有惊险性，又有喜剧色彩的幽默感。对于音乐，他要求是80年代的，能与影片的现代风格相协调。同时，还要求与影片中准备选择的有声源的音乐（大都用于大厅、舞厅等场景）相统一。为了使影片音乐能达到宋导演提出的这些要求，黄准几乎走遍了深圳的歌舞酒吧，在闪烁着的强烈灯光和刺耳的音乐中观看跳迪斯科的场面，还请人帮助录了一些音乐资料。她反复琢磨这些具有80年代时代感的音乐，觉得有几个特点：一是强烈的节奏，二是新颖甚至有些怪诞的音色，三是简单和比较流畅的旋律。她虽然把握了流行音乐的特点，但仍然不知道这些音乐来自什么乐器。那种迪斯科的节奏组合，初听时也似乎感到很复杂。她早就听说国外已风行电声音乐，但她除了曾使用过较简单的电子琴和小型的合成器外，还没有接触过更多性能的电子合成器。

事情很凑巧，当她从深圳回到上海后，与她同一作曲组的徐景新正好介绍大家到上海交大去观看一台较现代的电子计算机合成器，并由该校老师向大家进行演示。她听后才明白，原来那些非常奥妙的电声音乐都可以从这里得到。于是，她又多次去上海交大，详细了解这个合成器的性能、技巧、音色，并做了笔记和录音记录。同时，还请有关老师按照其要求，合成出一些新的音色。与此同时，与她同一作曲组的杨矛又告诉她，上海科教电影制片厂购置了一架电子琴，有非常丰富的节奏形式。于是，她又到上海科影厂去熟悉这架电子琴的性能。正是在这样的学习过程中，这部影片的音乐构思逐步在其脑海里形成了。但是，要把那些零散的音调和节奏概念组合成一部大型的电影音乐，还不是那么容易的事情，其创作难度大大超过了她平时创作时使用的常规乐队。

黄准过去为影片音乐写总谱时，每写一个音她都很熟悉，它们有固定的音高、一定的音色，包括其组合以后的声音，凭其经验都可以一边写一边就"听"得见。但这次就不同了，为了使用变化多端的合成器，除了需要寻找许多新的音色和演奏技巧外，还需要考虑新的乐队编制，甚至还要创造一些新的写谱方法。经过多次摸索和试验，其创作构思才逐步成熟起来。她原来准备只用三个电子乐器，由于考虑到这样做的把握性太小，万一电子乐器达不到一定效果怎么办？所以还得留有一定的保险系数。于是，她在三个电子乐器的基础上，又增加了一组弦乐、一支小号和一个小军鼓。弦乐用来作基础，小号用来帮助电子乐器的铜管乐部分，使其增加惊险片的紧张度。在乐队编制考虑好之后，她就根据影片情绪的需要进行分段写作。为了与有声源的音乐素材既统一又有区别，她在全片音乐中贯穿了特地为该片写的主题音乐，该音乐是根据主题歌《落泪的天空》改编而成的。总谱写完后，在交掉谱子等候录音的几天里，她的心情仍然很紧张。因为过去在录音前都安排一次排练，通过排练听到了实际的音乐效果后心里就踏实了，不满意的地方随时可以进行修改。但这一次因为合成器的操作较为复杂，故只能在录音现场找出一段她所需要的音色录一段音，否则再找一次又要费许多工夫，还可能从此就找不出来了。以前即使不排练，她通过看总谱，心里也多少有点数；然而这次的总谱除了她自己稍微有一些音响的概念外，其他人根本看不出音响效果。实际上连她自己也很难预料这支乐队组合后能出来什么样的效果，所以心理负担就一直很重。

总算等到了录音的那一天，第一段序曲排练时间特别长，因为要先把三件电子乐器的关系调整好，然后再把乐队加上去。终于听到演奏时，她感到特别激动，因为出现了意想不到的效果：音乐节奏鲜明、织体丰富，音乐很别致，三种电子乐器各自发挥了自己的特长。弦乐队不仅能和电子乐器发出的那种非正常的音色和特殊的演奏技巧相协调，而且起到了相辅相成的作用。这时，她心里的一块石头总算落地了。大家听了以后也一致称好，都说这次的音乐风格很新颖。摄制组的同志们也改变了以前那种不信任的态度，纷纷称赞影片的音乐。黄准觉得自己几个月的心血总算没有白费，这时她觉得大家的目光似乎都变得格外亲切了。

影片音乐的录音工作顺利完成后，黄准对这次创作进行了必要的总结，她认为首先要有敢于创新的勇气，在创作上要敢于突破自己、敢于去摸索此前自己和别人都没有用过的新东西，由此来创造和积累一些新经验。其次，即便是创作电子音乐，也要注意其思想内容，要有自己的主题；否则就是一堆音响的组合，没有独立的思想价值。这部影片音乐的顺利完成，是她创作历程中一次新的尝试，由此使她跨入了电子音乐时代。但这次创作实践还仅仅是刚刚入门，若想进一步探索电子音乐的奥秘，还需要花费很多精力。同时，她也认为这样的创作方法只是许多创作方法的一种，并非是唯一的方法。一个电影音乐作曲家，应该能够胜任各种题材影片的创作。她这次创作所进行的探索和尝试，完全是为了这部影片的需要，并不意味其创作路子的改变。影片上映后会有什么样的反响？她也很难预料，可能会有一部分人喜欢，也可能会有人说她在"赶时髦"。就连宋崇在称赞该片音乐的同时，也提醒她要有思想准备："说不定有人会说，这是你创作上的堕落呢。"她则认为，无论是称赞也好，批评也好，她遵循的宗旨是：只要是影片所需要的，她就应该努力去追求。也许，这正是她与第四代电影导演合作中获得的启示和勇气。

这一时期电影界的体制改革也在进行，1985 年上海电影局与上海电影制片厂等合并成为上海电影总公司，作曲组改为音乐创作室，吕其明、黄准分任正副主任。1987 年又撤销了总公司，恢复了上海电影制片厂建制，局、厂分开；1990 年杨绍榈任音乐创作室主任。40 多年来，上海电影制片厂作曲家创作了众多的优秀电影音乐和歌曲，产生了很大影响，一大批作品在国内外获得了奖励。其中黄准也发挥了很大作用，做出了应有的贡献。

第九章

人生金秋

> 我喜欢用"人生金秋"来形容我的晚年生活，因为在"秋天"，我们同样可以活得精彩。

——黄准

岁月在不知不觉中流逝，黄准这个当年的"红小鬼"也步入了人生的晚年。对于她来说，尽管年纪慢慢大起来了，身体也逐步衰弱了，但她仍然精力充沛，对生活充满了乐观进取的精神。她在积极参加各种社会活动的同时，仍然坚持着音乐创作，谱写了一首首新的歌曲。

与李岚清副总理的合作

在黄准的音乐创作生涯中，与李岚清副总理的合作可谓是一段佳话，其合作源于一次座谈会的接触：有一天她接到上影厂办公室的通知，让她第二天去上海音乐学院参加一个座谈会，并告诉她李岚清副总理将出席座谈会并将接见上海部分音乐家。黄准接到此通知十分兴奋，因为她早就听说李岚清酷爱文艺，在音乐方面很有造诣，能参加这样的座谈会一定会受益匪浅。那天参加会议的人数并不多，除了上海音乐学院的领导之外，还有周小燕、朱践耳、陈钢等音乐家及该校的部分老师，黄准和吕其明则以电影音乐家的身份出席了座谈会。大家在会上发言踊跃，会场气氛热烈。会后，不少人还将自己的著作或音乐作品光盘赠送给李岚清。但黄准却没有发言，因为在这种场合，她往往是退缩的。她觉得自己水平不高，没有什么成就，也没有什么新作品，更没有什么新观点好谈，所以就沉默不语。

此后又过了几个月，她没想到又接到李岚清的邀请，参加了第二次座谈会。这次座谈会在上海金茂大厦召开，出席者还有著名电影表演艺术家张瑞芳、秦怡以及著名音乐家周小燕等。李岚清说明会议主要内容是谈谈 20 世纪 30 年代的音乐歌曲情况，特别请大家谈一谈对流行音乐的鼻祖黎锦晖创作的一些歌曲的看法。因为出席座谈会的人不多，张瑞芳、秦怡、周小燕等很活跃，她们又说又唱，气氛非常活

在"李岚清音乐讲座"上，黄准与冼星海的女儿冼妮娜（右三）、贺绿汀的女儿贺元元（右一）、黎锦晖的女儿黎明康（右四）合影

跃。黄准觉得自己再不发言不太好意思，于是就介绍了当年延安鲁艺的一些情况，并说那时候鲁艺对黎锦晖创作的流行歌曲是绝对排斥的，认为其是"黄色歌曲、靡靡之音"等。会后，在大家去就餐的路上，黄准刚巧与李岚清走在一起。经过了两次座谈会的接触，她与李岚清交谈已经不紧张了。在两人轻松的闲聊之间，李岚清突然说："我为瞎子阿炳写了一首名为《二泉》的词，想请你看一看能否为之作曲。"黄准对阿炳的《二泉映月》这首二胡曲印象深刻，其旋律优美且富于激情，很好地表达了阿炳一生的悲惨遭遇和反抗精神，是中国民族音乐的杰作。但她对阿炳这个人物还没有进行过研究，同时也没有看到李岚清所写的《二泉》是怎样一首词，所以不敢下保证，只能说："我可以试一试。"事后她心里一直处于紧张状态，心想：万一试不好怎么办？

　　过了没多久，中共上海市委办公厅转来了《二泉》这首歌词，还有一些相关的资料。黄准看了一下，歌词不长，形式上是较为工整的七字句，其内容则简练地叙述了阿炳一生的遭遇及其音乐代表作《二泉映月》的诞生——包括其出身、其抗争、其创作上的辉煌等。于是，她再次研究了《二泉映月》的音乐，并找了一些有关阿炳的生平资料，开始酝酿音乐创作，希望能一鼓作气写出来，不想把时间拖得太长。因为这项工作毕竟是一项任务，任务的担子压在身上，使她有一种负重感。她按照自己的创作习惯，认真研究了歌词，逐渐进入音乐的境界之后，她总会根据歌词写出多种可能性，然后选择较满意的方案。直到酝酿到自己认为还不错的时候，才最终动笔写成初稿，然后再加工、润色，直至自己满意为止。关于《二泉》，

黄准和李岚清交流创作问题

她最后选择了两个方案：其一较有江南民间特色，音调委婉曲折；其二则较为简单，音乐显得单纯朴素。她据此写好以后将曲谱寄给了李岚清办公室，请李岚清选用。时隔不久，便有意见反馈：他们认为第一方案更好一些，但后半部分不够顺，请她进行修改。黄准听到这一意见很高兴，因为只要肯定了歌曲的基础，在此基础上进行修改就较有把握了。经过再次修改润色后，歌曲写好了。但她还是感到有些不足，心想：既然此歌名为《二泉》，就应该和阿炳《二泉映月》中的旋律有所联系，这样才更有意义和价值。当然，如果把阿炳《二泉映月》中的旋律直接吸收在歌曲旋律中显然是不可取的，因为那就成了"改编"而不是创作了；更何况原曲和歌词本来就是两种已经艺术化的作品，无法融合在一起。于是，黄准苦思着合理解决这一问题的方案。一天，灵感忽然降临：她认为可以把阿炳《二泉映月》的曲调用在歌曲的前奏和间奏之间，互相呼应。她选择了《二泉映月》中给人印象最深的乐句，插入在她谱写的歌曲中，再用二胡作为主配器，演奏以后感觉很好，两者有机融合在一起，如出一曲，对此，她自己也非常满意。

　　2005年12月28日，黄准应邀去北京在人民大会堂参加庆祝中国电影诞生100周年的纪念大会，她联系了李岚清办公室有关负责同志，告知其要把谱写好的《二泉》作品面交李岚清。于是，办公室派车把她接到中南海的一个会议室，这里没有钢琴，她只好清唱，不料没唱两遍，李岚清拿着乐谱和她一起唱了起来。该歌曲不仅顺利通过了李岚清这一关，而且还赢得了在场其他同志的好评。此歌于2007年5月5日在江苏无锡生活艺术中心由江苏省演艺团试唱并录制了光盘，李岚清和陈至

巧用旋律写人生　艺术评传

121

立出席观看了演出，在场观众对此歌也反映很好。任务顺利完成，歌曲得到了肯定，黄准原来悬着的一颗心总算放下来了。

此次合作以后，紧接着又有了第二次合作。2006年春节刚过不久，中国儿童少年电影学会会长陈锦俶到上海看望黄准，并告诉她当年10月要在浙江宁波举办第9届国际儿童电影节的开幕式，特邀请她为电影节的歌曲作曲；同时，还希望她能帮助学会邀请李岚清写歌词。黄准答应帮学会与李岚清办公室联系，至于李岚清是否愿意写，她也没有把握。于是，她给李岚清办公室打了电话，随后则由学会直接与之协商。电话打过后没几天，她就因感冒发烧患了肺炎而住进医院治疗。但她心里却一直牵挂着此事，不知李岚清是否答应写词。就在她住院后没几天，学会的有关同志就兴冲冲地到医院来告诉她：李岚清已经把歌词写好了。她也没有想到，李岚清在很短的时间里就写出了相当好的歌词，既生动、形象地叙述了电影的功能，也写出了少年儿童对电影的热爱。由于这首歌的歌词篇幅较长，内容也很丰富，所以她无法很快完成谱曲的工作。然而，由于国际儿童电影节即将举行，时间十分紧迫，她不得不带病在医院里创作。她所住的华山医院的医生和护士为了支持她的创作，还把医生办公室借给她作为创作室。第一稿写好后，她希望能听取李岚清的意见。因为这首歌毕竟是电影节的节歌，而不仅仅是她个人的音乐创作。李岚清对这首歌也很重视，他特地约了黄准到镇江去见面商谈。黄准在听取了李岚清的意见后，对歌曲作了修改并配了合唱；同时，为了开幕式上的歌舞，她在歌曲的副歌部分，特别在童声合唱的基础上增加了一个花腔女高音华彩声部，这样不仅可以使歌声更好地与舞蹈相呼应，而且也让这首歌更加华丽灿烂。第9届国际儿童电影节如

李岚清为中国国际儿童电影节节歌题词：张开银幕的翅膀

期在宁波举行，在开幕式和闭幕式上，这首电影节的节歌都得以以不同的形式演出，开幕式上由童声演唱，显得活泼清新、天真烂漫；闭幕式上则配合歌舞演唱，显得华丽灿烂、丰富热闹。这首节歌通过演出后，获得了与会的中外嘉宾和当地观众的一致好评。

与电影界同事的交往

黄准自 1953 年进入上影厂以后，几十年来一直在上影厂工作，直至她离休以后，仍然参加上影厂组织的各项活动，与上影厂的同事保持着亲密关系。由于她长期一直习惯于个人创作，所以生活圈子较狭小，接触较多的是上影集团的一些离休老干部、老艺术家，其中与张瑞芳交往较多，并有很多感触。

张瑞芳是上海电影界一位德高望重的前辈艺术家，多年来一直担任着上影演员剧团的团长，后来还担任了上海市政协副主席。她不仅为人坦诚、办事公道、性格直爽，而且在表演艺术上有很深的造诣，曾在银幕上塑造过"李双双"等一些颇具影响的艺术形象，获得过中国电影"百花奖"最佳女演员奖等多种重要奖项，所以在电影界有很高的威望。黄准 1956 年曾担任故事片《家》的作曲，当时张瑞芳在影片中饰演女主角瑞珏。她们虽然在同一剧组，却没有什么交往。黄准真正开始与张瑞芳交往，则是在 90 年代后期。

1991 年为拍摄电视剧《特殊战斗》，黄准和张瑞芳一同到西安，这是两人在武则天墓园内的留影

1996 年 8 月 15 日黄准的丈夫吕蒙不幸去世，上海美术馆举办了"吕蒙画展"，开幕式那天，张瑞芳和时任上海市委常委、宣传部长金炳华同志一起出席。黄准陪同他们一起参观画展，并具体介绍了吕蒙当年作画的情况。此后，大凡黄准参与举办的一些大型活动，她都邀请张瑞芳出席；而张瑞芳也总是热情到场，给她以支持。其中给她印象最深的是两次音乐会：第一次是 1998 年举办的"黄准作品音乐会"，应邀出席的张瑞芳全神贯注地欣赏着这些作品的演出，她的思想情绪也随着音乐的变化而变化着。当她最后听到《娘子军连歌》时，不仅带头起立鼓掌，而且还跟着音乐节拍一起唱了起来，从而把音乐会的现场气氛推向了高潮。这样的热烈场面，让黄准终生难忘。第二次是 2000 年上海电视台举办了"黄准少儿作品音乐会"，张瑞芳也应邀出席。黄准坐在她身边，更清楚地观察到她听歌时的表情和情绪变化。张瑞芳听音乐时非常投入，对音乐的反应也十分灵敏，不仅其情绪会随着音乐的变化而变化，而且有时还会随着音乐节奏拍手欢笑。如当舞台上一群小孩子穿着小鸭子形状的服装，配合着音乐节拍屁股一扭一扭地演出歌曲《小鸭子》时，张瑞芳开心地又是拍手又是欢笑，充满了激情与快乐，让黄准也深受感动。这两次音乐会以后，张瑞芳只要遇到黄准，往往会重复说一句话："你们搞音乐的真好，一首好歌会有那么多人唱，而且很长时间不会让人忘记。"黄准发现张瑞芳在音乐方面接受能力和记忆能力特别强，她可以把自己喜爱的歌曲之词、曲一字不差、一音不漏地背下来。2004 年李岚清来上海请一些艺术家座谈 20 世纪 30 年代的音乐情况时，参加会议的张瑞芳谈起她当年唱过的流行歌曲，不仅讲一首歌曲就能唱一首，而且词曲都很准确。还有一次，黄准到张瑞芳创办的"爱晚亭"敬老院与老人们一起过中秋节时，张瑞芳和刘琼的夫人狄梵一起表演唱英文歌的节目，她俩唱了一首又一首，也没有出现忘词或漏词的情况。黄准十分钦佩她们的记忆力，相比之下，她觉得自己的记忆力相差太远了，唱歌时经常忘词，有时只能哼哼曲调。

正是通过这些活动，她们在交往中熟悉起来了。由于她俩的家住得较近，所以有时候参加上海文广集团或上海影协举办的一些活动时，张瑞芳会主动请黄准坐她的小车，顺路送黄准回家。有一天，黄准因外出开会不在家，她回家后，阿姨告诉她说张瑞芳打了几次电话找她，不知有何事。于是，黄准立即回电给她，原来是张瑞芳特地请她为养老院的院歌谱曲。黄准一口答应下来，并约好时间先去养老院参观一下。此后，张瑞芳派车把黄准接到"爱晚亭"养老院，陪她参观养老院的生活设施，让她了解一下养老院的环境和住院老人们的实际生活。这个养老院是张瑞芳和她的亲家一起用所有的积蓄创办起来的，在这幢三层楼的楼房里，有 20 多间房间，虽然房间开间不是很大，却很整洁；各种生活设施也很周全舒适。黄准中午就在养老院的餐厅吃饭，觉得饭菜味道不错，也适合老年人的口味。中午休息时，张瑞芳把她们创作的院歌的歌词交给黄准，请她谱曲。黄准看了一下，觉得歌词虽然不长，内容却很生动，决定带回去酝酿谱曲。她回去写好初稿后，首先唱给张瑞芳听，以便根据其意见修改。张瑞芳听了以后，直截了当地说："这首歌很抒情，曲调也很好听，就是情绪不够开朗。"黄准知道她性格直爽，从来不讲假话，发表意见也不拐弯抹角。显然，她对这首歌不满意，她接着说："我认为这首歌要明朗、活跃、有朝气。因为人虽然老了，但精神要年轻。"她的一席话给了黄准很大的启发，使其对张瑞芳的精神境界有了新的认识。于是，黄准决定推倒重来，改用明朗欢畅的曲调。她很快就完成了新的曲谱，当她再次将谱好的歌曲唱给张瑞芳听，并唱给养老院的老人们听时，大家都表示非常喜欢，没有再提出什么修改意见。黄准为此感到很欣慰，因为她总算完成了任务。不料有一天张瑞芳突然打电话给黄准，说她把歌词的最后一句改为"百岁不用愁"，问黄准觉得如何？黄准马上说："这样改太好了！"因为这样改不仅语句豪迈，而且还符合时代精神。于是，她也随之对曲谱作了调整。

2005年，上海电影家协会与"爱晚亭"敬老院联合举办一次联谊活动，并打算演唱这首院歌。因为敬老院能唱歌的老人很少，所以便邀请上影厂离休干部合唱队一起来演唱这首歌。那天演出时，张瑞芳亲自担任朗诵，黄准担任指挥，演出效果很好，得到了大家的一致好评，特别是老干部合唱队对这首歌表示了很大的兴趣。一天，上影厂老干部合唱队邀请黄准去他们的排练厅，听他们重新排练这首歌以后的演唱。他们在休息时七嘴八舌地对这首歌进行了讨论，认为这首歌情绪饱满、节奏流畅、内容丰富，是一首适合所有老年人演唱的歌曲，不一定局限于"爱晚亭"

黄准和张瑞芳在"爱晚亭"养老院

敬老院，因为歌词里也没有出现"爱晚亭"几个字，并建议把歌名改为《百岁不用愁》。这个意见虽然得到了合唱队所有队员的赞成，但黄准却有些为难，因为此歌毕竟是她受张瑞芳的邀请而谱写的一首"爱晚亭"敬老院的院歌，她不能擅自同意改动。为此，黄准专程去拜访张瑞芳，把合唱队的意见告诉她，不料她立刻同意大家的意见，认为艺术本来就是属于大众的，一首歌唱的人越多，作者应该越高兴。黄准回来后立刻把此歌编排了合唱，以此作为合唱队的表演节目。后来这首歌传播很广，不仅上海的合唱团唱，而且北京和外地一些合唱团也唱，很快便成为老人们喜爱的一首歌。

让黄准感到欣慰的是，张瑞芳也对这首歌特别有感情。无论在什么场合，只要一有机会，她就会把这首歌唱给大家听。她认为这首歌感情很纯真，曲调也很朴素，所以她特别喜欢唱。特别是当黄准与她一起参加某些活动时，她往往会把黄准叫过来一起唱这首歌。例如，2008 年 6 月 18 日国家广电总局副局长赵实和北京儿童电影制片厂厂长江平等到上海参加上海国际电影节开幕式，在开幕式之前他们特地在上海国际会议中心举行了一个小型宴会，为张瑞芳庆贺 90 岁生日。宴会结束后，离开幕式还有一些时间，这时张瑞芳便把黄准叫到身边，两人一起唱《百岁不用愁》这首歌。她俩越唱越有劲，竟然连续唱了四遍，在场的人都认为这首歌很好。当赵实得知这首歌因为没有经费，所以还没有制作一个像样的伴奏带时，便请上海文广集团总裁薛沛建特批了 1 万元作为录制费用。薛沛建很乐意出这笔钱，他说："为了让老年人有自己的歌，也为了庆贺瑞芳同志 90 岁生日，我愿意出这笔钱！"后来，黄准因病住进了华东医院，年迈的张瑞芳已先她住进了该院，黄准听俞卓伟院长说，张瑞芳始终没有忘记这首歌，只要有人来看她，她高兴时就会唱这首歌。

在上海电影界，秦怡是黄准最佩服的人之一，她对事业不懈的追求精神让黄准十分敬佩。秦怡比黄准大 4 岁，但她却青春常驻、漂亮依旧。20 世纪 60 年代，黄准和秦怡及作家杜宣一起到江西采风，杜宣总是在各种场合毫无顾忌地赞美秦怡是"最美丽的女人"。的确，秦怡不仅有美丽的外表，她那热情善良、坚忍不拔、宽容大度的精神更美。黄准与秦怡最初相识是 1957 年拍摄谢晋编导的影片《女篮 5 号》，当时摄制组在苏州拍摄外景，黄准和秦怡被分配住在同一间房间里。她和秦怡是初次相识，秦怡平易近人的态度让她们之间没有陌生感。她们每天随着摄制组一起早出晚归，深入社会、体验生活，从而较好地完成了创作任务。但此后她俩没有机会再在同一摄制组工作，平时见面的机会不是很多。然而，当文艺界或电影厂有一些重要的活动时，她俩还是会被安排在一起，如一起去江西采风、一起下乡参加"四清"工作等，在此期间两人也常住一个房间。有一次为了下乡宣传，秦怡和黄准一起排练了锡剧《双推磨》，两人分别扮演姑嫂，她们学着无锡口音边唱边做，十分有趣。事后两人总结经验教训时，秦怡觉得自己唱得不够响亮，黄准则感到自己表演不到位、动作不够美。尽管如此，她们对这次的合作还是很满意的。

在黄准眼里，秦怡的事业心特别强。作为一个著名演员，"文革"结束后她虽然已经 50 多岁了，但还是希望能演一些年轻的角色。为此，她对自己的身材容貌特别注意保养。当年秦怡在影片《青春之歌》里饰演的林红这一人物形象曾给广大观众留下了深刻印象，黄准也希望秦怡能多演一些这样的角色。秦怡平时特别忙碌，不仅要外出拍摄影片，而且还要照顾生病的家人，要参加许多社会活动。为此，黄准很少到秦怡家里去看她，因为她经常不在家。黄准隔一段时间就会给秦怡打一个电话，她们会在电话里聊很长时间。此时秦怡会告诉她自己去过哪里，做了一些什么事情。有一次秦怡刚从美国回来，她告诉黄准自己去美国参加了关于无声片的研讨会，并很兴奋地说，美国把老的无声片配上了音乐，都是乐队在现场演奏，不仅让无声片提高了艺术性和观赏性，而且所配的音乐也很美。黄准听后羡慕不已。

她们俩更多的接触是一起参加一些社会活动。例如，大凡上海电影家协会主办的活动，只要秦怡在上海，她都会热心参与。有一次她俩一起参加著名导演费穆的纪念会，上海影协希望秦怡、黄准和费穆的女儿——香港著名歌唱家费明仪同台演唱《天伦歌》，为此还特地将歌曲印出来供他们练习。唱歌对黄准来说当然是小事一桩，且不说她很早以前就熟悉这首歌曲，就是没有唱过，她拿了谱子也马上就能唱，所以对这样的表演任务并不紧张。但秦怡对此却很认真，她拿着歌谱要黄准陪着她一遍又一遍地练习，生怕到时候表演时唱不好，其认真负责的精神让黄准十分

127

黄准和秦怡（左）、香港歌唱家费明仪（中）同台演唱《天伦歌》

感动。其次，上海国际电影节和一些慈善活动也是她们见面的机会，她们经常被安排坐在一起。然而，由于秦怡的知名度高，"粉丝"众多，所以在这种场合她俩很少有交谈的机会。因为那些"粉丝"一旦发现秦怡进入会场，不是这个要求签名，就是那个要求合影。有的拿着小本子，有的拿着节目单，有的手里没有其他东西，便随便拿着一张纸要秦怡签名。好几双手同时伸过来，一下子就把她俩围住了。每逢这种场合，坐在秦怡身旁的黄准就会把身体尽量挪到一边，以便给秦怡的"粉丝"们腾出一些空间。2010 年 2 月 3 日，她俩同时荣获上海市委宣传部颁发的"上海文艺家终身荣誉奖"，一起上台领奖。同年 3 月 5 日，她们在上影集团举行的庆祝"三八妇女节"大会上，又一同接受了献花。秦怡告诉黄准，她这几天几乎天天都在过"三八"节，因为从中央到地方，各种庆祝"三八"节的活动都邀请她参加，让她忙得不亦乐乎。黄准无法想象秦怡哪里来的这么旺盛的精力，一个 80 多岁的老人，除了参加各种社会活动，回家后还要照顾生病的儿子和一个老姐姐。黄准对她的毅力和热情深感敬佩，觉得自己在这方面望尘莫及。

特别让黄准十分感激的是，尽管秦怡平时很忙，但她对黄准的一些活动都能热心参加，给予大力支持。例如，在 1998 年举办的"黄准作品音乐会"上，秦怡不但上台作了精彩发言，而且还唱了两句影片《女篮 5 号》的插曲《青春闪光》，赢得了大家热烈的掌声。2009 年 8 月 13 日，在《黄准歌曲集》的首发仪式上，秦怡又发表了热情而生动的讲话。凡此种种，都是对黄准的莫大支持，让她心里感到很温暖。

黄准与黄宗英在 1958 年就曾有过合作，当时，黄宗英由演员改行成为编剧，创作了一个反映上海工业战线如何进行"大跃进"的剧本《上海英雄交响曲》，该剧本由几个短篇组成，并由上影厂拍摄成影片。影片作曲采用集体创作方式，黄准具体负责其中关于纺织工业的一个片段。因为工作关系，她与黄宗英逐渐熟悉起来，她俩常在工作之余谈艺术、谈今后的创作设想。她们曾谈到共同感兴趣的音乐片创作，而这种共同的兴趣进一步加深了她们的友情。黄准向黄宗英说了她曾听到的一个名叫"翠鸟衣"的民间故事：一只翠鸟为了反抗强暴，使自己的贞操不受玷污，不惜毁掉了自己一身美丽的羽毛。黄宗英听了以后觉得这个故事很美、很有音乐性，如果以此为基础进行补充完善，拍摄成音乐片，一定非常优美动人。她们将创作设想向厂领导汇报以后，得到了肯定和支持，同意她们先到浙江一带去收集民间资料，一面丰富完善这个故事，一面搜集音乐资料。于是，她们来到了浙江缙云。缙云，即五彩缤纷的云，这里是一座美丽的小城，山清水秀、风景优美。当地政府把她们安排在山脚下的一户农民家里，既便于她们观赏风景，也便于她们和当地群众接触交谈。

黄准（左三）和黄宗英（右二）因梦想合作一部歌舞片《翠鸟衣》，一同到黄宗英的家乡温州去体验生活，并和当地老乡合影留念

在浙江采风的日子里，她们俩一起谈电影、谈人生，成了一对无话不谈的好朋友。可惜她们在一起只待了半个月，因电影厂另有创作任务给黄准，所以她只好奉命返沪，留下黄宗英一个人继续深入生活并酝酿影片创作，而黄准仍通过信件与其保持联系。当时正好是寒冬腊月，农村生活十分艰苦，但黄宗英仍然坚持在那里体验生活和收集资料，这让黄准十分钦佩。因为黄宗英此前一直生活在城市里，而且擅长饰演"甜姐儿"这类漂亮的都市女性形象，如今能深入农村、吃苦耐劳，简直是脱胎换骨，实属不易。黄准在上海的朋友不多，现在能结交这样一位挚友，她觉得非常幸运，因此她十分珍惜这段友情。

更令黄准感到高兴的是，她通过黄宗英还认识了其丈夫赵丹。作为电影界的大明星，赵丹是无人不知、无人不晓。黄准虽然和他同在上海电影界，却一直没有合作的机会，一直是只闻其名，无缘相识。当然，她从黄宗英那里也听说了不少关于赵丹的故事，在脑海里已有了他的初步轮廓。有一天，黄准到黄宗英家里拜访，并商谈创作事宜。当时赵丹正在家里兴致勃勃地画画，她谈完工作后就去看赵丹作画。赵丹见到她很高兴，没等她开口索画就很大方地说："你喜欢吗？如果喜欢就送你一张画。"她当即表示非常喜欢，于是赵丹就在他画的一幅万紫千红盛开的牡丹画上写上黄准的名字，盖上他的印章，把这幅画赠送给了黄准。这幅画黄准非常爱惜，一直珍藏着。

然而，她与黄宗英在创作上的合作还没有进入实质阶段，"文革"就开始了，她们都成为受批判的对象，而合作项目《翠鸟衣》也被诬陷为"反党"作品。造反派揪住她们不放，要她们互相揭发所谓的"反党阴谋"。在那种颠倒黑白的时代环境里，她们既无法与造反派讲理，也不可能再继续来往合作了。在以后的几年里，她们虽然没有什么机会碰面，但黄准心里一直牵挂着黄宗英和赵丹夫妇的情况，不时听到赵丹受批判被关押的消息，对于赵丹的不幸遭遇她满怀同情。"文革"结束以后，约在1980年的上半年，吕蒙因病住进了华东医院，黄准为此每天都要去医院照顾他。当时，她听说赵丹也住在华东医院，但因为她要照顾吕蒙，同时也不方便去打听赵丹所住的病房，所以就没有去看望。一天傍晚，黄准照例用轮椅推着吕蒙到花园里散步，看到对面远远的也有人推着轮椅过来，她仔细一看，原来是黄宗英推着赵丹也在散步。她本想走过去打招呼，但经历了"文革"以后，两个家庭都受到重创，大家的精神状态还没有完全恢复，黄宗英也只是呆呆地站在那里，所以黄准只能压制了内心的激动，大家相互点点头，就各自向相反方向推着轮椅回病房了。此情此景却深深地印在黄准的脑海里，使她久久难忘。

黄准很珍惜与黄宗英此前的情谊和缘分，所以总想恢复与她的交往与联系。但要与黄宗英见面却很难，因为她太难找了。虽然已人到晚年，但她仍然天南地北到处跑，所以总是碰不上、见不到。时间一晃就过去了几年。直到有一次黄准因病治疗住进了华东医院后才找到了见面的机会，因为她听说黄宗英也因病住院了。黄准手术后回到病房，她不顾自己刀口的伤痛，就迫不及待地打听黄宗英的消息。她们虽然住在同一幢大楼，但不在同一个楼层，她只好一个楼层一个楼层地去询问，最后终于找到了黄宗英。多年不见，黄宗英已是满头白发、美丽不再。她身体很不好，由于病魔折磨，她不仅直不起腰，不能独立行走，而且说一会儿话就会很累，所以黄准往往在她病房里坐一会儿就告辞了。然而，黄准从她们每次简短的谈话里，仍能感到黄宗英思想很活跃，而且她的写作也没有停止。因为她的腰不好，所以只能在腿上放一块硬纸板，悬空着右手写字，看到这种情景，黄准既钦佩又心酸。有一天，黄宗英让阿姨用轮椅把她推到黄准的房间，送给她一本新出的书《卖艺三兄妹》，书的扉页上写着"送给挚友黄准"，同时还送给她一袋巧克力，这让她十分感动。由此说明她们都很珍惜彼此间的这份情谊。因为黄宗英行动不便，所以黄准总是隔三差五地到楼上去看她，有时送一点家里烧的小菜给她换换口味。过年时，黄准对她说："要过年了，我让阿姨给你烧一条鱼吧！"黄宗英马上说："好啊，年年有余啊。"她们俩会心地相视而笑。此时，黄准一直在忙着写回忆录，有时她会把写好的一些片段读给黄宗英听，黄宗英也会很敏锐地给她提一些修改意见。虽然她们每次交谈时间一般不会超过半小时，但黄准还是断断续续知道了黄宗英此前的一些情况，她对事业的不懈追求让黄准非常敬佩。这些年来，黄宗英虽然一直被疾病纠缠着，但她却没有被疾病吓倒，她在病房里仍然埋头写作，不断有新作问世。这一段时间刚巧张瑞芳也住在华东医院，为了把她们珍贵的情谊记录下来，黄准特地请了一位摄影师朋友甘泰庆专程来医院拍摄了几张她们三人在一起的照片。

2008 年，黄准和黄宗英、张瑞芳都在上海华东医院养病，三人在华东医院花园内合影留念

黄准 1987 年离休后，与上影厂的一批离休干部有了更多交往，并建立了深厚的友谊。上影厂的离休干部队伍最初有 200 多人，后来逐年减少到 100 多人，但平时经常参加活动的就几十人。在离休干部队伍中，年龄最大的是原天马电影制片厂厂长、著名导演陈鲤庭，他已是百岁老人了。另外，原上影厂厂长徐桑楚和党委书记丁一也都是 1937 年参加革命的老干部。徐桑楚原任上海海燕电影制片厂厂长，当时黄准在天马厂担任作曲，所以与他不是很熟悉。后来天马厂、海燕厂合并为上影厂，徐桑楚担任了厂长，成为黄准的直接领导，他们才开始熟悉起来。1981 年，当谢晋拍摄影片《牧马人》时，徐桑楚点名让黄准担任该片作曲，黄准很高兴地承担了这一任务。近年来，徐桑楚因病一直住在华东医院，黄准在华东医院动手术时刚好与他住在同一个楼面，她几乎每天都去看望徐桑楚，与其交谈。虽然徐桑楚因患"青光眼"看不清黄准的脸，但只要黄准叫一声"老厂长"，他就知道是黄准来了。

丁一作为上影厂的女党委书记，黄准此前与其交往更多一些。1960 年丁一从上海普陀区调到上影厂担任党委书记，成为厂里的主要领导。她平时待人和蔼可亲，但工作上却很有魄力，原则性也很强。因为黄准担任摄制组支部书记时在她的直接领导下工作，所以两人的关系较亲密。由于她们都是从延安来的，而丁一又比黄准年长 10 岁，且是上影厂领导，故而黄准很尊重她。丁一虽然与黄准的私交很好，

黄准（左五）参加上影厂老干部旅游活动（左六为老厂长徐桑楚，左七为原厂党委副书记沈佐平）

但对她各方面的要求很高，使黄准在工作中不敢怠慢。为了做好摄制组的党支部工作，黄准放弃了去音乐学院学习的机会，跟着摄制组在外面拍摄影片；为了发挥党员的先锋模范作用，黄准平时不向组织要求什么。自从她进入上影厂以后，既没有分过房，也没有提过级。有一次调整工资，在调整名单里本来有黄准的名字，但因为要求涨工资的人太多，领导摆不平，于是丁一便找黄准谈话，硬是要她发挥党员的带头作用，把她的一级让给了别人。就是在丁一的严格要求下，黄准担任的支部书记工作一直坚持到"文革"之前。因为黄准长期担任支部书记的工作，所以"文革"开始后造反派贴了她不少大字报，说她是"黑线下的红人""孝子贤孙"等。实际上丁一并没有给她什么特殊关照，对她的要求始终是很严格的。尽管丁一离休以后不再是厂领导了，但她仍然和黄准保持着良好关系。两人一起参加厂里组织的各种活动，就像亲姐妹一样。2005 年，上影厂为丁一过了 90 岁生日，不久她就因病逝世。黄准深感悲痛，并时常怀念与她相处的那些快乐日子。

黄准从 1951 年调进上影厂至 1987 年离休，36 年一直在上影厂作曲组工作。虽然在此期间上影厂曾多次分分合合，作曲组人员也不断变动，但这个创作群体为上影厂的创作发展做出了显著贡献。黄准很庆幸自己能在这样一个创作群体里工作多年，使她各方面获益匪浅。

在这个创作群体里，陈歌辛和王云阶是两位前辈作曲家，陈歌辛早在 1938 年就开始电影音乐创作，王云阶则在 1939 年首次为影片《风雪太行山》作曲。他们虽然资格老、水平高，但都很平易近人，没有架子，对年轻作曲家也很关心，若有什么问题向他们请教，他们都会热心指导。黄准在上影厂作曲组与他们共事多年，学到了不少东西。

陈歌辛在 30 年代已是著名的流行音乐作曲家，与黎锦晖同时成为当时中国流行乐坛最杰出的代表。他在音乐创作的结构与和声配器等方面都曾热心指点过黄准，使她弥补了这方面的不足。黄准曾到陈歌辛家里拜访过，见过他贤惠美丽的夫人和四个孩子。其长子陈钢后来成为著名音乐家，他与何占豪合作创作的小提琴协奏曲《梁祝》成为享誉中外的经典作品；其小儿子陈东，后来也成为著名的男中音歌唱家。陈歌辛在上影厂先后为影片《纺花曲》《人民的巨掌》《情长谊深》作过曲。1957 年被错划为"右派"，送往安徽白茅岭农场劳改，三年后在该农场病逝，当时还不满 50 岁。一位有才华的音乐家就这样英年早逝，让大家颇感惋惜。

王云阶从 30 年代至 40 年代曾相继为影片《新闺怨》《乌鸦与麻雀》《三毛流浪记》等作曲和配曲，后两部作品已成为中国电影史上的经典影片。从 50 年代到 60 年代，他曾先后为《六号门》《林则徐》《护士日记》等影片作曲；其中《护士日记》的插曲"小燕子"旋律优美动人，曾被传唱一时。在上影厂作曲组里，王云阶从不摆长者的架子，无论是政治学习还是业务讨论，他都从不缺席。他经常把自己的电影音乐构思画成一张大图表，把音乐的主题、副主题、主题的发展都列在这张表上，在业务讨论时拿出来供大家参考，让其他人对他的构思一目了然。黄准和作曲组的同事也经常到他家里拜访，知道他的大儿子王隆基就是影片《三毛流浪记》里三毛的扮演者。80 年代初成立中国电影音乐学会时，王云阶当选为会长，直到 90 年代初他因年老体弱才退居二线，担任名誉会长。经过几十年的追求，他晚年终于成为一名共产党员。除了电影作曲外，他还创作了许多组曲和交响曲等。在和他相处的日子里，黄准也学到了很多东西。

作曲组里的葛炎、向异、高田和黄准都是 1947 年至 1948 年之间进入东北电影制片厂，成了解放区第一代电影音乐人。此后他们又相继南下，陆续进入上影厂，其中葛炎参加筹建了上影厂作曲组和上影乐团的工作。葛炎比黄准大 4 岁，1936 年就参加了革命，是作曲组里革命资历最老的。他一直担任作曲组组长的职务，领导着一群个性很强、不太好管束的作曲家。他原则性很强，在组里颇有威信。他没有在音乐学院学习过，全靠自学成才。其创作勤奋，曾写了几十部电影音乐和独立音乐作品，主要有《南征北战》《渡江侦察记》《聂耳》《秋瑾》《芙蓉镇》等。他创作最成功的作品是自己参与编剧、编词、编曲的影片《阿诗玛》，由他和罗宗贤作曲的影片插曲《马铃儿响来玉鸟儿唱》传唱至今，成为不少歌唱家演唱的保留曲目。葛炎在创作上的勤奋、刻苦精神常常让黄准自愧不如。更让她钦佩的是，葛炎的创作是在不断与疾病进行斗争的过程中进行的。他常说自己之所以叫"葛炎"，就因为浑身都是炎症。虽然不断受到疾病折磨，但他仍然带病坚持创作，并依靠坚强的毅力创造了生命的奇迹，直到 81 岁肺部完全衰竭，才最后放弃了生命。

　　同样来自延安的向异和高田进入作曲组工作后，曾为不少影片作曲，如向异为故事片《李双双》所写的插曲《小扁担，三尺三》等颇受广大观众喜爱和欢迎。高田为故事片《巴山夜雨》创作的音乐曾获得第一届中国电影"金鸡奖"最佳音乐奖。两人都是从延安来的老干部，虽同时进入作曲组，但其性格则完全不同：向异性格较外向，身体很好；高田性格较内向，身体较弱。黄准与他们都能很好相处，在业务上也能互相学习、取长补短。

　　此外，与黄准多次合作过的吕其明则是她的"小老弟"，他比黄准小 4 岁，也是一个"老革命"：10 岁就随父母参加了新四军，在抗敌剧团当团员；15 岁时父亲英勇牺牲，他成为烈士后代，并加入了中国共产党。新中国成立后，他和一批新四军南下干部被调进了上影厂。在作曲组，黄准和他接触较多，并在创作中多次合作，遂成为好朋友。50 年代他们曾合作为影片《家》《兰兰和冬冬》作曲。80 年代他们又合作为影片《杜十娘》《奇异的婚配》以及电视剧《向警予》《中国姑娘》作曲。吕其明曾担任过上影乐团团长，后来还担任过上海市文联副主席。他曾为《铁道游击队》《红日》《城南旧事》《庐山恋》等几十部影片作曲，其中《城南旧事》的音乐曾获得第三届中国电影"金鸡奖"的最佳作曲奖；《庐山恋》的插曲《啊，故乡》曾获全国优秀歌曲奖；而《铁道游击队》的插曲《弹起我心爱的土琵琶》则颇受欢迎，传唱至今。同时，他还把自己的电影音乐作品改编成独立的交响音乐，如交响诗《铁道游击队》、管弦乐组曲《白求恩在晋察冀》等，都获得了成功。他

黄准和作曲家吕其明的合影

创作的交响乐《红旗颂》，包括管弦乐曲和合唱曲，庄严宏伟、气势磅礴，具有中华民族气魄，广受好评。对此，黄准十分钦佩。作为好朋友，他们在业务上互相学习，在生活上彼此关心。到了晚年，两人虽然互相走动不多，但参加各种会议和各种活动仍有较多的见面机会。如每年上海国际电影节开幕式走红地毯时，他俩往往被分在一个组。因为他们不是演员，所以不会作秀，相互配合也不太默契。记得有一次他俩本来是一起走上红地毯的，不料吕其明越走越快，黄准只好跟在他后面一路小跑。黄准回家后，家里的阿姨看过电视转播，她认为在所有走红地毯的人中，黄准是走得最难看的一个；因为她不是走，而是在跑步了。黄准把这样的评价告诉吕其明，大家哈哈大笑，吕其明说今后一定会走慢一点。果然，下一次电影节走红地毯时，吕其明就注意等黄准一起走了。

除了以上几位作曲家之外，在作曲组与黄准同时代的还有寄明和张林漪，他们也有不少电影音乐作品。同时，作曲组还先后来了一些年轻人，他们也为电影音乐作曲做出了贡献，黄准与他们也相得很好。如到上影厂学习进修的浙影厂的沈铁侯被组织上指定给黄准当副手，当时黄准承接了故事片《燎原》的创作任务，沈铁侯便跟着她一起下去体验生活、一起研究剧本，写好了音乐后又一起研究修改，直到影片最后完成。该片音乐创作完成后不久，因浙影厂另有任务，沈铁侯就回浙影厂了。来自福建厂的肖珩（原名肖培珩）经过多方努力留在了上影厂，成为作曲组的一员。他相继与黄准合作了影片《香飘万里》《雾都茫茫》的音乐创作，并独立创作了影片《苦菜花》《咱们的牛百岁》的电影音乐，还与吕其明合作写交响乐。遗憾的是他抽烟太厉害，在 55 岁时因肺癌逝世。一个有才华的作曲家英年早逝，让黄准感到非常惋惜。

"文革"期间，作曲组分来了一批上海音乐学院作曲系的毕业生，有徐景新、杨矛、杨绍榈、刘雁西等，他们为作曲组增添了新鲜血液。其中徐景新进入上影厂时，正好黄准在影片《赤脚医生》（后改名为《春苗》）剧组被多次批判，已完全失去了创作激情，她坚决不想再干下去了。但上影厂的领导又不批准她离开剧组，并同意让徐景新担任其助手。黄准与他合作，总算交差完成了任务。粉碎"四人帮"后，徐景新独立创作了影片《苦恼人的笑》《小街》《日出》等的音乐，并写了一些大型声乐合唱曲，受到了好评。后来他还担任了上影乐团团长和上海音乐家协会副主席。黄准认为他是一位很有才气的青年作曲家。

与徐景新同时进入上影厂的杨矛也是一位聪明而有才气的青年作曲家，他进厂以后，黄准最初让他先帮着做一点配器工作，后来在黄准创作电影《大泽龙蛇》时，就把一些重要的音乐段落交给他做。由于杨矛在音乐上特别富有钻研精神，所以黄准非常信任他。在黄准与宋崇合作影片《绞索下的交易》时，为了探索新的合成器，黄准就与杨矛一起研究尝试，获得了令人满意的效果。他在80年代至90年代先后为影片《开天辟地》《人·鬼·情》《庭院深深》《童年的朋友》作曲，其中《庭院深深》的音乐曾获第七届中国电影"金鸡奖"最佳音乐奖，《童年的朋友》曾获首届中国电影"童牛奖"儿童故事片音乐奖。

杨绍榈和刘雁西虽然比徐景新、杨矛晚一年进入作曲组，但他们在电影音乐创作方面同样成绩显著。其中杨绍榈是苗族人，也是作曲组唯一的一个出身于少数民族的作曲家。他创作的电影音乐具有较浓郁的民族风格，特色较鲜明。他为影片《喜盈门》写的音乐曾获得第二届中国电影"金鸡奖"最佳音乐奖。刘雁西是上影厂除黄准之外的另一个有成就的女作曲家。由于她性格开朗随和，理解力强，很好合作，所以很多导演都愿意与其合作。她曾为影片《泉水叮咚》《我和我的同学们》《黑蜻蜓》等作曲，特别在儿童电影音乐创作方面取得了较显著的成绩。

对于黄准来说，上影厂作曲组是一个团结而温暖的创作集体，她在这个创作集体中工作、生活了几十年，她与组内的同事、朋友互相学习探讨、取长补短，既为上影厂的电影创作生产做出了很大的贡献，也使自己的作曲创作和音乐事业有了长足发展。

除了上影厂作曲组之外，上海电影家协会对于黄准来说也是一个让其感到温暖的"家"。她和上海影协建立较密切的关系是从1998年筹备"黄准作品音乐会"开始的。为了争取组织上的支持，她向当时上海市文广局局长叶志康汇报以后，叶志康便指派上海影协秘书长丁玉玲来协助她筹办音乐会。在丁玉玲的积极协助下，音乐会如期顺利举行，时任上海市委副书记龚学平、市委宣传部部长金炳华等领导，以及著名艺术家张瑞芳、秦怡、王立平、吕其明等都出席了音乐会，龚学平还为她题写了"德艺双馨"的大幅题词。当黄准站在台上看到这些领导和艺术家都来出席音乐会时，感到格外幸福和温暖。

音乐会过后不久，丁玉玲就退休了，由葛燕萍接替了影协秘书长的工作。在此后近10年的时间里，上海影协与黄准建立了密切联系。葛燕萍不仅热情、肯干，而且办事能力强，工作也颇有创意。在她的热情邀请下，黄准也积极参与了上海影协组织的各项活动。例如，2003年11月，在纪念巴金100周年诞辰时，影协邀请了当年参与故事片《家》拍摄的黄准以及在上海的摄制组成员参加了座谈会，一起回顾当时影片拍摄的情况。同月，上海影协又为谢晋举行了80寿辰庆贺活动，黄准等一些曾与谢晋合作过的朋友都参加了这次活动，气氛特别热闹。2005年，为庆贺中国电影诞生100周年，上海影协举办了丰富多样的纪念活动，在纪念大会上，在著名乐团指挥陈传熙的指挥下，合唱团演唱了黄准作曲的儿童歌曲《劳动最光荣》；同时，他还邀请黄准上台指挥全体与会者演唱了歌曲《歌唱祖国》。黄准在参

黄准和秦怡、上海电影家协会原秘书长葛燕萍的合影

加纪念著名导演吴永刚诞辰 100 周年的活动时，上海影协因知道她和吴永刚曾有过亲密的合作关系，便邀请她演唱两人合作的影片《秋翁遇仙记》里的插曲《月夜仙踪》。她在参加纪念著名导演费穆的活动时，又接受了上海影协的邀请，与秦怡和专程从香港来沪参加活动的费穆之女费明仪一起演唱了《天伦歌》，取得了很好的效果。另外，她在参加上海影协为她的老朋友吕其明举办的 80 诞辰祝寿活动时，也被邀请演唱了影片《铁道游击队》的插曲。这些活动都给黄准留下了深刻印象，使她在活动中真切地感受到了友谊和温暖。为此，她很乐意参加上海影协组织的各项活动，与上海影协的工作人员关系密切，亲如家人。

与音乐界朋友的交往

作为一名作曲家，黄准在音乐界也有许多朋友；特别是 1981 年 12 月 28 日中国电影音乐学会在北京成立以后，在学会的组织下，电影音乐界的联系更紧密了，来往也更频繁了，大家共同为中国电影音乐的发展而努力。

中国电影音乐学会是在时任文化部副部长陈荒煤的支持与关心下成立起来的。作为新中国电影界的老领导，陈荒煤一直非常关注电影音乐的发展。他曾撰写过多篇文章呼吁有关领导部门和电影界重视电影音乐创作的发展。早在延安鲁艺时，陈荒煤就是黄准的老师；解放后因黄准在上影厂工作，平时与他不能经常见面，但是，只要陈荒煤来上海指导工作或调研，他见到黄准时还是像在延安一样，十分热

137

情地称其为"小黄",这让黄准感到很亲切,一点没有拘束的感觉。陈荒煤还热情地为《黄准歌曲集》写过一篇序言,在序言中他对黄准的音乐创作作了精辟的论析。

正因为有了文化部的关心和支持,所以中国电影音乐学会的成立大会开得很隆重,中国音乐家协会主席李焕之、文化部电影局局长钱筱章、中国电影评论学会会长钟惦棐、北影厂厂长汪洋等都出席了会议,王云阶当选为会长,葛炎、雷振邦等当选为副会长,黄准和吕其明、王立平等当选为常务理事。此后随着形势的发展和学会工作的需要,逐步增加了副会长的名额,黄准、吕其明、王立平都成为副会长。后来王云阶因年事已高、体弱多病等原因不再担任会长,学会通过改选,由王立平担任会长;再后来因王立平公务繁忙,又由赵季平担任会长。

王立平是一位精明能干、才华出众的后起之秀,他曾创作过不少优美动听、流传很广的影视歌曲,如影片《戴手铐的旅客》的主题歌《驼铃》、影片《少林寺》的主题歌《少林,少林》和插曲《牧羊曲》,电视连续剧《红楼梦》的音乐和插曲等,都颇受欢迎和好评。中国电影音乐学会在武当山开会时,有两件事让黄准印象深刻。一次是吃饭前,大家谈起音乐创作时,王立平边唱边说,介绍自己是如何创作电影歌曲的。他声情并茂的介绍使大家陶醉其中,竟然忘记了是在饭桌上吃饭。他的激情也激发了同来参会的李前宽导演的绘画热情,他向服务员要了两个盆子,即兴在盆子上为王立平和黄准各画了一幅肖像画,大家看后一致称赞。在他担任会长期间,中国电影音乐学会各项工作有了很大拓展。如他创办了"中国音乐著作权协会",积极维护全国的音乐人特别是词曲作者的合法权益,使不少作者获得了应有的版税。

黄准与作曲家王立平的合影

黄准于 1992 年在福州开会时认识了来自西安的赵季平，他当时只有 40 多岁，是一位颇有才气的青年音乐家。他虽然和大家一起说说笑笑、十分健谈，但透过其清瘦而略显苍白的面容，会让人感到蕴藏着一种聪明才智和深刻的涵养。他虽然年轻，却创作了很多影视音乐和独立的音乐作品，并获得过国内外许多奖项，是音乐界的一位奇才。其中他为张艺谋的影片《红高粱》所作的插曲《妹妹你大胆地往前走》曾风靡一时，到处传唱。由于他来自陕西，而黄准又在延安长大，再加之对其音乐作品的欣赏，所以尽管是初次见面，却并不觉得陌生。当赵季平告诉她其父赵望云也是一位画家，还是长安画派的创始人时，黄准觉得他们之间又多了一种共同的语言。1995 年黄准和赵季平在张家港参加完学会的会议后，两人同路去北京，在飞机上赵季平向黄准介绍了自己的创作情况，又介绍了其家庭情况。由此黄准才知道，他的儿子赵麟也是一位很有才华的青年作曲家，他为电视剧《铿锵玫瑰》写的音乐，曾给黄准留下了很深的印象，当时黄准并不知道他是赵季平的儿子。2002 年春，上海美术馆在北京美术展览馆为吕蒙举办《吕蒙遗作展》，黄准出于对赵季平的友谊和尊重，非常希望他能以中国电影音乐学会会长的身份作为嘉宾出席这次画展的开幕式。赵季平应邀出席了画展，黄准尽管注意到他疲惫的神态，但没有想到几个月后便得知他夫人病逝的噩耗。这使黄准感到十分内疚，觉得自己不该在他夫人最需要他陪伴时把他请到千里迢迢的北京。一年后，黄准到西安大儿子吴卫平家里过春节时，便专程去赵季平家探望，以表达自己的歉疚。2006 年年底黄准到广州参加中国电影金鸡奖颁奖晚会，原以为会见到赵季平，不料他没有参加晚会就先行离

黄准与作曲家赵季平的合影

开了。不过，黄准在晚会上听了赵季平作曲的《乔家大院》交响组曲，觉得其音乐形象生动、结构完整而简练，非常成功。同时，她还得知赵季平前不久当选为中国音乐家协会主席，也为此感到十分高兴。他把其影视音乐作品成功地改编为各种形式的独立音乐作品，如《"黄土地"组曲》《"大红灯笼高高挂"组曲》等，都获得了成功。

黄准作为中国电影音乐学会的副会长，因一直无力促成上影厂出资邀请学会的音乐家来上海开会而感到羞愧，但她一直在设法为学会的活动出一把力。1996年12月18日，她和学会的秘书长肖远在浙江黄岩文化局的宴会上巧遇了。原来肖远的画家丈夫陈叔亮是黄岩人，陈叔亮逝世后，肖远根据其遗嘱，将其画作全部捐献给了家乡，黄岩则为其修建了"陈叔亮纪念馆"，肖远是为纪念馆开馆而从北京专程赶过来的。黄岩是黄准的家乡，她是应黄岩文联和音乐家协会之邀前来办讲座的，两人刚巧在宴会上相逢，朋友相见格外高兴。虽然两人在不久前都相继失去了自己的亲人，有些伤感，但她们最关心的话题，还是学会各项工作的开展。在宴会上，她们见黄岩宣传部的杨部长对电影特别关心，便竭力鼓动杨部长和在座的其他领导能同意在黄岩举办一次中国电影音乐会议，没想到杨部长等人同意了她们的提议，于是1997年5月7日至14日在黄岩举办了一次别开生面的电影音乐晚会。

中国电影音乐学会的朋友们，前排左起：肖远、瞿希贤、吕其明、黄准

因为黄岩是黄准的老家，黄准又是此次会议的发起人之一，所以她提早两天来到黄岩，协助举办方具体安排会议的有关事宜。后来她还亲自到机场，与黄岩接待处的同志一起，把前来参会的音乐家逐个接到了阳光大酒店。虽然这次会议因为经费有限，应邀前来参会的音乐家不多，但个个都是著名的作曲家，如瞿希贤、王立

平、赵季平、徐沛东、雷蕾、李海鹰等都来了。会议时间安排得十分紧凑，在开幕式以后，只用了一天半时间开研讨会，大家既互相交流了各自的创作情况，也讨论了当时电影音乐创作中存在的一些新情况和新问题，会议气氛十分活跃。会议第二天晚上举行了一场"电影音乐会"，这次音乐会不仅让黄岩人民大开眼界，就是对黄准这些见多识广的音乐人来说，也是十分少见的。这些一直位居银幕后面，只见姓名不见面孔的作曲家们逐个登台露面，充满激情地演唱自己创作中最满意，也是观众最熟悉、最喜爱的电影歌曲。如雷蕾唱了《少年壮志不言愁》，赵季平唱了《妹妹你大胆地往前走》，王立平唱了《红楼梦》里的插曲……在黄准看来，他们在舞台上的出色表演，并不比专业演员逊色。其中给她印象最深的是年龄刚过 40 岁的徐沛东，他的演唱有声有色有感情，观众掌声雷动；他唱完一曲，观众便用掌声让他再来一曲。此前黄准与徐沛东并不熟悉，只知道他为不少电视剧写过音乐，而且其中许多作品让她印象深刻，如电视剧《篱笆、女人和狗》的音乐，就颇具作者个性风格。他创作的歌曲《十五的月亮十六圆》《亚洲雄风》等，也让人听后难忘，其作品在国内外曾多次获奖。徐沛东后来担任了中国音乐家协会党组书记，为中国音乐界做了许多工作。参加会议的学会顾问瞿希贤，也是中国音乐家协会副主席，她比大家年长，是我国为数不多的著名女作曲家之一。她虽然没有上台演唱，但黄岩的少年儿童演唱了她创作的《听妈妈讲那过去的事情》，也深深打动了广大观众。这是中国电影音乐学会第一次在会议召开的地方举办专场音乐会，这次别开生面的音乐会产生了轰动效应，不仅让黄岩民众有机会见到平时很难看到的一些著名音乐家，而且也让这些音乐家有机会直接面对广大观众，让自己的音乐作品在观众中得

黄准与作曲家徐沛东的合影

到检验。为此，参加会议的音乐家都很兴奋激动，就连平时不喜欢抛头露面的学会秘书长肖远，也上台发表了热情洋溢的讲话。会议结束后，与会者还参观了黄岩市容，游览了雁荡山等一些古迹名胜，进行了一次颇有意义的采风活动。

对于黄准来说，音乐家协会是她爱恋的又一个"家"，由于她曾担任中国音乐家协会的常务理事和上海音乐家协会的理事，所以只要音协一声召唤，她都会积极参加音协的活动。几十年来，她参加的音协活动主要有以下几种：一是参加由音协组织的各种会议；二是参加由音协组织的创作活动；三是在音协组织的各种比赛中担任评委。例如，她曾在中国音协在北京召开的"星海百年诞辰纪念和研讨会"上作为冼星海的学生代表发了言，既生动地阐述了冼星海对中国音乐的贡献，也真切地表达了自己对老师当年培养教诲的感激之情。她还参加了中国音协组织的内地音乐家赴香港参与的"亚洲作曲家大会"，这次会议给她留下了深刻印象。1981年3月初，由著名音乐家李焕之任团长，黄准、丁善德、江定仙、施咏康等12位作曲家为团员的代表团赴香港参加"亚洲作曲家大会"。这是黄准第一次来香港，对这里的一切都充满了好奇心和新鲜感。出席会议的除了香港的作曲家以外，还有来自菲律宾、日本、印尼、新加坡、新西兰、澳大利亚、泰国、马来西亚、斯里兰卡、韩国等国家以及台湾地区的作曲家，会议的内容主要是关于现代派音乐的研讨和交流。对于黄准来说，自从为影片《北斗》作曲以后，她总有一种饥渴感，很希望能有机会

香港亚洲作曲家大会合影（右一为李焕之，右四为丁善德，右六为黄准）

了解与学习现代派音乐，以便拓宽其创作思路，丰富其艺术表现手段。所以这次会议犹如及时雨，她非常珍惜这次机会，每天的活动都作了记录。会议除了有一系列的演讲、发言和研讨活动之外，还安排了一些演出活动。李焕之代表大陆作曲家所做的《25年来中国音乐的发展》之演讲，颇受欢迎和好评，让黄准也为之自豪。在会议期间，黄准既见到了香港的费明仪等一些老朋友，也结识了不少新朋友，收获很多。

除了积极参与中国音协的各种活动外，黄准还较多地参与了上海音乐家协会组织的各种创作活动，并写了不少各种类型的歌曲，其中少儿歌曲《在老师身边》曾获中国第二届文艺作品评奖一等奖；为迎接香港回归而创作的《紫荆谣》等，也曾获得广泛好评。另外，她还担任了各项比赛活动的评委，在选拔和培养新人、推荐好作品等方面做了不少有益的工作。令她最难忘的是上海音乐家协会每年举办的春节联欢会，许多平时难得一见的老同事、老朋友聚集在一起共享欢乐，让她切实有一种"家"的温馨与欢乐。

与美术界朋友的交往

黄准和画家吕蒙结婚后，在丈夫的引导和帮助下，开始进入美术天地。她不仅看了许多美术书籍和画册，逐步了解了中国清代的八大山人、齐白石、徐悲鸿、黄宾虹，以及外国的梵高、高更、马蒂斯等著名画家及其作品，而且还在吕蒙的引荐下认识了不少美术界的朋友，并对绘画产生了浓厚兴趣。

黄准认识的第一位著名画家是刘海粟，那是1954年8月她和吕蒙结婚后不久，正是盛夏酷暑，天气炎热，于是他们借着婚假到庐山避暑，上山后刚巧和刘海粟夫妇同住在一栋欧式小洋房里。在近半个月的时间里，大家在朝夕相处中逐渐熟悉起来。白天他们一起游览庐山，晚饭后就坐在门口的小院子里，随意聊天。黄准和吕蒙都不善言辞，刘海粟的夫人夏伊乔话也不多，而刘海粟则十分健谈。他海阔天空地讲自己过去的经历、他的绘画，以及遭受的挫折和获得的荣誉，其言谈豪放，让黄准感到有一种侠气，听得津津有味。刘海粟的夫人夏伊乔待人热情，每当黄准和吕蒙去探望时，她总是盛情招待，端茶送水果，有时候还硬要留他们吃饭。刘海粟丰富多样的生活经历及其在绘画创作上的成就，使他在"文革"中成为首当其冲的"反动权威"而受到严厉批判和抄家；作为画院领导的吕蒙因为与刘海粟等一批老画家关系密切，也被称为"牛鬼蛇神的大红伞"而经常被带去陪斗。"文革"结束后不久，黄准陪同吕蒙去探望刘海粟，只见他的家里已被造反派糟蹋得不成样子，门窗、桌椅都坏了；刘海粟夫妇见他们来拜访非常高兴，一定要买点心来招待他们。当他们临走时，刘海粟打开已被砸过的画库，坚持要送一幅尺寸很大的山水油

画家刘海粟在黄准家做客，饭后即兴作画

画给他们；黄准夫妇当然不肯接受如此贵重的馈赠，经再三推让后，他们才收下刘海粟一幅尺寸较小的山水水墨画。不久后，黄准和吕蒙邀请刘海粟夫妇到家里共进晚餐。因黄准不太会烧菜，也不善于张罗，只是一顿很简单的便饭，但特意为刘海粟准备了一瓶好酒。刘海粟兴致很高，还没有吃饭，便要他们在画桌上铺好宣纸、放好笔墨，他当场挥毫，没多久就画好了一幅山水画，并在画上题了一首诗："肯使虎头称画圣，不容摩诘老诗坛，驰毫岂有愚公力，万壑千岩纸上看。"诗后还写道："于饮酒酣泼墨，一挥而成然画，狼藉有如三尺之童。刘海粟年方八四。"其字里行间流露出来的潇洒豪迈气概和年轻心态，让黄准既钦佩又感叹。

黄准相识的另一位著名画家是程十发，他和吕蒙的关系很好。当年他还是一个闲散在家的画师时，是吕蒙把他请到美术出版社从事连环画和插图创作。黄准曾随吕蒙一起到程十发家里拜访过几次，彼此建立了很好的友谊。程十发还给黄准送来了一套四张色彩华丽的花鸟画，黄准非常喜欢，也十分珍惜。后来程十发接任了上海中国画院院长的职务。他还为吕蒙画册撰写了情感充沛、热情洋溢的序言。他在序言里说："吕蒙同志是我革命的领路人。是吕蒙同志安排我进入华东人民美术出版社工作，'文革'后吕蒙同志又担任上海中国画院院长，又成为我的领导，我一直对他怀着崇敬的心情。"

除了以上两位绘画大家外，黄准还相继结识了赖少其、沈柔坚、唐云、应野平等一批画家。

沈柔坚虽然是吕蒙在新四军里的另一位老同事、老战友，但黄准与他的接触是

吕蒙和画家程十发（中）、关良（左）合影

在吕蒙去世不久后。当时在上海"福寿园"举行落葬典礼时，要为吕蒙举办一个小型画展。为此，黄准到沈柔坚家里请他写一张"吕蒙画展"的横幅，他一口答应，第二天就写好送给黄准。

1986年，原上海美协主席沈柔坚（右一）和夫人（左一）参观"吕蒙画展"

唐云也是吕蒙最喜欢和最敬重的老画家之一，吕蒙不仅喜欢他的画作，也喜欢他的为人。唐云体型高大略显肥胖，声音洪亮，性格豪爽，不拘小节。其为人洒脱爽朗，其画风也飘逸潇洒。他曾把吕蒙和黄准请到家里参观其紫砂壶藏品，展示其

吕蒙（右二）和画家唐云（右一）的合影

各种收藏。他收藏的那些形状各异的紫砂壶就分别放在楼道周边的木柜里，一个个精雕细刻、小巧玲珑，十分美观，这些紫砂壶是非常珍贵的。同时，唐云也是一个很有学问的人，与他在一起交谈会让人有一种超凡脱俗、远离尘世的感觉。唐云曾请吕蒙和黄准到龙华寺去吃过一次素斋，据说那里是他常去的地方。他去那里不仅是吃素斋，重要的是和那里的方丈谈古论今，切磋画艺，探讨人生哲理。对于黄准来说，这是她第一次走进寺庙，更是第一次吃素斋。饭后，唐云带着吕蒙和黄准参观了寺院，宏伟壮观的寺院建筑给黄准留下了很深的印象。

在外形、气质和个性上与唐云有较大差别的另一位老画家应野平，与吕蒙和黄准的关系也较亲近。应野平外表瘦弱纤细、温文尔雅，说起话来柔和细致。他擅长画山水，特别喜欢画黄山，曾四次登上黄山观察体验，所以人称其为"新黄山派"。看他的山水画，黄准觉得其画除了具有壮观宏伟的特点之外，还蕴藏着一种他特有的细腻和精致，粗中有细、刚中带柔，这是其独具的特色。黄准的儿子小萌结婚时，婚礼办得非常简单，除了邀请两家的几位亲属外，没有告知其他同事。但应野平不知从何处得到消息，竟然不请自来，并带来一幅画作为礼品。他的到来不禁让小萌有一种受宠若惊的感觉。

当中国美协和上海美协组织一些活动时，有时候黄准也会随吕蒙一起参加，在活动中也认识了一些著名画家。有一年黄准和孩子跟随吕蒙一起参加美协组织的写生活动，在同去的一批画家里，韩美林给她留下了很深的印象。当时韩美林还是一位十分活跃的青年画家，他性格开朗，能言善语，很容易接近。他特别喜欢画那种人性化的小动物，其形象生动可爱。他还非常大方，不仅给黄准画了一幅绒毛长长的小狗，而且给孩子也画了一张。由此开始了他们之间的友谊与交往。2008 年 1 月，上海电视台在上海大剧院举办了一次规模盛大的"星光奖"颁奖晚会，许多艺术家应邀担任颁奖嘉宾。黄准正巧被安排坐在韩美林旁边，老朋友多年不见，非常兴奋和激动。韩美林竟然与黄准热烈拥抱了两次。在美协的另一次活动中，黄准遇到了著名漫画家华君武，他是黄准在延安鲁艺时的老同学。在黄准眼里，他是一位杰出的漫画家，具有敏锐的思维和眼光。新中国成立后，他虽然一直在北京美术界担任领导工作，但其创作却一直没有中断过，时有佳作问世。吕蒙逝世后，上海美术馆为其举办"吕蒙遗作展"，黄准特邀华君武担任嘉宾。此时他已 80 多岁了，还是慨然应允，特地从北京到上海参加画展开幕式。

由于吕蒙的关系，黄准在美术界还结识了不少画家，并与之建立了良好的关系。例如，因关良是吕蒙当年在广州美术学校学习时的老师，故吕蒙对他十分敬重。黄准很喜欢关良的戏剧人物画，曾随吕蒙去探望过他。著名画家张乐平的家与黄准的家较近，黄准曾带着孩子们去张乐平家拜访，看他如何画"三毛"，他对孩子们十分和蔼。

由于吕蒙长期在上海美术界担任领导工作，其待人处事往往先人后己、不计个人得失，所以结交了很多朋友，大家对他的画艺和人品都有很高的评价。吕蒙逝世后，2009 年上海美术馆举办了"刀笔之魂——吕蒙画展"，黄准邀请时任中国美协

黄准和儿子小萌、女儿小薇在吕蒙大型画展
"刀笔之魂"揭幕式上

主席和中国美术学院院长的肖锋前来参加座谈会和画展，肖锋在会上发表了热情洋溢的讲话。同时在吕蒙文集《刀笔之魂》中，肖锋还撰写了万余字的文章叙述并赞颂了吕蒙在美术领域里的感人事迹和创作成就，称吕蒙是"中国美术的奠基者之一"。

与美术界朋友的交往和友谊，不仅使黄准开阔了艺术视野，进一步提高了艺术修养，而且也使她更真切地感受到人间真情，这对她的音乐创作是十分有益的。

黄准（左二）和画家莫朴（右三）、肖锋（右一）的合影

第十章

晚霞美景

我想只有工作才能使我的生活获得新的生命。只要我的生命不息，我的创作就不会停止！

——黄准

生命不息，创作不止

人到暮年，本该很好地颐养天年，轻轻松松地安度晚年，但对于黄准来说，她所钟爱的音乐创作不可能停止，因为只有在创作中她才能获得生活乐趣，感受到生命的活力，所以，只要有机会、有灵感，她就会写出一些新的作品，其音乐创作仍然在不断延续发展。

例如，2005 年 6 月，黄准应邀为故事片《温州商人》作曲。该片由邢志刚导演，王伟平、宋小宁主演，它讲述了 20 世纪 60 年代初期的温州，曾饱尝贫困之苦的男主人公郑文武在"集体"的体制下开始实行合伙经营，自负盈亏，逐步把一个小小的建筑社发展成为一个拥有 24 个工程队的大型建筑公司。80 年代改革开放后，他又毅然辞去公司领导职务，与几位朋友合伙办起了化工冶炼厂，率先成为当地巨富。但他致富以后没有忘本，仍经常扶贫济困、行善四方，由此也在其合伙人和家庭中引发了一系列的矛盾冲突。黄准根据影片剧情发展和人物塑造的需要，既注重让音乐在叙事中发挥了很好的作用，也注意凸显了地域特色。

又如，2006 年 12 月，黄准应邀为故事片《明星梦》作曲。该片由陈军导演，金巧巧、朱袁员、诺明花日主演，它讲述了青岛市某小学赵子若、宋冰冰和赵大鹏三个同学在学艺、当明星的道路上的曲折经历和不同的结果，以及学校老师与家长在教育孩子方面的不同态度、方法和效果。这是一部儿童片，黄准的配乐充满了青春朝气，符合影片叙事内容和人物形象的特点，有效地增强了影片的艺术感染力。就在这一年，黄准还应上海华东医院俞卓伟院长之邀，为该院的"院歌"作曲。这首歌的歌词是俞卓伟院长自己写的，歌词既有意境，也朗朗上口，不仅写出了医护工作者所肩负的神圣使命，而且也写出了华东医院的特征。为此，黄准对歌词没有作太大改动，很快完成了作曲任务。为了进一步完善这首"院歌"，黄准还到排练现场听院里医护工作者演唱。在全院医护工作者的努力下，华东医院取得了上海市医务行业歌咏比赛的第一名，黄准为此也感到很高兴。

黄准住院期间和上海华东医院院长俞卓伟（中）及医护人员合影

再如，2008 年 5 月 12 日，四川省汶川发生了大地震，灾区人民的遭遇和灾后重建工作也牵动着黄准的心。她除了不断从新闻媒体的报道中了解灾区的各种情况，关心灾区重建工作和当地受灾民众的生活之外，还即刻创作了抗震救灾歌曲《阳光的家》，充分表达了一位作曲家对灾区民众深厚的情感。这首歌曲发挥了很好的作用，受到了大家的欢迎和好评。

另外，2012 年黄准还为多媒体音乐原创京剧《涅槃之夜》作曲，在创作中进行了一些新的探索。该剧剧情来源于小说《红岩》，由电影演员出身的佟瑞敏执导，将纪实影像资料、灯光音效、舞蹈等多媒体技术手段融入传统京剧，创造出电影蒙太奇般的视觉效果，编导希望能以此吸引更多中青年关注传统京剧艺术。黄准为该剧作曲，其音乐为剧作添色不少。

作为一个音乐家，黄准长期以来与所在社区居民保持着良好的关系，特别是离休以后，她经常参加社区和街道的一些社会活动。2013 年，由上海市民文化节指导委员会指导，上海市群众艺术馆、上海音乐家协会等单位承办的"写给城市的歌"

比赛活动在社区展开。黄准应所在社区和街道的邀请，创作了参赛歌曲《梧桐情，社区梦》，这首歌很好地表达了她对社区生活的感情，不仅深受社区居民的喜爱，而且还在这次比赛中获奖。

与此同时，黄准也开始回顾总结自己的人生道路和创作历程，力求为后人留下一些自己的生活感悟和创作经验。她既配合出版社编辑出版自己的音乐作品集，又努力撰写出版自己的自传，在传记文学创作上进行了一些探索。

2009 年，黄准荣获老干部勋章后留影

2009 年 8 月《黄准歌曲集》和《黄准声乐作品精选》由上海音乐出版社出版，这两部作品集汇编了黄准多年来音乐创作上的一些主要作品，是她创作成就的结晶。其实在 1998 年 8 月，上海音乐出版社就曾出版了《一支难忘的歌——黄准创作歌曲选》，颇受大家欢迎。黄准于 8 月 13 日出席了由上海音乐出版社和上海音乐家协会联合举办的《黄准歌曲集》和《黄准声乐作品精选》首发式活动，市委宣传部、市文广集团的领导和许多老朋友、老同志出席了活动，秦怡、朱践耳、吕其明、陈钢、徐景新等电影艺术家和音乐家都作了热情洋溢的发言。对于与会的专家同行与众多朋友的高度赞扬和热情祝贺，她感到十分欣慰。

2010 年 10 月，黄准撰写的《向前进，向前进！——我的自传》由上海音乐出版社出版。此前在 1998 年 11 月，上海音乐出版社曾出版过黄准的自传《旋律——我人生的路》（与金淑琪合作），这是一部较为简洁的自传作品。而这部《向前进，向前进！——我的自传》不仅补充了许多新的史料，而且对一些人生经历和历史事件的叙述也更加详细了。这部自传作品是黄准花费了近三年的时间，不畏劳苦，辛勤写作的成果。10月21日，由中国电影音乐学会、上海电影家协会、上海音乐家协会、上影集团、上海音乐出版社等联合举办了"岁月的河汇成歌——热烈恭贺著名作曲家黄准《向前进，向前进！——我的自传》出版首发活动"，黄准满怀喜悦之情出席了这次活动，她衷心感谢各级领导和众多朋友在她的创作道路上所给予的关心和帮助。

上述音乐作品集和自传的出版，是黄准对自己人生道路和音乐创作的回顾和总结，正如她自己所说："我尽力了，我把我自己的一生真实地记录了下来。我这一生并没有什么更大的作为，但自以为这几十年的生涯过得并不算太平庸，有时还充满着戏剧性。"她用自己的行动在实现其"只要我的生命不息，我的创作就不会停止"的诺言。

创作成就显著，获得多种奖励

由于黄准在音乐创作，特别是影视音乐创作方面取得的显著成就，故而自20世纪90年代起，对她的各种表彰和奖励也接踵而至，这既是对她一生的创作成就和艺术追求的充分肯定，也对她产生了新的激励和鞭策。

首先，上海各文化单位曾多次举办黄准创作的作品音乐会，以褒奖她在音乐创作方面所取得的成就，并扩大其音乐作品的影响力。

例如，1998年5月22日由上海电影家协会、上海电视家协会、上海东方电视

1998年，黄准作品音乐会留影

台等单位联合举办的"黄准作品音乐会"在上海广电大厦举行，中共上海市委副书记龚学平、市委宣传部部长金炳华等领导，以及张瑞芳、秦怡、王立平等著名艺术家出席了音乐会。音乐会演奏了黄准创作的电影音乐代表作《女篮 5 号》《蚕花姑娘》《舞台姐妹》《红色娘子军》《牧马人》《北斗》等故事片及动画片《小猫钓鱼》的插曲和主题歌曲；同时，在上海影城展示了黄准各个历史时期艺术活动的"黄准艺术生涯六十年图片展"，产生了较大的社会影响。

又如，2011 年 10 月 8 日晚，由上海电影（集团）有限公司主办，上海文广演艺集团、上海爱乐乐团共同协办的"岁月的河汇成歌——黄准影视作品音乐会"在上海音乐厅举行。中共上海市委副书记、市长韩正，市委副书记殷一璀，市委常委、副市长屠光绍，市委常委、宣传部部长杨振武等领导出席观看了音乐会。音乐会分为儿童篇、青春篇、民族篇及地方篇，带领观众从不同的主题及角度感受黄准丰富多样的音乐创作。其中有动画片《小猫钓鱼》的主题歌《劳动最光荣》，故事片《女篮 5 号》的主题歌《青春闪光》，《爱情，你姓什么》的主题曲《美呀，生活》等。除了管弦乐合奏，童声齐唱、女声独唱、女声小合唱、男声小合唱、男女二重唱等样式，音乐会特别邀请了著名歌唱家刘秉义带来电影《牧马人》的主题歌及电视剧《何穆医生》的主题歌《故乡的路》等作品。音乐会开场演奏了由黄准作曲、田汨编配的交响序曲《红色娘子军》，音乐会的尾声则用交响合唱的艺术形式再度演绎了《红色娘子军》，通过首尾呼应，把观众的情绪一次次推向高潮。85 岁的黄准在演出尾声时登上舞台，她激动地表示："是党培养了我，我牢记毛主席的话：生活是创作的源泉！我有生之年还会为人民继续创作更多更好的作品！"

其次，电影界、音乐界和政府主管部门也不断给黄准颁发各种重要奖项，以表彰她几十年来在音乐创作上所取得的显著成绩，以及为中国电影音乐的发展所做出的重要贡献。

2005 年 6 月 15 日，黄准与汤晓丹、陈鲤庭、特伟、谢晋、吴贻弓、黄蜀芹、张瑞芳、秦怡、王丹凤、舒适、顾也鲁、孙道临、梅朵、徐桑楚、吕其明等 16 位老一辈电影艺术家荣获了由上海电影评论学会评选的"上海电影杰出贡献奖"，以表彰他们为上海电影发展所做出的重要贡献。同年，在"纪念中国电影百年华诞，当代中国电影音乐庆典"活动中，她被授予"终身成就奖"。

对于黄准来说，2009 年是一个"获奖年"，各种奖励纷至沓来：9 月 29 日，她在上海市委党校接受了上海市老干部局颁发的"上海市离退休先进个人"的荣誉证书，她和其他获奖者胸前都戴上大红花，登上舞台接受了上海市领导的颁奖。10 月 27 日至 11 月 1 日她赴北京参加了北京市主办的"青少年公益电影颁奖典礼"，她创作的《娘子军连歌》荣获了"中国十大电影歌曲奖"。在颁奖会上，她见到了于蓝、于洋、田华、祝希娟、王立平、傅庚辰、郑绪岚等电影界和音乐界的老朋友，感到格外高兴。11 月 19 日，黄准出席了上影厂建厂 60 周年庆祝大会，中共上海市委书记俞正声等领导前来参会祝贺，她与十多位上影厂的老电影人一起荣获了上影集团颁发的"杰出贡献奖"。11 月 27 日，她在广州出席了第七届中国音乐"金钟奖"颁奖典礼，荣获了"中国音乐家协会金钟奖终身成就奖"，同时获奖的有笛子演奏家陆春龄、作曲家杜鸣心、歌唱家郭兰英等。该奖项是颁给 80 周岁以上、从事音乐满 60 周年并做出杰出贡献的音乐家的综合大奖，黄准获得这项大奖，应该是实至名归。她说："这是对我一生的肯定，让我感到非常的欣慰！"

此外，2010 年 2 月 3 日，黄准和秦怡、陆春龄又荣获了上海市委宣传部颁发的"上海文艺家终身荣誉奖"。能在上海众多著名文艺家中脱颖而出，获得这一重要奖项，兴奋之余也让她有点出乎意料之外的感觉。她说："这次意外的惊喜给了我莫大的鼓舞。我 34 岁进上海，在上海的 50 年中我一直在上影厂勤勤恳恳地工作、写作。今天的这个奖是对我一生工作的肯定，我将继续努力！"6 月 19 日，黄准应邀在上海乌鲁木齐路甲 1 号参加宁兴百纳影视传播有限公司举办的电视剧创作拍摄新闻发布会，她没有想到，该公司还借此机会同时为她举办了一个恭祝其 85 岁生日的庆贺会，让她感到十分温暖。

黄准在中国电影百年华诞联欢会上指挥大家唱响《黄河大合唱》

黄准在"当代中国电影音乐庆典"活动中获"终身成就奖"

《娘子军连歌》在北京"青少年公益电影颁奖典礼"上获"中国十大电影歌曲奖"，此为颁奖典礼上的合影（前排右一为黄准）

黄准（左一）荣获"中国音乐家协会金钟奖终身成就奖"

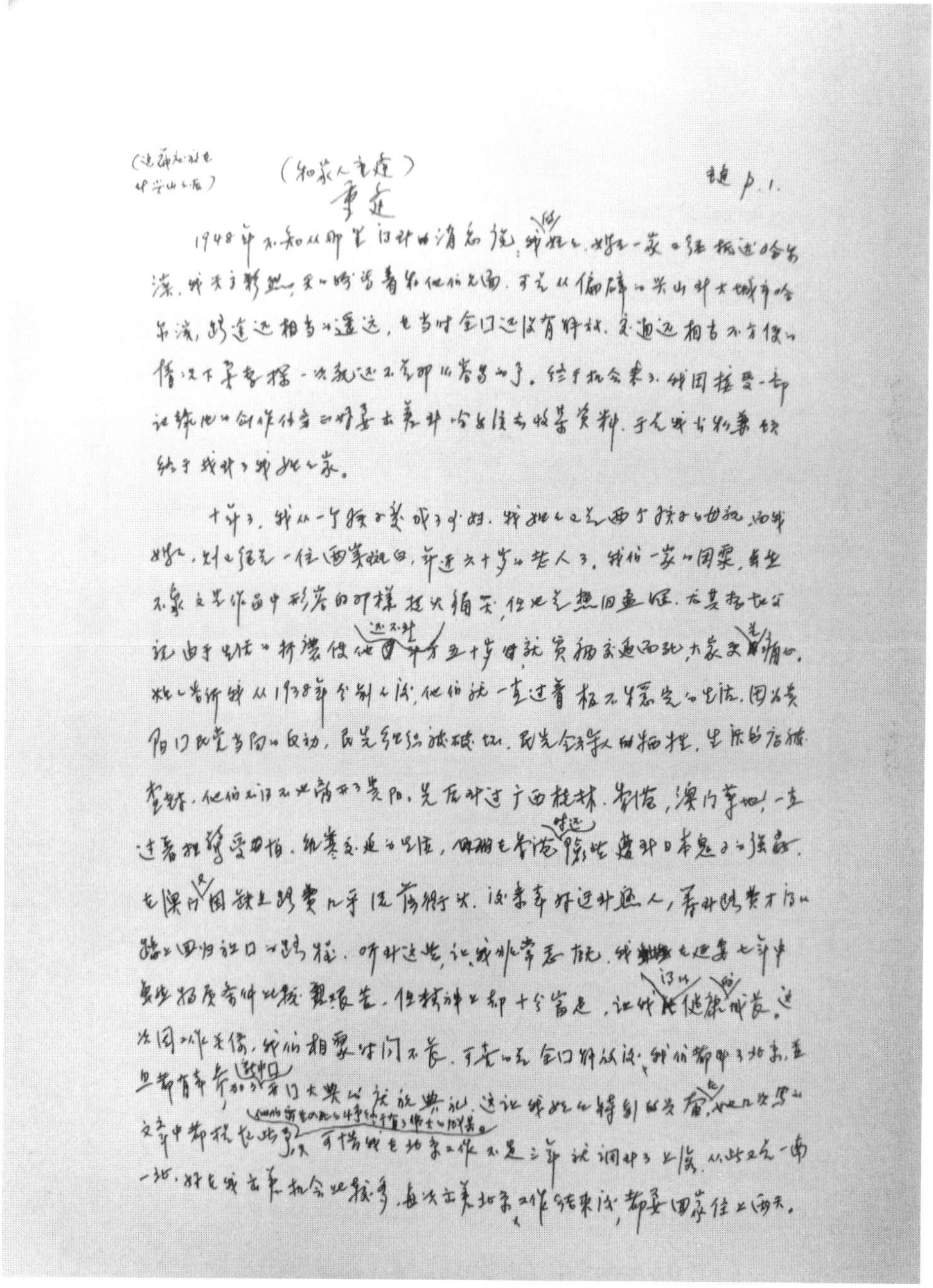

（和家人重逢）
事迹

1948年...

黄准手稿

二〇〇九年度上海文艺创作和文艺家荣誉奖颁奖仪式合影留念

二〇一〇年二月

黄准、秦怡、陆春龄获上海市委宣传部颁发的"终身荣誉奖"后，与时任上海市委宣传部部长的杨振武等合影

宁兴百纳影视公司为黄准庆祝 85 岁生日

海上谈艺录 ◆ 黄准卷

是的，各种奖励、荣誉和关怀既是对黄准一生勤恳工作和突出贡献的充分肯定，也是对她的鞭策和激励；尽管她已届耄耋之年，但她仍决心在有生之年继续在音乐创作中不断探索，争取再立新功，为中国影视音乐的发展做出新的贡献。

白驹过隙，岁月如梭，2015 年 6 月 19 日，黄准在上海迎来了 90 华诞。著名主持人崔永元应邀到场，为黄准生日主持庆贺，而"星梦行动"影视公益活动启动仪式也同时举行。当晚，著名电影艺术家秦怡、白桦、牛犇、祝希娟，以及中国文联副主席丹增、上海电影制片厂原厂长、著名导演于本正等都前来为黄准祝贺 90 大

2015 年 6 月，黄准 90 岁庆贺会，几位老友相聚，
后排左起：向梅、许朋乐、牛犇、祝希娟

黄准 90 寿辰，崔永元特来庆贺

黄准 90 寿辰，四代同堂

2017年春节，与秦怡、吕其明相聚

2017年冬，与"鲁艺"老同学孟予相聚

黄准获得的各类奖项

寿，在大家共话中国电影未来的同时，也宣告了"星梦行动"系列公益活动正式启动。看到有这么多朋友和领导前来贺寿，黄准沉浸在幸福之中，她为大家真挚的情谊所感动。

刘禹锡诗曰："莫道桑榆晚，为霞尚满天。"耄耋之年的黄准就保持着这样的心情，她仍然以"向前进，向前进"的生活姿态与艺术追求，在人生旅途和创作道路上继续奋进，力求有新的贡献，并能进入新的境界。人生如诗，踏歌而行，她用音符和旋律谱写了一曲激昂动人的生命之歌。

结 语

在新中国影视音乐创作发展史上，黄准以自己的勤奋和才华，创作了不少颇具个性风格的成功的音乐作品，产生了很大影响，获得了多方好评。作为新中国第一位从事电影音乐创作的女作曲家，同时也是延安鲁艺培养出来的新中国第一代影视音乐作曲家，黄准的一生与中国影视音乐的繁荣发展密不可分。她从1948年2月为东北电影制片厂拍摄出品的第一部短故事片《留下他打老蒋》作曲开始，近70年来相继为近50部故事片、动画片、纪录片以及100多集电视剧和大量歌曲作曲，取得了非常显著的艺术成就。其中以《劳动最光荣》《娘子军连歌》《一支难忘的歌》等为代表的影视剧主题歌，特色鲜明，流传很广，传唱至今。其创作成就不仅奠定了她作为一名优秀的作曲家在新中国影视音乐发展史和中国音乐发展史上的重要地位，而且也为后来者提供了许多丰富、宝贵而值得珍视的创作经验。

回顾黄准音乐艺术的创作历程，探讨其音乐作品的美学风格，总结其多样化的艺术经验，窃以为主要表现在以下几个方面：

第一，黄准在长期的音乐创作中能不忘初心，有明确的人生理想和艺术追求，能始终坚持为人民大众而创作。托尔斯泰曾说："理想是指路明星。没有理想，就没有坚定的方向，而没有方向就没有生活。"黄准从小在姐姐、姐夫的教育和引导下，向往革命、追求真理，年仅12岁就因为参加抗日游行而被国民党政府抓进监狱；后来到延安鲁迅艺术学院学习，不仅接受了较系统的革命文艺知识，确立了自己的文艺观和艺术发展方向，而且加入了中国共产党，成为一名有崇高理想的坚强的革命文艺战士。在此期间，跟随著名音乐家冼星海学习音乐的经历，则影响了她的一生。她曾说："我12岁那年，因为参加抗日游行被抓进监狱，是党组织营救了我，把我送到了延安，被鲁艺音乐系主任冼星海引领上了音乐道路。从此，我的人生就再也无法与音乐分离。"黄准认为，冼星海不仅是她的音乐启蒙者和导师，而且"他身上那股为人民创作的精神，更是影响了我一辈子"。

正因为如此，黄准在音乐创作时十分重视深入生活，关注民情，了解民心，她认为人民大众的实际生活是音乐创作取之不竭的源泉。她曾说："'生活是创作源泉'，这句话对于我来说，是刻骨铭心的！确实是这样。我总觉得没有那些丰富多彩的生活感受，就不可能有我创作出的那些旋律。"在多年的创作生涯中，她养成了在生活中激发音乐创作激情的习惯。每当她接受了为电影或电视剧谱曲的任务后，都能克服各种困难，随编导人员或摄制组下去体验生活，并进行音乐采风。她始终把创作之根扎在人民中间，认真向普通民众学习，注重从现实生活中汲取各种营养来丰富和发展自己的音乐创作。

例如，她在回顾当年为故事片《新儿女英雄传》作曲时曾说：接受创作任务后，"我深感自己的不足，唯有用努力来弥补。首先，我认真地深入生活，收集民间资料，以填补我生活不足这一空白"。为此，她白天跟随摄制组在白洋淀的芦苇荡里一同深入生活，"我希望通过下生活能捕捉到这一水上战斗的特点和游击队员的音乐形象，所以在工作中从不叫苦叫累，并且每天晚上还要深入到民间去收集当地的地方音乐。导演对我这种敬业精神非常满意"。正是通过这样的努力，她才顺利完成了影片的作曲任务，使音乐成为该片艺术创作的重要组成元素。这部影片不仅获得了文化部颁发的"1949—1955 年优秀影片"三等奖，而且还获得了第六届卡罗维·发利国际电影节导演特别荣誉奖，成为新中国第一部在国际电影节获奖的故事片。

又如，她为了写好故事片《红色娘子军》的音乐，曾连续三次深入到当年娘子军连战斗过的海南岛五指山地区，沿着娘子军生活战斗过的地方一路走过去，甚至还进入了原始森林，"体验了即使当年在延安也不曾经历过的艰苦生活和惊险遭遇"；同时，她还不断搜集当地的民间音乐素材，仔细研究和认真分析海南音乐的特点，逐渐熟悉了海南独特的地方音乐色彩。在这样的基础上创作出了影片的音乐和插曲，并进行了反复修改。在影片最后一次混录时，她"听着自己写的音乐，感受到强烈的震撼，竟然情不自禁地流下了眼泪"。的确，任何文艺作品只有先感动了作者本人，才有可能感动其他观众或读者。《红色娘子军》上映后一鸣惊人，广受欢迎和好评，不仅在第一届《大众电影》"百花奖"的评选中荣获最佳故事片奖、最佳导演奖、最佳女演员奖和最佳男配角奖，而且还曾创造了总观影 6 亿人次的票房纪录，是一部深受广大观众喜爱和欢迎的"红色经典"影片。该片既是谢晋导演最有影响的代表作之一，也让黄准一举成名天下知，《娘子军连歌》则成为其电影音乐代表作，广为流传，传唱至今。

再如，为了创作故事片《淮上人家》的音乐，她随摄制组不仅到安徽最贫穷、生活最困苦的淮河地区体验生活，而且还到修建佛子岭大坝的建筑工地去和工人们同吃、同住、同劳动。为了写好故事片《燎原》的音乐，她曾随摄制组深入安源煤矿去熟悉煤矿工人，了解他们在旧社会的生活和劳动状况。她既参观了矿区，访问了烈属和矿工家属，也下到矿井最底层，具体了解和体验矿工们的真实生活；由此她得到了创作的灵感和启迪，"找到了这部电影音乐的灵魂和音乐的基调"。为了创作故事片《香飘万里》的音乐，她曾随导演等人到偏远的云南西双版纳傣族聚居地区深入生活，搜集音乐素材。为了写好《苗家儿女》的音乐，她曾去了广西的大苗山区，深入苗寨，了解苗家儿女的生活状况。为了写好故事片《舞台姐妹》的音乐，她曾到越剧的发源地嵊县一带体验生活，既熟悉了越剧发展变革的历史，也学习了越剧的各种唱腔流派。为了写好故事片《牧马人》的音乐，她还到过西北边陲的兰州地区，寻找音乐资料。无需再逐一举证，黄准在创作中对深入生活的重视已由此可见一斑。

可以说，几十年来，为了创作好影视音乐作品，黄准的足迹遍布全国各地，她不断深入现实生活，积极寻找音乐素材，从底层民众生活中汲取营养，并获取创作灵感，努力创作出既能符合影视剧艺术需要，又能为广大观众所喜闻乐见的音乐作品。正如著名评论家陈荒煤所说："她每接受一部新影片的创作任务时，总牢牢记住艺术的源泉来自生活的教导，总坚持要到人民群众的斗争和生活中去观察、体验，我觉得这就是她的创作能够获得很大成果的最根本的原因。"同时，由于她早年的生活经历也比较丰富多样，而这些生活经历、生活经验和生活感悟对于她的艺术创作来说，则是一种宝贵的财富。诚如她自己所说："我总觉得这些丰富多彩的生活感受，是我创作的源泉，没有这些生活就不可能有我创作的那些旋律。这些绚丽多彩的生活经历，是我的骄傲，是我的资本。它们使我品尝了各种生活的滋味，领略了各种生活的甘苦，增添了许多知识，是它们使我感到充实，是它们使我在思维中产生丰富的、源源不断的多彩的旋律。"显然，离开了生活的源泉和生活的馈赠，文艺创作的生命就会枯竭。黄准之所以能长久地保持着旺盛的音乐创作生命力，就在于她深谙此理，并切实付诸实践。

与此同时，黄准在深入生活的过程中，还把自己艺术创作的根深扎在民族民间音乐之中，每到一处，她都通过音乐采风，虚心学习当地的民族民间音乐，并巧妙地予以借鉴和改造，然后运用到自己的创作之中，不仅使之在原有基础上得到了升华，更具时代特色和艺术表现力，而且也能使影视剧的音乐更鲜明地凸显出地域特色，能更好地为揭示影片主旨和塑造人物形象服务。全国许多地区的民歌和戏曲音乐，都曾被黄准在创作中作为其影视音乐的素材。例如，她在《淮上人家》的音乐中曾采用了一首收集到的安徽民谣，因为"这首民谣不仅内容与剧本十分贴切，而且曲调也很好听，并且具有很强的安徽地方特色"。《红色娘子军》的音乐兼有琼剧和黎族民歌的多种元素，显示出海南音乐的特点。《舞台姐妹》的音乐均取材于越剧音乐，并在此基础上有所创新。《苗家儿女》的音乐采用了苗族民歌，并作了一定程度的改进。《蚕花姑娘》的音乐体现了较典型的江南水乡的民俗风情，优雅动听。而《北斗》的音乐较好地呈现出陕北高原音乐独特的艺术风格，粗犷豪放。至于《牧马人》中的《敕勒歌》，则借鉴运用了裕固族民歌的调式和音乐，采用了北方草原民歌中较普遍的羽调式，在节奏上吸收了散板的特点，造成长与短、松与紧的鲜明对比。总之，黄准为了真实地再现不同影片中的特定情景，塑造好不同的人物形象，她巧妙地学习、借鉴和运用了相关地区的民族民间音乐元素，使之服从于影视剧叙事内容的需要，从而使之呈现出多姿多彩的地域特色。

黄准之所以坚持采用这样的创作方法，注重从当地的民族民间音乐中汲取艺术营养，获得创作灵感，是和她在音乐创作中十分重视民族美学风格的建构紧密相关的。黄准认为："音乐有一种特殊的功能，它能够非常敏锐地表现出民族的、地方的和时代的特征，它能唤起人们对某个地方或某个时代亲切的回忆和联想。电影是综合艺术，它包含着视觉与听觉两种形象的结合，因此，如何在影片中使用音乐这一有力的手段，更好地突出民族风格、时代气氛，都是非常重要的。"而"一部作品有无鲜明的民族风格，常常是决定它是否会受到群众的欢迎的重要关键。因为人民热爱自己的民族文化，他们要求在新的创作中继承优秀的民族传统，民族风格的突出，也体现着一个民族艺术的逐渐成熟。然而民族风格是否能够形成，首先决定于创作者对这问题的理解是否正确，也就是说，必须先有了正确的指导思想才能创造出好作品来"。这些从创作实践中提炼出来的观念和总结出来的经验，是符合艺术创作规律的。长期以来，黄准在这方面的不懈努力和积极探索成效显著，她为影视音乐民族风格的建构做出了突出贡献。对此，陈荒煤曾作过这样的评价："黄准在电影音乐创作的实践中，始终不渝地探索、寻求民族风格的精神。她不是简单地搬用与模仿一些民歌的形式和曲调，而是通过生活的感受并且结合人物的命运、性格、思想感情的发展与变化，汲取当地的民族民间的音乐特色而进行再创造。这样，她就能够发挥音乐特殊的功能，来表现民族的、地方的、时代的特征。她的一些成功的创作，都有民族的风格，而又富于时代气氛。"此言甚是。

第二，黄准的音乐创作能根据影视剧叙事内容和人物形象塑造的需要，努力用音乐强化叙事内容、表现思想主旨、揭示人物情感，即注重创造出独具特色的音乐形象，使声画有机融为一体，从而产生独到的艺术效果。对此，她曾说："如何在影片中塑造准确鲜明的音乐形象，是我们在电影音乐创作中需要不断追求的目标，也是创作成败最主要的关键。只有找到了与电影完全融为一体的音乐形象，才能帮助电影的视觉形象起到更大的渲染烘托作用，也只有当声画更有机地结合之后，才能使音乐形象更加鲜明。"那么，什么是音乐形象的塑造呢？她认为："电影音乐形象的塑造，可以分为外部情景的描绘与内在心理的刻画两方面。外部情景的描绘是容易的，但要使音乐具有感人的力量，只有当它深刻地刻画了人物思想感情的时候才能做到。因而，在塑造音乐形象时，首先要求作者对他所要写作的内容有充分的理解并充满着激情。只有当作者具备了充沛的、健康的感情的时候，他所创造的音乐形象才能是深刻感人的——因为音乐便是作者思想感情的反映。"

为此，黄准每次的影视音乐创作都是建立在对剧作内容、思想主旨和人物形象真切、深入的理解和准确把握之基础上，以及对歌词反复研读、修改之基础上的。如前所述，她在为故事片《女篮5号》配乐时，剧作原来没有主题歌，她觉得影片中应该有一首运动员自己的歌，遂向导演谢晋建议创作一首表现女运动员生活的歌曲。于是，就有了《青春闪光》这首插曲。谢晋对此歌十分满意，并专为这首歌增加了镜头。这首歌在影片公映后不久就出了唱片，成为当时很流行的一首歌。在创作故事片《红色娘子军》的音乐时，包括谢晋在内的摄制组成员，想找一首现成的《娘子军连歌》作为影片的主题歌，如果找不到，就用《三大纪律八项注意》这样的歌来代替。但黄准坚持要自己写主题歌，而且保证能写好这首歌。她之所以能提出这样的保证，并不是凭空的，而是因为在她的脑海里其实已经初步形成了这首连歌。她说："我设想这首连歌：是进行曲，但不是一般的进行曲，而是海南风味的进行曲，是妇女的进行曲，是底层受压迫要反抗的妇女的进行曲。而这样一首歌，必须由我自己来写，想找现成的，根本不可能。"正因为她的坚持和努力，才有了后来为影片增添光彩、传唱至今的《娘子军连歌》。在为电视剧《蹉跎岁月》谱曲时，原来的主题歌《一支难忘的歌》的歌词较散乱，她重新进行了调整安排，在创作时又反复推敲修改。由此，这些作品就很好地凸显了影视剧的音乐形象，使之风格鲜明，无论在揭示影视剧主题、展现人物内心世界方面，还是在强化视听艺术效果等方面，都发挥了很好的作用。同时，这些音乐和歌曲也生动形象地表达了作者的思想情感，并对观众产生了打动人心的艺术感染力。

　　作为一位优秀的女性作曲家，黄准特别擅长于通过音乐塑造各类女性形象和少年儿童形象。在她的影视音乐作品中，各类女性形象占有较突出的地位。在她所谱曲的故事片和电视剧中，既有描绘古代妇女形象的《杜十娘》（合作），也有表现新民主主义革命时期现代女性形象的《向警予》《红色娘子军》《舞台姐妹》等，还有展现新中国成立以后不同历史阶段当代女性形象的《女篮5号》《千女闹海》《蚕花姑娘》《青春万岁》《中国姑娘》（合作），以及其他影视剧中各类不同性格遭遇的女性形象。黄准通过音乐既真切地反映了她们的精神面貌和理想追求，也生动地揭示了她们的内心世界和复杂情感，展现了她们在不同历史境遇和生活处境中的苦难、觉醒、抗争、奋斗和成长的历程。这些女性银幕形象和荧屏形象的成功塑造，除了编剧、导演和演员所付出的辛劳外，黄准创作的音乐也发挥了十分重要的作用。同样，各类少年儿童形象在黄准的音乐创作中也占有引人注目的地位。她除了先后为美术片《小猫钓鱼》《好朋友》《野外遭遇》和故事片《兰兰和冬冬》《阿夏河的秘密》《小金鱼》，以及电视剧《一群小好汉》《校园里的紫藤》等作曲之外，还写了不少供少年儿童演唱的歌曲，集中刻画了新中国各个历史时期少年儿童形象，从多方面反映了少年儿童的生活、理想和情操。黄准认为："音乐是培养心灵美的最重要的手段之一。"为此，她在创作儿童歌曲时就非常注重通过音乐对少年儿童进行热爱劳动、热爱集体、热爱学习、热爱老师、热爱祖国的品德教育和多样化的艺术熏陶。

第三，黄准的音乐作品十分注重生动的感情表达和情怀抒发，并具有鲜明的时代特征。她认为："音乐，尤其是电影音乐，任何时候都应该是情景交融的。它并不排除对于景物的描写，这也是非常必要的，然而在描写景物、画面气氛的同时，必须从人物的感情出发，去刻画人物的内心世界。"因此，如何准确、生动地表达人物的思想感情和内心情绪的变化，是黄准影视音乐创作所关注的重点所在，其音乐作品在这方面曾作过不少探索，所取得的成绩十分显著，所积累的经验也值得重视。

例如，故事片《女篮5号》里一群女运动员在火车上演唱《青春闪光》的歌曲，就生动形象地表达了她们决心刻苦训练，让青春闪光，在比赛中为国争光的心情。故事片《红色娘子军》里女战士多次演唱《娘子军连歌》，很好地表现了她们"扛枪为人民"的思想情感，抒发了她们为人民大众的翻身解放而英勇战斗的理想情怀。故事片《舞台姐妹》里有十来段"旁唱"，在创作这些"旁唱"时，黄准曾说："每一段的曲调我都吸收了越剧音乐的精华，都很动听，在表现不同情绪的同时，音调随着剧情都有变化，所以编剧徐进说我写的音乐，是越剧音乐的'画龙点睛'。"即用十分动听的"旁唱"来揭示人物内心情感和情绪的变化，发挥了很好的艺术作用。至于在写作电视剧《蹉跎岁月》的主题歌《一支难忘的歌》时，她反复思考、多次修改，用音乐准确而生动地表达了广大知青的思想感情和生活追求，从而使这首歌广受大众的喜爱与好评，成为一首流行歌曲。黄准说："这首歌不仅得到群众的喜爱，而且也被专家们所肯定，居然在全国性的创作歌曲评选中获得了五六次得奖的机会。不少报纸杂志发表了对这首歌的评论分析，有人评论说这是我一生创作中的第二个飞跃（第一个飞跃是《娘子军连歌》）。"

无疑，优秀的音乐家应该是时代的歌手，其作品理应表现出时代精神，传递出时代脉搏。人民音乐家冼星海的音乐作品之所以具有长久的美学生命力，就在于其作品具有鲜明的时代性、民族性和人民性特点。冼星海的音乐创作思想和艺术追求曾给予黄准以很大影响，她的音乐创作也体现出了鲜明的时代性。她创作的每一部影视音乐作品，都较好地反映了那一时代的特点；其塑造的音乐形象，无论是音调设计还是形象刻画，也往往具有明显的时代特征。观众通过这些音乐形象和音乐旋律，可以真切地感受到那个时代的脉搏跳动。同时，黄准的音乐创作也不断与时俱进，注重满足不同时代观众艺术审美的需要。正因为如此，其音乐作品才能广受欢迎，具有旺盛的美学生命力。

第四，作为一名优秀的作曲家，黄准既非常重视音乐创作实践，注重在实践中探索和把握创作规律；同时也十分重视作曲理论的学习和创作经验的总结，并由此不断提高自己的创作技巧和创作水平。

黄准清醒地认识到，自己早年虽然在延安鲁艺学习过音乐，也算是科班出身，但由于当时艰苦的客观环境、师资力量短缺等多方面的因素，她在音乐知识和作曲技巧等方面还有许多东西没有学，有不少欠缺。特别是写电影音乐和一般只要写一个调子就可以唱的歌曲创作不同，它是一门专业性、技艺性很强的创造性工作，需要创作者具备多方面的艺术修养和音乐知识。因此，她平时一方面注重在创作实践中边学习边探索，不断积累实践经验，努力提高创作技巧；另一方面也很重视理论学习，不断丰富音乐知识，拓展创作视野，增强艺术修养。例如，为能弥补自己理论知识的不足，她曾带职到上海音乐学院理论作曲系进修过一段时间，以便充实自己，并能更好地掌握专业作曲技巧。后来因为创作任务繁重，她才不得不中断进修学习。尽管进修学习的时间不长，但却使她获益匪浅。

与此同时，她还经常进行创作经验教训的总结，不断撰文出书，在回顾创作历程中阐述自己的心得体会，梳理和归纳有关的经验教训，并进一步探讨音乐创作规律。她不仅出版了《黄准歌曲选》《黄准创作歌曲集》《黄准声乐作品精选》等音乐作品汇编，为不少音乐作品写下了"创作手记"，而且还先后撰写出版了音乐论著《生活与旋律》，自传《旋律——我人生的路》《向前进，向前进！——我的自传》。她深知"授人以鱼不如授人以渔"的道理，她正是通过这些著作昭示后人，让后来者能更好地超越自己，为进一步推进中国影视音乐的繁荣发展做出更大的贡献。

黄准曾说："我的一生中没有离开旋律，它是我生命的主要部分，通过它表达我的思想感情，反映了我几十年来所走过的生活道路。我的一生算不上十分坎坷，但从某种意义上讲，却像旋律一样的起伏不平，富于色彩。"她还说："我的音乐创作又是从电影音乐开始，几十年没有离开过这个岗位。我甚至想，也可能就在这个岗位上结束我的创作生涯。我热爱这个事业，为它付出了一生的心血、倾注了全部的感情。我的旋律是用我的心来写的，这一点并不夸张。"

是的，巧用旋律写人生，常以音符谱心曲。70年来，黄准用心血和汗水浇灌的影视音乐之花已经结出了丰硕成果，并已成为中华民族音乐的宝贵财富；她的创作道路和成功经验，也成为后来者很好的学习榜样。

艺术访谈

我的一生中没有离开过旋律，它是我生命的主要部分，通过它表达我的思想感情，反映了我几十年来所走过的生活道路。我的一生算不上十分坎坷，但从某种意义上讲，却像旋律一样的起伏不平，富于色彩。

——黄准

不断从生活中汲取营养

时间：2013 年 11 月 6 日上午，12 月 27 日下午
地点：黄准家卧室，华东医院 2 号楼 13 层医生办公室
受访人：黄准
采访人：周斌

周斌（以下简称"周"）：您好，黄准老师。我在完成了张瑞芳、仲星火两位老师的评传以后，上海市文联又交给我一个新的任务，就是替您写一部评传。所以今天前来采访您，了解一些具体情况。

黄准（以下简称"黄"）：好的，你辛苦了。

周：您在 2010 年已经出版了一部自传《向前进，向前进！——我的自传》，所以要再写一部不太一样的评传，还是有难度的；既需要发掘一些新的史料，也需要在叙事形式上有一些新意。

黄：你需要一些什么新的史料，我尽量提供。

周：我先了解一下您的家庭情况。您父亲在保定军官学校毕业以后，他在国民党部队里面担任什么职务？

黄：好像是当军需官。

周：我看您在《自传》中写他没有一直在苏州工作，还去过其他地方。

黄：是的，我们家后来就是整天跟着他跑。那时候我很小，他到底做什么事我都不知道。我跟父亲在一起生活大概只到 8 岁，8 岁之后就再也没见过他。

周：您跟姐姐的年龄相差几岁？
黄：相差 8 岁。

周：您跟姐姐的关系很好？
黄：我跟姐姐的关系特别好，她从小就开始照顾我，等于是我的引路人。

周： 您书中还写到您的姐夫，姐夫叫什么名字？

黄： 他叫邵公文，很早就参加了中国共产党。我姐姐给我的影响蛮大的，因为我一直都跟着她。那时候主要是抗日，她给我讲她自己的抗日经历，讲国民党政府怎么不许学生抗日和游行，讲日本人是怎么打进来的，怎么在中国烧杀抢掠等，总之给我宣传抗日的思想。但当时我对共产党还是不太了解，因为她不可能正面跟我讲共产党的有关情况，是要保密的。

周： 您最初对音乐的爱好是因为听姐姐唱了一首歌？

黄： 对，就是那首《我的家在松花江上》。

周： 从此您就开始对歌曲和音乐产生了一种爱好，是吗？

黄： 是的。我小时候唱歌唱得很好，就想以后当歌唱演员。那时候去延安，进了鲁艺。

周： 这样您就成为冼星海的学生了，您跟冼星海学习了大约一年时间？

黄： 是的，虽然只有一年时间，但学到了很多东西，受他现实主义创作思想的影响很大。具体来说就是要深入生活，用音乐去表现生活。

周： 后来又在音乐系待了一年？

黄： 是的，第三期毕业了以后又转入第四期，第四期后来就搞秧歌运动了。

周： 在第四期的时候，在音乐方面是否有更深入的学习或者提高？

黄： 第四期后来认为在办学路线上有错误，因为着重搞提高了，前几期好像都是以抗战为内容，没有专业。后来因为第四期从国统区来了很多专家，觉得太大众化了，就应该搞提高，这样就转变了方向。我记得第四期主要学的是声乐。

周： 我看您在书里写道，当时鲁艺发生了一些变化，专业化的程度在提高，老百姓不喜欢了，演一些名剧啊、西洋的声乐……好像后来《在延安文艺座谈会上的讲话》对此也提出了一些批评，是吗？但是，你在这个阶段受到了比较系统和正规的音乐教育，视唱、练耳、作曲、和声等知识都学了？

黄： 对，很简单地学了一些。

周： 冼星海老师主要是现实主义的创作方法给了您一个很好的基础，到了第四期，实际上在专业训练上又得到了进一步提高。

黄：是的，等于进行了音乐专业化的训练。原来可能群众性的东西多一点。

周：您是 1942 年 5 月入党的，后来才转为正式党员。转正的具体时间还记得吗？入党宣誓是 15 岁，还是 18 岁？

黄：15 岁宣誓，18 岁通知我转正。

周：您曾经受到苏联文学的影响，对吗？

黄：当时因为认识几个文学系的学员，像冯牧，还有我们音乐系的陈紫，他是冯牧的好朋友，他们经常在一起谈苏联文学，因为我跟他们比较接近，所以就受他们的影响较大，也喜欢文学。

周：苏联文学对您后来的文艺创作有些什么影响？

黄：苏联文学作品使我的艺术视野比较开阔，不光是局限在几个音符里，让我有很多丰富的艺术想象。

周：那么中国文学呢？

黄：我 10 岁就看《红楼梦》了，书是我爸爸的。虽然他是军官，但他是文官，所以他还是有一些文学修养的。给我印象比较深的是《红楼梦》，其他古典文学作品也都看过一些。后来到贵州之后，在生活书店看了很多苏联小说。

周：中国的新文学作品您读过哪些？

黄：我看得不多，主要阅读的是苏联文学和古典文学作品。鲁迅的作品我一直看，但不太懂。

周：您第一任丈夫吴梦滨是搞摄影的？

黄：他开始是演员，我们认识的时候他是演员。后来因为他喜欢摄影，所以就去搞摄影了。我们生过两个孩子，现在一个孩子在西安，另一个孩子在北京，他们都生活得很好。

周：您从事电影音乐创作是从东北电影制片厂开始的？

黄：是的，当时去东影厂也是跟着吴梦滨一起去的，因为他喜欢电影，又是东北人。我们开始在大连文工团演戏、唱歌。东影厂刚成立，他就要去，我是作为家属跟着去的。到了那里没事干，也不会拍片子，自己想唱歌，但没有机会。后来过春节的时候开联欢会，我就写了一首女声二重唱的歌曲，和另外一个女同志一起上台演唱了这首歌。这是我创作的第一首歌，当时只是想表现一下自己的声乐才华，唱完也没把它当回事。谁知却受到了厂长袁牧之和艺术处长陈波儿对我作曲才能的关注，正好厂里在拍摄一部短故事片《留下他打老蒋》，于是他们便找我谈话，让我担任这部影片的作曲。我没有思想准备，开始不愿意承担这项任务，后来经过多次谈话，我才服从组织决定为这部片子作曲。《留下他打老蒋》虽然是一部短故事片，但主题歌的分量很重。我因为第一次正式作曲，所以很紧张。当时陈波儿给了我很多帮助，尽管她不懂音乐，但是艺术修养比较高，听的歌也比较多；所以我写一遍就唱给她听一遍，她就帮我提意见，她一次一次地给我提意见，我便根据她的意见进行修改。我记得中间有几句还是她帮我出的主意，真没有想到，这部电影放映以后，这首插曲就在全东北流行了。

周： 这首插曲叫什么名字？

黄：《军爱民，民拥军》，这首歌一下子就流行了。不仅在东北地区，而且在其他解放区也有很多人传唱这首歌。这首歌的成功使我脱不了身，接下来组织上就叫我搞作曲了。我原本想等完成这部影片的作曲任务后还可以再回到声乐岗位上，谁知道后来把我调到作曲部去了，这样就改变了我的志趣，从此开始了专业作曲生涯。后来到北影厂，组织上也完全把我当专业作曲家，让我创作了很多纪录片的音乐，实际上很多地方我都不懂啊，一些配器等我根本就没学过，当年在鲁艺的时候也没有这个课程，我只好在创作实践中边学习边摸索。

周： 是否可以说袁牧之和陈波儿是发现您电影作曲才能的伯乐？您和他们在延安时期就认识吗？

黄： 在延安时并不认识他们，到了东影厂以后才认识的。

周： 您觉得电影音乐创作跟一般的歌曲创作有什么异同？

黄： 不一样。一般的歌曲创作完全根据歌词，而歌词也是词作者想写什么就写什么。我不会写歌词，但我可以挑选歌词，然后再谱曲。电影歌曲是要服从电影剧情和电影人物的需要，要符合人物感情和人物性格以及客观环境的需要，是完全表现电影内容的，不是作曲者可以自由创作的。

周： 您是根据电影剧本来作曲的，还是拍好影片以后看着片子来作曲的？

黄：先根据电影剧本有一个初步构思，然后影片拍好以后再根据片子的长度和电影情节的发展来作曲的。

周：曲子最终完成后给导演听，如果导演满意了就把音乐、插曲与影片合在一起，是不是这样一个创作过程？

黄：对的，是这样。

周：一部电影中的插曲，是导演要求您写的，还是您自己根据影片内容需要提出来要写的？

黄：两种情况都有。有时候剧本里已经有歌词了，我就根据歌词来谱曲；有时候导演要我写一首插曲，我就写；有的时候是我自己提出来的。几种情况都有。

周：您认为哪一种情况创作起来更顺手呢？

黄：都可以，都能够写好。

周：影片《红色娘子军》里的"连歌"是您自己提出来要写的吗？

黄：电影剧本里有歌词，是由我作曲的。但歌词本来只有四句，我把它变成了八句，这样更完整了。

周：您自从开始电影音乐创作以后，曾和许多著名导演合作过，我们可以逐个谈谈合作情况，以及对于艺术创作的认识与评价。首先是史东山导演，您曾为他的《新儿女英雄传》作曲，您还能回忆起当时与他合作的情景吗？

黄：史东山导演对作曲的要求很宽松，所以我的创作很自由。完成了与史东山导演的合作后，我就调到上影厂工作了，先是搞动画片作曲，与特伟导演合作了动画片《小猫钓鱼》。

周：《小猫钓鱼》是您第一次为动画片作曲吗？

黄：是的。

周：为动画片作曲和为故事片作曲又有什么不同呢？

黄：很不一样。为动画片作曲时，每个声音都要服从影片内容的需要，要完全配合情节的发展。故事片则不需要如此，有时候描写人物感情的部分就可以自由一点，可以有所发挥。

周：动画片音乐要很好地配合影片的动作节奏，对吗？

黄：是的。

周：现在来看《小猫钓鱼》的音乐，您是否比较满意？这部影片有一首插曲《劳动最光荣》，至今还很流行。

黄：是的，现在仍然很流行的一首歌。后来我和特伟导演还合作了一部动画片《好朋友》。

周：您为什么在《自传》里称张骏祥导演为"霸王导演"呢？

黄：因为那时大家都怕他，特别是演员更怕他。可能他很严肃，要求也很严格。但他对我很好，我们合作的时候他一点没有"霸王"表现，对我特别宽厚。

周：您跟他首先合作的是影片《淮上人家》，这是一部农村题材影片。当时您为这部影片作曲时是否也要去农村体验生活？您是和摄制组一起下去体验生活的吗？

黄：我是跟张骏祥导演一起去的。

周：这部影片的音乐是否搜集了安徽地方音乐素材融合到您的创作当中？

黄：是的。

周：今天来看这部影片的作曲，您觉得还满意吗？

黄：我觉得很幼稚。那时候不懂。后来和张骏祥还合作了几部影片，如影片《燎原》等。

周：为影片《燎原》作曲时，您是否也去矿山体验生活了？

黄：当然，我还下了矿井呢，当时只有 30 多岁，身体很好，可以去艰苦的地方。

周：后来您和吴永刚导演合作了故事片《秋翁遇仙记》，这部古代题材的影片在作曲上又有什么不一样呢？

黄：作曲时需要依据古典音乐，表现古典风格，要采用民族乐器。我创作时运用了中西合璧的方式，把中国民族乐器和西洋乐器合在一起，所以当时在音乐上影响较大。本来民族风格要用民族乐器来表现，但我加入了西洋乐器，所以这部片子产生了较大影响。可惜影片放映后不久吴永刚就被打成了"右派"，这部影片也遭禁映了。

周：这部影片的配曲吴永刚导演应该很满意吧？
黄：大家都很满意。

周：此后您与谢晋导演的合作比较多，能否请您讲得具体一点？因为他的影片影响比较大，他在创作上也有自己独特的个性。您跟谢导演第一次合作是什么影片？
黄：是体育片《女篮5号》。他到家里来找我，当时我还不认识他，他大概看了我前面的作品觉得较满意，所以特地来找我。我跟谢晋合作得很好，他很尊重我。如这部影片本来没有插曲，我建议女运动员在火车上唱一首歌，他就接受了这个建议。

周：您为什么建议女运动员在火车上要唱一首歌呢？
黄：因为她们唱的是运动员之歌，这首歌对表现她们的内心世界有好处。

周：歌词是谁写的？
黄：歌词当时是请诗人芦芒写的，他很快就写好了，我也很快谱好了曲，谢晋听了很满意。

周：您和谢晋导演合作的第二部影片就是《红色娘子军》了？
黄：《女篮5号》以后又一起筹备拍摄另一部体育片《海内存知己》，可惜因为各种原因后来停拍了。接下来就是合作拍摄了《红色娘子军》。

周：在拍摄《红色娘子军》时，是先给您看电影剧本的吗？
黄：是的。

周：看了剧本以后您是怎么想的？
黄：电影剧本的故事情节很有传奇色彩，主要人物性格也很突出，我看了以后非常激动，有很强烈的创作冲动。

周：剧本是梁信编的？
黄：是的，后来我们跟梁信一起去海南岛采风，并观看了琼剧《红色娘子军》。

周： 你们到海南采风时，您有些什么创作灵感？

黄： 我对琼剧非常有兴趣，觉得它的音乐很有特色。我后来创作时就采用了琼剧的音调，注重把它的精华和特点吸收进来。

周： 当时你们到海南去了几次？

黄： 先后去了三次。

周： 前年我们在海南开会的时候，祝希娟还带我们去找当年拍摄《红色娘子军》时的那棵大榕树，以及当时摄制组住宿的地方，可惜年代久远了，变化太大，所以没有找到。当时拍摄这部影片时条件是否很艰苦？

黄： 是的，我有一次还住在树洞里头。

周： 您在海南采风时，是否也接触了一些红色娘子军的原型人物？

黄： 当时找了五六个当年红色娘子军的队员，她们在影片拍摄时一直跟着我们，当顾问。

周： 您在创作过程中如果跟导演发生了矛盾，该怎么办？

黄： 我在创作过程中跟有的导演发生过矛盾，但跟多数导演没有发生什么矛盾。例如，我跟谢晋多次合作，就从来没有发生过矛盾。

周： 您跟谢晋导演合作比较多，您在音乐上的追求跟他在艺术上的追求是比较吻合的，是吗？因此大家合作起来就比较默契。

黄： 对，我跟谢晋很有默契，我们两人在创作中从来没有发生过矛盾冲突。我们一共合作了五部影片，在合作过程中没有吵过一次架。

周： 您跟谢晋导演的年纪谁大一点？

黄： 谢晋比我大两三岁吧。

周： 您在自传中曾说，您跟第二代导演、第三代导演、第四代导演都有合作，这几代导演您合作下来后觉得他们在创作中有什么相同的地方，又有哪些不同的地方呢？

黄： 从我跟他们合作的过程来看，除了个别导演之外，这几代导演在创作中都很宽容，对作曲较为尊重。

周：与第二代导演和第三代导演相比，第四代导演属于比较年轻的一代导演，您应该是 20 世纪 80 年代开始跟他们合作的吧？

黄：是的，曾合作过的导演有黄蜀芹、宋崇等。我跟宋崇合作得较多，跟他很谈得来；跟黄蜀芹的合作也还可以，在创作中都没有发生过争论。

周：您跟黄蜀芹导演合作拍摄过什么影片？

黄：合作拍摄过影片《青春万岁》。

周：是根据王蒙的小说改编的一部青春片。宋崇导演当时拍摄较多的影片是娱乐片吧？

黄：是的，与他合作拍摄过惊险片《滴水观音》等。

周：商业性较强的故事片与艺术性较强的故事片相比较，在音乐创作上有什么特殊要求？

黄：当时创作音乐时并没有考虑影片的商业性问题，只考虑到惊险片的特性，音乐方面带一点惊险的感觉，但总体来看音乐该优美的地方还是优美，旋律性强的地方还是旋律性强。但是要注意突出惊险片的特点，音乐的节奏性较强，声音有时候可以有一些不是很谐和的，比较尖锐、刺激性的东西。我第一次为惊险片谱曲，结果好像还可以。

周：您和上影厂一部分电影工作者是从解放区来的，而上影厂还有较多的电影工作者解放前就在上海拍电影了，我们通常讲一部分来自解放区，一部分来自国统区。您到上影厂以后，跟来自国统区的电影艺术家合作时有没有感觉到什么不太一样的地方？

黄：其实我到了上影厂以后，主要是跟来自国统区的导演进行合作，来自解放区的导演，只跟天然、傅超武分别合作过一部影片，其他影片都是跟来自国统区的张骏祥、吴永刚、谢晋等导演合作的，我跟他们的关系都很好。所以在"文化大革命"中批判我时，说我和这些人关系搞得太好了。

周：他们对您比较尊重，是因为您是从延安来的老革命呢，还是业务上很有成就？

黄：我认为主要是业务上的原因，延安来的并没有什么明显的标志性。

周：20 世纪 50 年代和 60 年代政治运动很多，像您这样从延安来的共产党员，在当时的政治环境下应该处境比较优越，他们是否在这方面有一些想法？

黄：我在创作中跟他们合作得很好，我对这些导演很尊重，他们也很尊重我。

周：您在"文革"期间曾跟谢晋导演合拍过影片《春苗》，这部影片的主要内容是"四人帮"搞的那一套，所谓政治上要夺权，要斗走资派等，当时您参加这部影片创作时受到什么影响吗？

黄：《春苗》这部影片我接触得较早，开始名叫《赤脚医生》，后来才改名为《春苗》。当时我从"五七"干校调回来后就被派到评弹团工作，一方面参加他们的运动，一方面学习创作。组织上调我到那里的目的也没有明确跟我讲过，就是把我调过去了。去了以后也没有叫我作曲，于是我就自己学习评弹艺术，熟悉评弹创作，正好团里也在搞运动，我也参加了。在评弹团工作了大概半年时间，又把我调出来了，去参加话剧《赤脚医生》的创作。到了《赤脚医生》创作组以后，觉得组里气氛不对，有几个人老是想批我，他们让我写一个赤脚医生的歌，写了以后又叫我唱给他们听，听了以后就批判我，说这首歌宣扬了"小资产阶级情调"，一下子把帽子扣上来。这部话剧的导演好像是梁廷铎，后来改编成电影的时候才把谢晋调去，电影改名叫《春苗》。

周：您在《自传》里涉及"文化大革命"的时候虽然有一段内容，但反映当时的情况还比较少，能再补充一些新的内容吗？

黄：我在《自传》里关于"文化大革命"的内容之所以写得不多，是因为我不知道自己在"文化大革命"当中是什么身份，是不是属于"逍遥派"？当时造反派也批判我，主要是因为我和谢晋、桑弧等一批导演走得很近。

周：当时批判您，是否跟您小时候曾经被捕也有关系？

黄：有一点关系，他们的逻辑就是：从监狱里放出来的人一定是写过悔过书的，一定是出卖过同志的。

周：但那时候您还很小，只有 12 岁。

黄：就是，国民党当局觉得抓我没有用，就把我放出来了。

周：可能是您在创作上与一些老导演接触较多。

黄：主要是我跟"五花社"（由石挥、徐昌霖、白沉、沈寂、谢晋等人组成）几个编导的关系都很好，此外还有像和叶明、桑弧等导演也走得比较近。后来桑弧拍的片子较少，很遗憾，我一直想与他合作，可惜没有合作成。

周："文革"一开始您就受批判吗？

黄："文革"刚开始的时候，贴了我很多大字报，当时我不知道，因为我们去川沙县农村参加"四清"运动了。后来别人告诉我，说在厂里看到我很多大字报，我才知道。其内容一个是因为与"五花社"成员的关系，另一个是因为我平常穿衣服爱打扮。再后来我从农村回来以后就进了"羊棚"。

周：哦，是把你们关进了"羊棚"，不是"牛棚"？"羊棚"跟"牛棚"有什么差别呢？

黄：所谓"羊棚"就是自由一点，可以回家。而且实际上还是"逍遥派"，整天没事，大家聚在一起聊天，有些女同事还纳鞋底、打毛线。

周：您后来到奉贤"五七"干校去了吗？

黄：我到奉贤"五七"干校去过几个月，时间很短，就被调到评弹团去了，我始终没有被关进"牛棚"。

周：您在干校期间主要干一些什么活？

黄：我劳动时挑过大粪，只能挑半桶，因为我人比较矮，力气小。

周：您当时跟哪些人在一起劳动？

黄：我记得好像有导演王洁、顾而已等人，顾而已后来自杀了。

周：您除了给电影配乐之外，其他方面还创作过什么作品？

黄：还创作了一些歌曲。我这个人创作的主动性不是很强，老是等别人来找我，我才写。平常写歌曲的创作欲望不是很强烈。

周：为什么没有创作歌曲的积极性呢？

黄：因为写了歌曲以后发表的阵地少，只有一本音乐方面的小册子，我难得有一首歌曲在上面发表，所以就写得少。更何况写了歌曲还要有人唱，没有人唱就很难传播出去。我因为在电影厂工作，搞电影配乐比较多，创作任务也较繁重，所以歌曲创作就比较少。

周：在歌曲创作方面，您最满意的是什么作品？

黄：还是影片《红色娘子军》的插曲《娘子军连歌》。

周：您觉得为什么这首歌流传这么广泛呢？它在音乐上有哪些特点呢？

黄：我也不知道为什么流传那么广泛，后来我自己也做过一些分析，大概有几方面的原因：首先是这首歌旋律较简单，结构也很特别。作为一首短歌，技术上很严谨，主题始终贯穿在歌曲里面。其次是这首歌节奏感强，单纯的旋律，情绪有的时候有点压抑，有的时候又很悲壮。电影剧本里曾反复出现了三次，影片拍摄过程中又增加了一次，后来上影厂领导又建议再增加一次，所以在影片里出现了五次。由于这部影片产生了很大影响，再加上歌曲简单易唱，所以就流传广泛，大家都会唱了。

周：您到上影厂工作以后，在音乐创作方面是否去音乐学院进修过？

黄：我曾经想去进修，当时去上海音乐学院学习音乐，本科要四年，但是我刚刚进去学了三个月，厂里就调我去参加影片《红色娘子军》的创作。我因为参加这部影片的创作就耽误了进修。我当时也有思想斗争，到底是坚持学完呢，还是去写《红色娘子军》的音乐？后来我认为还是应该写影片的音乐，如果我不去写，就没有这样一个作品留下来。以后忙于创作，就没有时间再去进修了。

周：前面我们谈过您和一些导演的合作关系，接下来我们谈谈您和一些音乐家的关系，可以吗？

黄：好的。

周：在中国的前辈音乐家里，您比较喜欢谁的作品？

黄：当然是冼星海的作品。因为在中国流传最广、大家都知道的音乐还是冼星海的作品。我们也唱过黄自的作品，但他是学院派，作品比较严谨，不像冼星海的作品那样随意奔放。我觉得我在这方面受冼星海的影响很大。

周：冼星海是您的老师，您对他很崇拜，对吗？

黄：是的。我在鲁艺主要学习的是声乐，跟冼星海学过一些作曲的基本规律，虽然很简单，但对我影响很大。

周：那么像陈歌辛等一些写流行歌曲的音乐家呢？

黄：陈歌辛对我有一定的影响。我刚到上影厂时，觉得自己乐理知识不够，陈歌辛就很热情地教我，所以后来"文化大革命"期间也作为批判我的一条理由，因为我跟陈歌辛走得较近，还到他们家里去过。陈歌辛乐理知识很丰富，他很热情地教我，我也很努力地学习，当时并没有想到他是来自国统区的，我是来自解放区的，脑子里没有这条线。另外像雷振邦，我也跟他学习。我在鲁艺没怎么学过音乐基础知识，后来能够创作那么多电影音乐作品，我觉得跟自己的好学精神有很大的关系。

周：陈歌辛写的那些歌曲，您喜欢不喜欢？
黄：陈歌辛写的歌有的很好听，而且他写的东西很流畅，但那时候我们已经不唱他创作的歌曲了。

周：您当时调到上影厂时，王云阶是否在上影厂工作？
黄：是的，他后来调到北影厂去了，再后来他又回到上影厂工作了。他还是德高望重的。

周：您跟他相处如何？
黄：很好啊。

周：您跟吕其明也有过合作？
黄：吕其明比我小五岁，他当时在上影厂的名气还比较小。因为我工作特别忙，所以就找他合作。我那时候虽然在上影厂工作，但长影厂、珠影厂都来借我去创作，所以很忙，于是我就找他一起创作，我们合作得蛮好。

周：您在音乐创作中向中国古典音乐学习借鉴得多吗？
黄：因为我没有到音乐学院学习过，作曲基本上是自学成才的，所以自从我在东影厂调到作曲组开始专业创作后，就感到自己不深入学习不行了。于是，在东影厂我首先学乐器，因为厂里有很完整的乐队，主要是西洋乐器，我就到乐队一件一件学习乐器的性能，把握其声音特点，学会了在创作时应该如何配置。

周：一般电影配乐主要以西洋乐器为主？
黄：是的。但是也有采用中西合璧的。我就经常在西洋乐器里加一点民族乐器。因为民族乐器有民族乐器的艺术风格，例如《红色娘子军》的音乐里就用了唢呐，那个唢呐只有海南岛有，跟内地的唢呐还不一样，它更粗犷奔放，这样就凸显了地域色彩。

周：我们经常强调艺术创作中要注重民族风格的形成，您在创作中是否有意识地注意这方面的艺术追求？

黄：我很注意这方面的艺术追求，我的音乐作品之所以能得到广大群众的认可，跟我创作时注重吸收民间音乐元素较多有关系，我从一开始写电影音乐就注意这方面的艺术追求了。

周：民间音乐元素是否包括民族乐器和民间的音乐曲调？您是否注重采风？

黄：我很重视采风，这是我创作的一个特点。每当我给一部影片写配乐时，我一定要去采风。我觉得如果不深入生活去感受和体验，就写不出作品来。比如给《燎原》写音乐时，我就深入到煤矿里去熟悉生活。生活中有很丰富的民间音乐，要把民间曲调吸收过来。又如，像《红色娘子军》的音乐就吸收了海南岛的民间曲调。我下去就是两个目的：一是深入生活，把握人物的个性特点和精神气质；二是学习借鉴民歌曲调。所以我的任务较重，每次下去都要另外找时间，请当地音乐人组织一些民间歌手座谈访问，这样的活动是单独进行的。

周：您给《杜十娘》等古典题材的影片配乐时，是否在乐器运用和音乐的旋律等方面更加注意民族特点？

黄：《杜十娘》我采用了京剧的曲牌，因为《杜十娘》没有明显的地域性，不像有的电影有较鲜明的地方特点，所以我更多地注意吸收昆曲、京戏等传统音乐。这种属于中华民族典型的音调，一听就是民族的东西。

周：那么现代题材的电影音乐是不是更多地学习借鉴西方音乐？

黄：对，因为现代题材的作品没有太多明显的特点，我抓不住有明显特点的东西，就往往以技巧为主，用一般的音调，不带有地方性，以免有局限性。

周：您是否较喜欢西方音乐？

黄：我喜欢听交响乐，过去一直很欣赏柴可夫斯基，最爱听他的音乐作品，因为我觉得他的音乐很抒情。贝多芬的音乐很严肃，也很强烈，我觉得我的气魄不行，学贝多芬较困难；而柴可夫斯基的音乐较抒情，有的段落非常优美，所以我就喜欢他的作品。他们的音乐对我的创作有些影响，特别是柴可夫斯基的作品。我在东影厂的时候，听了很多他的作品。最用功的时候还把他的音乐总谱都抄下来了。西方现代音乐作品我听得比较少。当然，从总体上来看，民族的音乐作品对我的创作影响比较多。

周：我们再谈谈您的家庭生活和艺术创作的关系吧。您的第二位丈夫是画家吕蒙？

黄：是的。

周：吕蒙是画家，您是作曲家，绘画和音乐属于两种艺术样式，你们在一起生活是否互相启发、互相借鉴？

黄：有的。他绘画时，我帮忙研墨，欣赏欣赏，因为我不会画画，也从来没有拿过画笔。他虽然对作曲一窍不通，但是他会欣赏音乐。有时候我写了一首歌后，就先听取他的意见。例如，当时为电视剧《蹉跎岁月》的插曲写音乐时，歌词是导演从云南打电话传过来的。因为当时我不在家，所以是吕蒙帮我记下来的。我回来看了以后，觉得歌词较乱，于是就将歌词重新组织、重新结构。有些作曲者可能就会把自己的名字作为词作者加上去，但是我不习惯这样。歌词到我这里都要改，但是我从来不写上自己的名字。我是作曲嘛，写了也没有意思。

周：那么歌词作者没有意见吗？

黄：绝大多数歌词作者都不会有意见，因为他们知道作曲者总要根据需要进行一些修改和调整。

周：您创作好新的音乐作品或歌曲以后，第一个听众经常是吕蒙？

黄：当然是。他会提一些意见，有些意见也很好，我就根据他的意见进行修改。有时候他很欣赏我的作品，像电视剧《蹉跎岁月》里那首歌，我们两个人都为之感动了，我觉得他蛮能理解我的作品。

周：的确，艺术上有一种通感，绘画跟音乐也很相近，创作的基本规律是相通的。

黄：他过去在部队里也接触过音乐，在部队里唱歌。他说他还写过一首短歌曲呢。

周：所以他在您的音乐创作道路上曾给过您一些帮助？那您对他的绘画会提意

见吗？

黄：也会提一些意见，特别是他后来右手瘫痪了，用左手画的时候，我帮过很多忙。帮他磨墨，有的时候帮他压住纸张，使他能顺利画画。

周：您跟吕蒙有几个孩子？

黄：也有两个孩子。

周：您的四个孩子分别从事什么工作？

黄：大儿子学科学的，搞工业研究，后来开公司；第二个女儿插队落户，现在在家带孩子；老三画画，小女儿在大英图书馆工作。

周：那您身边没有孩子吗？

黄：现在身边一个人也没有。就是英国的女儿和儿子差不多每年来一次。

周：那您觉得孤单吗？

黄：所以就住医院啊。

周：我看您书里的照片，很多是参加上影厂离退休的活动时拍摄的，在您身体好的时候参加的活动还比较多。

黄：是的，现在活动少了。前两年离退休活动搞得蛮好的，去的人也多。现在大家年纪都大了，行动也不方便了。

周：1998年您举办过一个音乐作品研讨会？

黄：是我们上影厂和市委宣传部帮我搞的。

周：您的《自传》里有一些跟李岚清夫妇合影的照片，您跟他们的交往主要是因为音乐吗？

黄：原来我和他们不认识。李岚清退下来以后要写一个有关瞎子阿炳的作品，他大概想找一个人帮他写，他很慎重地进行了挑选，我是经过筛选后被选中的。他先是到上海来开座谈会，叫与会者谈谈对音乐的看法；他找了很多人，张瑞芳、秦怡都去了，上海音乐学院也去了一些人。后来他又到音乐学院开座谈会，最后不知怎么就选上我了。他跟我讲，他有一个歌，让我看看是否可以写曲子，我说好啊，他就把歌词给我，我就写了，写了以后他很满意。那首歌后来在无锡专门演唱过，好像是三年前的一次演唱会。

周：歌名是否叫《张开银幕的翅膀》？是中国国际儿童电影节节歌。

黄：这是后来儿童电影学会要我写一个会歌，当时我正好与李岚清在合作。他们问能否请李岚清写个歌词？他答应了，我就谱曲。另外，他们说能否请李岚清题词？于是，李岚清就题写了"张开银幕的翅膀"。

周：你们后来还有交往吗？

黄：今年他搞了一个出版活动，叫我到北京去，我因为身体不好，所以就没有去成。李岚清有很多著作都送给我了。

周：我听说您还为你们社区写了歌？

黄：对，就是最近写的。还得了一个奖。是社区请我写一个湖南街道的歌。最初不知道有这样的比赛，当时他们叫我写我就写了。街道发动群众写的词，后来请一个专业人士改了改，然后再请我作曲。在刚结束不久的上海艺术节上这个歌被选中了，得了二等奖，就在晚会上演唱了。我在这个街道住了这么多年，对社区还是很有感情的，我也愿意参加社区的一些群众性活动。

周：这两年您还有什么创作？

黄：主要是着手整理书稿，今年就没写什么。有一个饭店叫"天天渔港"，最近庆祝成立 30 周年店庆，歌词有了，也来找我谱曲。

周：您是否写一些创作理论方面的总结性文章？

黄：创作方面的总结性文章我写过，还出了几本书。

周：这也是您多年从事音乐创作的经验总结，对其他创作者也是有启发和帮助的。

黄：是的。进行回顾总结对我本人的创作也是有益处的。因为我至少从理论上去思考了一些问题，并对自己的创作实践进行了反思。

附　录

从艺大事记

1926 年
6 月 18 日，出生于浙江黄岩，取名"黄雨香"。

1934 年
就读于江苏苏州平江小学。

1937 年
年初，随父母到江苏镇江。10 月，随母亲和姐姐前往湖北武汉，投奔在生活书店工作的姐夫邵公文。不久，又和母亲被姐姐、姐夫送到重庆，由重庆生活书店经理李文代为照顾。

1938 年
年初，由李文将母女俩送到贵州贵阳，与已在贵阳生活书店工作的姐姐、姐夫团聚，并进入湄潭中学读书。

8 月 13 日，因参加贵阳"中华民族解放先锋队"组织的纪念全面抗战爆发一周年的大游行而被国民党宪兵逮捕，关进了监狱。经中共地下党营救，关了一星期后被释放。出狱后决定改名为"黄准"。

初秋，被姐姐、姐夫送往延安。从贵阳到重庆到武汉再到西安，在八路军办事处的组织安排下，随一支 20 多名进步青年组成的队伍，步行 800 里路到达延安。

11 月，进入延安鲁迅艺术学院戏剧系学习。后转入音乐系学习，成为冼星海的学生。

1942 年
5 月，被批准加入中国共产党。

1944 年
从鲁艺调到联政宣传队，并与同一宣传队的吴梦滨结婚。

1945 年

随吴梦滨等前往东北解放区。在沈阳附近参加解放军西满军区文工团。

1946 年

鲁艺文工团一团到辽宁大连演出，遂加入该团。后又随吴梦滨加入新成立的东北电影制片厂，在演员剧团工作。

1947 年

为东北电影制片厂拍摄的第一部短故事片《留下他打老将》作曲。

1948 年

11 月 19 日，东北电影制片厂音乐组成立了作曲组，成为该组成员。

为东北电影制片厂拍摄的纪录片《盐田》和《民主东北》作曲。

1949 年

4 月 4 日，遵照中共中央指示，东北电影制片厂将新闻纪录片摄制机构及全部人员调到北平，由钱筱璋率领进关，随同一起到北平加入新成立的北平电影制片厂。为纪录片《太原战役》《踏上生路》作曲。

10 月 1 日，北平电影制片厂改名为北京电影制片厂。参加开国大典，并为大型纪录片《新中国的诞生》作曲。

1950 年

为北京电影制片厂拍摄的故事片《新儿女英雄传》和《民主青年进行曲》（与雷振邦合作）作曲，并为北影厂的厂标作曲。

1951 年

因吴梦滨调到中央新闻电影制片厂驻沪新闻摄影队，故随之调入上海电影制片厂美术片组工作。

1952 年

为上海电影制片厂拍摄的动画片《小猫钓鱼》作曲，为动画片《野外遭遇》《好朋友》作曲。与丈夫吴梦滨离婚。

1954 年

6 月，在第一届全国儿童文艺创作评奖中，担任作曲的《劳动最光荣》（动画片《小猫钓鱼》主题歌）获得三等奖。

为上海电影制片厂拍摄的故事片《淮上人家》作曲。与华东人民美术出版社（后改名为上海人民美术出版社）社长兼总编辑吕蒙结婚。

1955 年

为上海电影制片厂拍摄的故事片《秋翁遇仙记》作曲。

1956 年

为上海电影制片厂拍摄的故事片《家》（与吕其明合作）作曲。

1957 年

相继为天马电影制片厂拍摄的故事片《女篮 5 号》和《雾海夜航》（与寄明合作）作曲。

1958 年

为故事片《苗家儿女》《前方来信》与《兰兰和冬冬》（与吕其明合作）作曲，先后为艺术性纪录片《钢花遍地开》《新安江上》《千女闹海》和《上海交响乐》（与寄明合作）作曲。

1959 年

为故事片《香飘万里》作曲。

1960 年

为故事片《红色娘子军》作曲。

1961 年

1 月，在《电影艺术》第一期发表文章《对电影音乐民族化的探索》。

为故事片《燎原》（与沈铁侯合作）作曲。

1963 年

6 月，在《人民音乐》第六期发表文章《要像一个背抢的战士》。

为故事片《蚕花姑娘》作曲。

1965 年

为故事片《舞台姐妹》作曲。

1976 年

相继为上海电影制片厂拍摄的故事片《阿夏河的秘密》和《春苗》（与徐景新合作）作曲。

1978 年

为故事片《特殊任务》作曲。

1979 年

10 月 30 日至 11 月 16 日，在全国第四次文代会期间先后当选为中国影协理事和中国音协理事。

1980 年

相继为故事片《北斗》（上下集）、《见面礼》和《爱情啊，你姓什么？》作曲。

1981 年

3 月，与李焕之、丁善德及珠影厂杨桦、北京电影乐团范上娥等 12 人作为中国音协派出的中国作曲家代表团成员，赴香港参加亚洲作曲家大会及音乐节。

12 月 28 日，中国电影音乐学会在北京成立，当选为常务理事。

相继为故事片《楚天风云》《杜十娘》《白龙马》《雾都茫茫》（与肖珩合作）和《奇异的婚配》（与吕其明合作）作曲。

1982 年

3 月 3 日，在《人民日报》上发表文章《在深入生活中提高电影音乐质量》。

3 月 29 日，主持中国影协上海分会音乐组召开的"美术电影音乐观摩座谈会"。

3 月底，中国影协上海分会与中国电影音乐学会在上海组织观摩了上海科影厂的几部科教片并进行座谈，主持了这次会议。

相继为故事片《牧马人》《呼唤》《大泽龙蛇》（与杨矛合作）和电视剧《鼓浪屿》作曲。

1983 年

1 月 10 日，主持中国影协上海分会音乐组和中国音协上海分会联合召开的科教片、纪录片音乐座谈会。

4 月 27 日至 28 日，参加文化部电影局在北京召开的故事片音乐音响会议筹备会。

5 月，上海文艺出版社出版了《黄准歌曲选》。

8 月 23 日，主持中国影协上海分会音乐组和中国电影音乐学会联合召开的上海电影音乐工作者学习《邓小平文选》座谈会。

9 月 5 日至 15 日，参加文化部电影局委托中国电影音乐学会在北京召开的故事片音乐创作座谈会，并作了题为《电影中的音乐形象》的发言。

同年为《特殊家庭》（与刘雁西合作）和电视剧《蹉跎岁月》作曲；其中《蹉跎岁月》的主题歌《一支难忘的歌》曾先后获得"《文汇报》全国征歌"一等奖、"全国'晨钟奖'"、"全国群众最喜爱的歌"三等奖、"十年最佳歌曲奖"、"当代青年喜爱的歌"三等奖、"新时期十年金曲奖"和"新时期影视歌曲"二等奖等奖项。

相继为故事片《青春万岁》《最后的选择》《生命的脚步》和电视剧《中国姑娘》（与吕其明合作）作曲。

荣获上影厂"三八红旗手"称号。

1984 年

12 月 9 日至 10 日，在北京参加中国电影音乐学会常务理事会，当选为副会长。

相继为故事片《二十年后再相会》和《滴水观音》作曲。

1985 年

4 月 23 日至 27 日，在北京参加中国音协第四次代表大会，并当选为常务理事。

相继为故事片《美食家》和《绞索下的交易》作曲。

1986 年

4 月初，参加中国影协上海分会、中国音协上海分会和上海电影评论学会联合举办的电影音乐研讨会。

相继为戏曲故事片《桐花泪》和电视剧《鼓浪屿号》《绿荫》《冯玉祥》《邹韬奋》《唐伯虎千里送莺莺》《苏堤春晓》《智渡黑桥口》和《向警予》（与吕其明合作）作曲。

1987 年

12 月，著作《生活与旋律》由中国电影出版社出版。

相继为电视剧《失落的梦》《醉乡》《海峡女》《廖承志》和《少奇在皖东》（与蔡璐合作）作曲。

1989 年

《娘子军连歌》被评为由中国电影家协会等主办的庆祝建国 40 周年"唤起我美好回忆的那些歌"获奖优秀歌曲；此歌后来又获得"20 世纪华人音乐经典"荣誉证书。

相继为电视剧《书王与乾隆》《聊斋》《痴情女》《等待明天》和《特殊的战线》作曲。

1990 年

相继为电视剧《一群小好汉》《东南游击队》和《羊枣之狱》作曲。

1991 年

相继为电视剧《死罪》《血染四明》《何穆医生》《绿色的苏醒》《特殊战斗》和《成语故事》作曲。

1992 年

为电视剧《秋潮》作曲。

1993 年

4 月 26 日至 5 月 1 日在广西南宁参加由中国电影音乐学会主办，中国电影家协会广西分会、中国音乐家协会广西分会、广西艺术创作中心承办的第六届中国电影音乐学术研讨会。

为电视剧《校园里的紫藤》作曲。

1995 年

在江苏省张家港市出席第七届中国电影音乐研讨会。

1996 年

8 月 15 日，丈夫吕蒙逝世。22 日，出席上海美术馆举办的"吕蒙画展"。23 日出席吕蒙告别仪式。

为电视剧《滑稽春秋》作曲。

在纪念红军长征胜利 60 周年时，随上海市代表团重返延安。

1997 年

相继创作合唱曲《人生金秋》《小平，你好》和《祖国，您好》。

1998 年

3 月，在深圳出席"吕蒙画展"并讲话。

5 月 22 日，在上海广电大厦出席由上海电影家协会、上海电视家协会、上海东方电视台等单位联合举办的"黄准作品音乐会"。

8 月，上海音乐出版社出版《一支难忘的歌——黄准创作歌曲选》。

11 月，上海音乐出版社出版自传《旋律——我人生的路》（与金淑琪合作）。

2000 年

5 月 28 日，上海东方电视台举办"黄准少儿作品音乐会"。

2004 年

6 月 13 日晚，在上海国际会议中心参加第七届上海国际电影节闭幕式，与吕其明一起为最佳音乐奖获得者颁奖。

2005 年

6 月 15 日，与汤晓丹、陈鲤庭、特伟、谢晋、吴贻弓、黄蜀芹、张瑞芳、秦怡、王丹凤、舒适、顾也鲁、孙道临、梅朵、徐桑楚、吕其明等 16 位老一辈电影艺术家荣获"上海电影杰出贡献奖"，该奖是由上海电影评论学会评选的。还荣获当代中国电影音乐终身成就奖。

为故事片《温州商人》作曲。

同年，与谢晋、祝希娟等参加了由上影集团组织的"青年守航工程"赴海南学习观摩活动。

2006 年

5 月，为上海华东医院的"院歌"作曲。

12 月 9 日，出席上海电影家协会为纪念著名作曲家王云阶先生逝世 10 周年举办的纪念活动并发言。

12 月 12 日晚，在上海音乐厅参加庆祝上海美术电影制片厂、上海电影译制厂、上海科学教育电影制片厂和上海电影技术厂成立 50 周年，庆祝上海电影制片厂成立 58 周年的"海上电影庆典"活动，与秦怡、严定宪、赵慎之、殷虹、孙尚智等将代表薪火传承的旗帜交给年轻的上影电影工作者，期望年轻一代能把中国电影事业延续下去，为中国电影再展辉煌。

为故事片《明星梦》作曲。

2008 年

5 月 12 日四川省汶川大地震发生后，即刻创作抗震救灾歌曲《阳光的家》。

2009 年

8 月 13 日，出席上海音乐出版社和上海音乐家协会联合举办的《黄准歌曲集》和《黄准声乐作品精选》首发式活动。

9 月 4 日至 14 日，赴山东青岛参加第十届国际儿童电影节。19 日，作为嘉宾出席在上海虹口体育场举行的万人演唱《黄河大合唱》音乐会。24 日，赴江苏无锡灵山的梵宫出席李岚清主讲的"纪念近现代音乐大师音乐讲座"。29 日，在上海市委党校接受了上海市老干部局颁发的"上海市离退休先进个人"荣誉证书。

10 月 12 日至 16 日，参加上影集团组织的赴江西井冈山学习参观的"红色之旅"活动。27 日赴北京参加北京市主办的"青少年公益电影颁奖典礼"，《娘子军连歌》荣获"电影歌曲奖"。

11 月 19 日，出席上影厂建厂 60 周年庆祝大会，与十多位上影厂的老电影人一起荣获上影集团颁发的"杰出贡献奖"。27 日，在广州出席第七届中国音乐"金钟奖"颁奖典礼，荣获"中国音乐家协会金钟奖终身成就奖"。

12 月 28 日至 30 日，赴北京参加中央芭蕾舞团成立 50 周年庆祝活动和研讨会。

2010 年

2 月 3 日，荣获上海市委宣传部颁发的"上海文艺家终身荣誉奖"。

6 月 19 日，在上海乌鲁木齐路甲 1 号参加宁兴百纳影视传播有限公司举办的电视剧创作拍摄新闻发布会，同时也庆贺她 85 岁生日。同月，为电视剧《满江红》谱曲。

10 月 21 日，出席由中国电影音乐学会、上海电影家协会、上海音乐家协会、上影集团、上海音乐出版社等联合举办的"岁月的河汇成歌——热烈恭贺著名作曲家黄准《向前进，向前进！——我的自传》出版首发活动"。

2011 年
10 月 8 日，在上海音乐厅出席"岁月的河汇成歌——黄准影视作品音乐会"。

2012 年
5 月 11 日，应邀在"东方讲坛·经典艺术系列讲座"回顾自己的音乐创作之路。

为多媒体音乐原创京剧《涅槃之夜》作曲。

2013 年
参加由上海市民文化节指导委员会指导，上海市群众艺术馆、上海音乐家协会等单位承办的"写给城市的歌"比赛活动。创作参赛歌曲《梧桐情，社区梦》。

2015 年
6 月 19 日，在上海迎来 90 华诞。著名主持人崔永元应邀到场，为黄准生日主持庆贺，"星梦行动"影视公益活动启动仪式也同时举行。当晚，著名电影艺术家秦怡、白桦、牛犇、祝希娟，以及中国文联副主席丹增，上海电影制片厂原厂长、著名导演于本正等，都前来为黄准祝贺 90 大寿，在共话中国电影未来的同时，也宣告了"星梦行动"系列公益活动正式启动。

6 月 24 日，出席由上海电影家协会主办的海上论坛，作为主讲人具体讲述自己的"旋律人生"。同时出席论坛的还有著名作曲家吕其明、著名表演艺术家祝希娟、著名作曲家杨绍榈、著名影视导演江平，作为对话嘉宾与黄准畅谈过往。

后　记

　　在 2017 年的盛夏酷暑中，我终于完成了《巧用旋律写人生·黄准》这本传记文学书稿的撰写任务，面对电脑长长地吐了一口气，有一种如释重负的轻松感。

　　作为一名学者和高校老师，我从事传记文学写作是在一种不自觉的状态下进行的。记得 1994 年，上海文艺出版社编辑林爱莲女士得知我正在研究著名电影家、剧作家和评论家夏衍先生，便约我撰写一本《夏衍传略》，列入该社编辑的"文艺知识丛书"中出版。因为当时我已撰写了专著《夏衍剧作艺术论》，对夏衍先生的人生道路和创作历程均较为熟悉，所以便一口应允，很快就完成了撰稿任务。该书出版以后，著名文艺评论家陈荒煤先生还特意为之撰写了评介文章。2009 年，上海市文艺创作中心主持工作的副主任邹平先生向我约稿，希望我能为著名表演艺术家张瑞芳老师写一本传记，列入上海市文联组织编写的"海上谈艺录"丛书中出版。他说此事已征得了张瑞芳老师的同意，希望我不要推脱。于是，我便承担了这一任务，撰写了《艺苑芳草香四溢·张瑞芳》一书。两年后，上海市文联秘书长沈文忠先生又邀请我替著名表演艺术家仲星火老师写一本传记，仍列入"海上谈艺录"丛书中出版。他说这是仲星火老师看了我写的《艺苑芳草香四溢·张瑞芳》以后点名要我替他写的。听他如此一说，我也不好意思推脱了，于是便再次承担了撰稿任务，较顺利地完成了《银幕荧屏一老兵·仲星火》一书。不料此后已担任上海市文联专职副主席兼秘书长的沈文忠先生又希望我能替著名电影音乐家黄准老师写一本传记，还是列入"海上谈艺录"丛书中出版。我虽然以自己已经为"海上谈艺录"丛书撰写了两本传记为由，婉拒其邀请，但他仍然坚持要我来写，并于 2013 年 5 月 17 日参加上海电影家协会第七届代表大会期间，拉着我去与黄准老师见面，具体落实了此事。当然，我之所以答应第三次为"海上谈艺录"丛书撰稿，另一个重要原因是因为当年我在上海市杨思中学读书时，曾参加了学校的"红领巾合唱团"，有一次负责校合唱团的音乐老师得知著名电影作曲家黄准老师在杨思地区参加农村"四清"运动，遂邀请她来校为合唱团作过一次辅导。当时我们不仅看过故事片《红色娘子军》，而且非常喜欢其主题歌《娘子军连歌》，对仰慕已久的黄准老师能亲自来为我们辅导自然非常高兴。多年以后，此事对于我来说，仍然记忆犹新。因此，我也很高兴有机会替黄准老师撰写一本传记，以表达自己对她的尊敬之情。

　　美国著名文艺理论家雷·韦勒克和奥·沃伦曾说："一部文学作品的最明显的

起因，就是它的创造者，即作者。因此，从作者的个性和生平方面来解释作品，是一种最古老和最有基础的文学研究方法。传记可以有助于揭示诗歌实际产生过程。"这就是说，深入了解一个文艺家的生平经历和性格特征，往往可以更好地把握和理解其创作的文艺作品。同时，我在《银幕荧屏一老兵·仲星火》一书的"后记"里曾这样说过："影人传记历来是电影史研究的一个重要部分，因为正是一代又一代电影人的不懈努力和辛勤创作，才构成了电影发展变革的历史进程。因此，影人传记的写作是电影史研究的一个分支，两者应该是有机融合为一体的。"故而，从这两个方面来说，为一些著名电影人撰写传记，无论是对于深入研究其创作的作品来说，还是对于影视艺术发展史的研究来说，都是十分有益的。当然，在影人传记的写作过程中，既要从作品的创作过程和艺术特点来看其影视观念和艺术追求，也要从影视艺术发展史的角度来正确评价其作品的社会价值和美学价值及其创作的独特贡献。

对于笔者来说，每一本影人传记的写作过程也是一次认真学习和深入研究的过程，无论是夏衍，还是张瑞芳、仲星火、黄准，他们在各自的领域里都是大家和翘楚，其成就和贡献十分显著。因此在为其撰写传记的过程中，也使自己丰富了知识，增长了见识，开拓了视野，有助于进一步深化笔者的学术研究。

由于黄准老师生平经历曲折，创作成果丰硕，合作对象众多，交往朋友多样，所以为其写传记也有较大难度。好在她自己已经出版过两本自传，提供了丰富的素材；而笔者通过访谈和查阅资料，又有不少新收获，所以写作的过程仍较顺利。黄准老师在70年的音乐创作历程中，曾谱写创作了大量优秀的影视音乐作品，为新中国影视音乐的发展做出了十分显著的贡献。因此，为她写作传记的过程也是一个学习的过程，使笔者获益匪浅。但是，与前几本影人传记相比，这本传记写作持续的时间较长，其最主要的原因乃在于笔者的时间和精力有限，平时除了要完成繁重的教学和科研任务之外，还要参加不少学术研讨会，并为之撰写论文和编辑论文集，所以就无法集中时间和精力来完成该传记书稿的撰写工作。另外，在此期间，我母亲和妻子又先后身患重病，在一段时间里，我经常奔波在各个医院里，寻医问诊、照顾病人，身体和精神都很疲惫不堪。这对于我的写作来说，也有很大影响。故而这本传记的写作就此拖延下来了，未能及时完成交稿。负责此项工作的上海文学艺术院副院长倪里勋女士曾多次询问和催促，对此，笔者感到十分抱歉。

现在，笔者终于完成了撰稿任务，可以交稿了，由此也减轻了内心的负疚感。本书的撰写除了得到黄准老师的支持和帮助外，还得到了上海市文联诸位友人的大力支持，我的学生谈洁在访谈和整理记录时也予以热情协助，在此一并表示衷心感谢。同时，也衷心祝愿 91 岁高龄的黄准老师健康长寿！她那种"向前进！向前进！"的奋斗精神，也将激励我在人生道路上继续奋进！

周　斌

2017 年 7 月 30 日于兰花教师公寓